PPP/PFI

に取り組むときに
最初に読む本

寺沢弘樹 [著]

JN021716

学陽書房

はじめに

　ここ数年、PPP/PFI、公共施設マネジメント、公民連携、Park-PFI、サウンディングなど、新しい概念が急速に広まってきている。人事異動でこうした業務を担当することになった職員の方々は、「何をすればいいんだろう」と困惑しているのではないか。その困惑の原因は、一見、こうした業務が新しい仕事に見えるからではないだろうか。マニュアルや教科書もなく、自治体内部に経験知もなければ前任者も存在しない。また、多少の経験や関心のある職員の方々は、行財政改革の流れを受けて事務事業の凍結・公共施設の総量削減といったネガティブで困難な業務だと感じ、心が重くなっていないだろうか。

　公共施設等の管理・更新は社会問題となっており、人口減少・少子高齢化・財政の逼迫などの行政を取り巻く環境は厳しい。更には2020年に世界中で猛威を振るった新型コロナウイルスへの対応なども含め、自治体経営が困難な局面に晒されていることは間違いない。

　戦後の焼け野原からバブルの頂点まで、わずか数十年間で先進国へ復興してきた日本の護送船団方式・中央集権・単年度会計・現金主義・計画行政は、勤勉・実直な国民性を背景に機能してきたことは間違いない。しかし、こうした方法論は経済の強烈な右肩上がりを前提としたものであり、成熟社会へシフトチェンジしたなかでは通じない・対応できない事象が頻発するようになってきた。コスト削減を中心に据えた行財政改革に活路を見出そうと全国の自治体が取り組んだが、削減一辺倒の取り組みには限界が訪れるとともに、まちの活力・クリエイティビティも奪っていった。

　こうした状況下で笹子トンネルの崩落事故が発生し、インフラ老朽化対策に向け全ての自治体を対象に公共施設等総合管理計画の策定要請がなされ、その結果「公共施設マネジメント≒施設総量の削減」といった風潮・考え方が広まっていった。この手法のひとつとして位置付けられたPPP/PFIも、PFI法に基づくPFIが中心に据えられ、従来型手法と比較してPFIを活用することで、どれだけコストが削減できるかといったVFMが主たる指標として認知されてきた。この一連の考え方は、公共施設・イン

フラが「負債」であることを前提としたネガティブアプローチであるため、担当者だけでなく上司・首長・議員・市民が目を逸らしたくなる政策と位置付けられてきてしまった。担当者・自治体は、短絡的総量縮減・ネガティブアプローチで思考停止することに加え、総合管理計画、個別施設計画、更に2021年1月付けの総務省文書により減価償却率なども含む総合管理計画の見直しが求められ、計画づくりの無限ループに巻き込まれている。

　もちろん、人口減少や民間の様々なコンテンツが充実してきた現在、そして将来を見据えれば、まちなかにある公共資産に余剰が生じていることは間違いない。そして、喫緊の課題としてかなりの量の公共資産を処分することも自治体経営上、不可避である。しかし、総量削減一辺倒では前述のようにまちの活力が喪失し、失望した人から順にまちから去っていく。

　だからこそ、総量縮減を粛々と実施しながらも、それをはるかに上回る、質×量のオモロいプロジェクトを創出していくしかない。ただ、行政単独ではこれを実現していくための資金が調達できず、必要なノウハウ・マンパワーも持ち合わせていない。国が主導する社会資本整備総合交付金等に依存した画一的な旧来型の「街づくり」では、金太郎飴のような無機質でどこにでもある市街地が広がるだけで、まちとしては膨大な額が毎年キャッシュアウトしていく。自分たちのまちを直視し、そのまちの地域プレーヤー・コンテンツと連携して、小さなことからでも多様で魅力的なプロジェクトを構築し、経済的にも回していく自治体経営といった新たな「まちづくり」をしていくしかない。今、必要なのは体裁・見栄えの良い計画でも経済学的な理論でも机上の知識でもなく、ビジョンとコンテンツをベースにしたリアルなプロジェクトの展開である。

　本著は、教科書的な公共施設マネジメントとは一線を画し、実践に特化したものである。PFI法の解説やサウンディング型市場調査の手引き、総量縮減目標の設定のための計算式などは、記載していない。公共施設・インフラはうまく利活用すれば「資産」として自治体経営・まちづくりに大きく貢献しうることを前提に、筆者の経験や全国の自治体のクリエイティブな事例を中心に紹介していく。これらの事例の背景やプロセス、様々なエピソードも交えて、書籍として紹介できるギリギリまでリアルな情報を

掲載している。著者自身も公務員時代、多くの自治体職員・民間事業者の方々から様々な実践事例を紹介してもらいながら、そして連携しながらESCO事業、包括施設管理業務、有料広告、随意契約保証型の民間提案制度などを展開してきた。そうしたなかで重要だったのは、まちに対してどれだけ真摯に取り組むのかといった姿勢や、庁内・市民・議会等の合意形成におけるエピソード等を包み隠さず教えていただいたことだった。現在、支援させていただいている自治体でも、協議したり難儀したりすることの大半はテクニカルな事項ではなく、決断するための覚悟やルールづくり、意思決定プロセスでの駆け引きなど非合理的な行政・社会での生々しいことである。

　教科書的・理論的・合理的・経済学的にこの問題が処理できるのであれば、本著の意味は全くないが、行政は世の中で思われている世界とは全く異なる伏魔殿のような場であり、そんななかでコロナ時代を生き抜くためには、リアルな決断力・パワー・仲間・資金が必要となる。

　本著は、「PPP/PFIの求められる背景」を皮切りに、様々な視点から実践至上主義でPPP/PFIについての事例を中心に、「PPP/PFIの可能性」、プロセスでの留意事項まで、全体のストーリー性も意識して構成している。ただし、各項目は独立したコラム形式となっているので、どこから読んでいただいても構わない。今、気になっているところから順に、あるいは実務で必要となっているところ（と周辺）だけ読んでいただいても意味が通じるように記載している。

　なお、本著は筆者自身の2021年1月時点までの経験・知見をベースにしたものであり、内容でも触れているとおり、行政と民間の立ち位置は猛烈な勢いで変わってきているし、全国各地でクリエイティブな事例も次々に行われてきている。本著は決してPPP/PFIのバイブルでも教科書でもマニュアルでもない。記されている事例はその時機・まちに合致したものであっても、完璧ではないし完成形でもない。まちや世の中が動いていること、ふたつとして同じまちはないので、本著はあくまで参考でありヒントになりうるもの、前向き・クリエイティブに考え実践するためのきっかけでしかない。ここで記された事例を劣化コピーしても、オリジナルと同じ

ような効果は得られない。

　大切なのは、担当になった職員の方々が自分のまちでプロとして、公共施設・インフラを「資産」と捉えて、堂々と多くの魅力的なプロジェクトを地域プレーヤー・コンテンツと連携しながら自分たちの手で構築していくことである。

　PPP/PFI は生きる手段であり、必死になれば自ずと使っている。新しい概念や仕事でも未知の分野でもなく、もちろん、暗いネガティブなものでもない。アカルイミライへ導くための手段のひとつであり、税金以外の方法で資金調達し、地域コンテンツ・プレーヤーと連携していくクリエイティブでポジティブなものであることは経験上、確信している。

　「自分ごと」として、本著を各地での実践のために活用していただけることを期待します。

2021年 5 月　寺沢　弘樹

第4章 PPP/PFI 事例

第5章 行政と民間の立ち位置の変化

第1章

PPP/PFI の求められる背景

1 ホームページにみる PPP/PFI と公共施設マネジメント

(1) 定型的な掲載パターン

　2010年代後半から公共施設等総合管理計画の策定、統一基準による財務諸表の整備、PPP/PFI（PPP：Public Private Partnership/PFI：Private Finance Initiative）導入のための優先的検討規程の策定という国からの3つの策定要請がなされた。財政状況の厳しさなどを背景に、ほぼ全ての自治体が、自発的か受動的かは別として、なんらかの形で公共施設マネジメントに取り組みはじめ、数年が経過している。その証拠に、Google で「公共施設マネジメント」を検索すると約1,560万件（2021年1月現在）がヒットする。「○○市は公共施設マネジメントに取り組んでいます」との力強いフレーズに興味をそそられネットサーフィンしてみると、驚くことに約90％の自治体のホームページが似たような構成・コンテンツとなっている。

　どう似ているのかというと、「財政状況が厳しいので……総務省からの策定要請を受け……高度経済成長期に一斉整備された……」といった枕詞を皮切りに、公共施設等総合管理計画（本編・概要版）と策定過程、市民アンケートやワークショップの結果、有識者委員会、施設白書、職員研修会、市民講演会、イラスト付きの周知媒体といった定型フォーマットの構成になっている。もちろん、これらのコンテンツが全て掲載されている自治体ばかりではないが、2021年現在のトレンドが見えてくる。ただ、新型コロナウイルス感染症対策との関係のものもそろそろ考えられても良さそうだが、「市民説明会は感染防止のため中止します（Zoom で行います）」程度で、本質的な部分には触れられていない。

　筆者も公務員時代に体験したが、公共施設等総合管理計画の策定作業ひとつとっても、まじめにやればやるほど困難を極めることとなる。それは「①『縮充』という行政が経験したことないテーマを取り扱うこと、②ハコモノ・インフラという現物に対するリアルな計画であること、③将来の市民生活に大きな影響を及ぼすこと、④難解な前提条件が付与されていること」が他の行政計画との決定的な相違点だからである。更に、最大の問

題が「⑤（本当は現在進行形の問題であるにもかかわらず）将来に向けた課題と錯覚して無責任な議論や先送りをしようとすること」である。PPP/PFI や公共施設マネジメントに関連することは総合管理計画にかかわらず、庁内会議は、公共施設マネジメントの担当者 vs 多数の評論家（幹部職）という構図になりやすく、議論も経験・知識・認識の不足から稚拙なものに陥りやすい。しかし、様々な困難と向き合いながら公共施設等総合管理計画の策定作業を進めることには、一定の価値があるだろう。このような意味で、そのまちの未来を示唆する公共施設等総合管理計画及び関連情報がホームページの中心になることは、理に適っているともいえる。

　一方で気になるのが、「では何をやっているのか」である。立派な公共施設等総合管理計画では「○年で総量を○％削減します」「複合化・集約化します」「PPP/PFI を積極的に活用します」等のフレーズが並ぶが、その実態は残念ながらホームページ上で確認できないことが多い。個別施設計画、再配置計画、アクションプランをつくってから実践を考えている自治体も多いように推測されるが、公共施設マネジメントの実践は行政が机上で考えた計画どおりに進むことはまずない。ワークショップを重ねることで、一定程度の市民の想いは斟酌できるかもしれない。最近では、ボードゲーム形式で公共施設マネジメントを疑似体験する取り組みも盛んだが、架空の施設・コストやシミュレーション上の役割設定でいくら議論しても、リアリティが欠如しているため、これらが実践に直結することはないだろう。実際に現場を動かすためには個々のプロジェクトに対する財源措置、庁内合意と必要に応じた議決、そして民間事業者のビジネスとなる市場性、そして場合によっては政治的な駆け引きが必要である。これらの生々しく非合理的な要素も含まれるプロセスを経ていくうちに、当初の二次元の計画はリアルな三次元のプロジェクトに変質・収斂していく。

　このような実務的な面で、個別施設計画や再配置計画では、断定的に決めつけるのではなく、一定の振れ幅を持つこと、またはこれらの計画策定を急ぎすぎない、必要なければつくらないことを筆者は推奨する。机上で経験値もないなかで無理に検討・議論しているよりも、できるところ・小さなところから実践を積み重ねていくほうが結果的には近道で、かつ効率

的だと感じている。

(2) 実践の蓄積がわかる自治体のホームページ

　こうした感覚を持ちながら、改めてホームページ検索に戻ってみよう。「公共施設マネジメント」でヒットしたなかでは、常総市・流山市等などが多様な実践事例を中心に構成しているが、こうしたホームページにはなかなか出会うことはない。

　一方で前述の一部の自治体を除き、実践的な取り組みを進めている鳥取市・津山市・沼田市などは「公共施設マネジメント」のキーワードでは検索できない。Google の検索エンジンが、公共施設マネジメントとこれらの自治体の取り組みを「異なるもの」として判断しているのだろうか。個別にこれらの自治体のホームページを見てみると、これまで実践してきた様々な取り組みや現在進行形のプロジェクトが詳しく掲載されている。そして、ホームページの構成も冒頭に触れた定型フォーマットとは大きく異なっている。更にいえば、オガールプラザ（紫波町）などの優れたプロジェクトも「公共施設マネジメント」ではヒットしない。これらの自治体は「公共施設マネジメント」としてではなく、「自らの生き方」を個々のプロジェクトで具現化しているからなのではないか。

　「公共施設マネジメント」「ファシリティマネジメント」「資産経営」といった用語の違いは本質的な問題ではないし、データ収集、計画策定などの一連の作業も決して無駄ではないが、計画と実践の間に存在する大きなハードルは認識しなければいけない。更に、今般の新型コロナウイルスにより、公共施設の存在意義・価値観は大きく変容しただけでなく、自治体財政は致命的なダメージを受けた。これまでに培った行政経験、策定してきた各種計画の前提条件が大きく崩れるなかで、この乖離を埋めることができるのは、最前線で試行錯誤する担当者・組織の熱意と発想の転換、生きる手段としての小さな PPP/PFI 実践の蓄積だろう。実践を蓄積した自治体は必然的にホームページも現在と形を変え、それぞれの自治体の「生き方」が反映された独自性の高いものになるはずである。

　「Google の検索エンジン改良」と「実践の蓄積による PPP/PFI や公共施設マネジメントの広がり」のどちらが早くに実現するだろうか。

2 自治体の財政は健全か

(1) 更新経費が確保できない

　多くの自治体では、公共施設等総合管理計画においては現在と同等の投資ができると仮定した場合でも、今後、公共施設やインフラの更新経費が数億円／年〜数百億円／年不足するという絶望的な試算がなされている。少子・高齢化や行政需要の多様化・高度化などによる税収減・歳出増に加え、リーマンショックを遥かに上回るとされる新型コロナウイルスの影響により、自治体財政を取り巻く状況は苦しい・厳しいでは済まない状況となっている。

　千葉県では2020年度当初予算編成にあたり、財政調整基金の99％にあたる約500億円を取り崩し一般会計に繰り入れただけでなく、緊急時に備えた災害復興・地域再生基金からも全体の8割にあたる88億円を取り崩すことを余儀なくされた。

　これだけでなく近年、毎年のように予算編成時期になるといくつかの自治体が財政非常事態宣言を発している。杵築市では財政調整基金が加速度的に目減りし、2018年度には経常収支比率が100％を超えることとなった。この過程では、2014年度に今後5年間に及ぶ行財政改革を打ち出したが十分な経営的効果を得られず、合併特例債を活用した大型工事に次々と着手し、単年度収支の収支不足は2016年度に6.3千万円、2018年度は7.5億円となり、事業の凍結や新規職員の採用中止などの緊急財政対策に取り組むこととなった。京都市でも2021年度には500億円の財源不足に陥るとの報道がなされている。2020年度には147億円の税収減の影響を受け、公債償還基金から200億円を取り崩す可能性もあるとのことである。このままでは近い将来、公債償還基金も底をつき財政再生団体へなってしまうとの危機感を決算特別委員会で表している。ここに新型コロナウイルスの影響が拍車をかけることになる。

(2) 財政指標からは見えない問題もある

　こうした自治体財政の問題は、2007年に夕張市が財政破綻したことで社

会問題としてフォーカスされ、一般にも認識されるようになった。夕張市の破綻は一般的には「炭鉱から観光への政策転換が失敗した」と一言で括られてしまうことも多いが、歴史を紐解いていけばここから学ぶべきことは多い。エネルギー政策の転換により産業構造が激変したことに伴い人口が激減し、倒産した北炭夕張炭鉱の所有していた土地、炭鉱住宅を約26億円で買い取り、更に病院なども市が引き受け、第三セクターで経営していたホテルを民間売却した後に買い戻すにあたって借入金の損失補償をするなどの処理が求められた。更に、リゾート会社が経営していたホテルとスキー場も約26億円で買い取るなどの行政運営をしていた。こうしたなかで資金繰りが滞り、単年度会計・現金主義の穴を突いたジャンプ方式という会計操作で出納閉鎖期間を悪用した粉飾決算に手を染め、財政破綻に至ったわけである。夕張市で起きていたことを集約すれば「①急激な人口減少、②大量のハコモノの所有、③マネジメント能力の欠落、④最後は国や都道府県など誰かが助けてくれるという甘い思い」の４点になるだろう。これらは夕張市に限った話ではなく、全国の自治体が共通に抱えている課題であり、たまたま様々な条件が重なって顕在化したのが夕張市だったわけである。

それでは、夕張市以外に財政的に逼迫している自治体はいくつあるのだろうか。総務省は毎年、決算に基づく健全化判断比率が早期健全化基準以上である団体数を公表しているが、夕張市の破綻以降、実質赤字比率・連結実質赤字比率・実質公債費比率・将来負担比率の４指標で早期健全化基準以上である自治体は夕張市のみ（実質公債費比率・将来負担比率の２指標が抵触）である。単年度会計・現金主義の世界では、財政危機に瀕している自治体は夕張市たったひとつとされるが、前述のようにほぼ全ての自治体の財政状況は非常に厳しい。単年度会計・現金主義では、複式簿記で発生する減価償却費・退職引当金などが考慮されず、また公共施設等の改修や様々な事務事業を一時的に凍結することで「みかけの収支」を改善することができてしまう。

実際に、2014年に財政が厳しいと公表した富津市は当時、財政力指数が１を超える自治体が全体の３％しかないなかで0.95となっており、前述の総務省４指標でも良好な状況であった。それにもかかわらず財政危機に

至ったのは、毎年の単年度収支を財政調整基金の取り崩しと市債の大量発行でキープし続けたため、財政調整基金が枯渇することが現実的になった時点でなす術をなくしたからである。富津市では、ここから2年間の徹底した行財政改革により財政調整基金を11億円まで回復し、財政危機を脱したと宣言したわけであるが、この間に行ったのは人件費や事務コストの削減、様々な事業の凍結・中止が大半を占める。当然に公共施設等の「やらなければならない」改修・更新も先送りされていったわけである。これが単年度会計・現金主義の恐ろしいところであると同時に、これらの指標では財政の健全性は決して見えないことの証左である。

(3) 減っていく補助金・交付金

　自分たちに金がないのであれば、国に頼ればいいと思うかもしれないが、残念ながら国の財政も厳しい。2018年度の財務書類に記載されているバランスシートによると、675兆円の資産に対し、負債が1,258兆円となっている。資産のただし書きには「大半は（道路・橋梁など）換金処分して他の財源に充てることができないものとなっています」と、バランスシートが大きく崩れていることが示唆されている。更に単年度の予算においても2020年度当初予算では歳入の31.7%が公債費で占められ、歳出では国債費23.4兆円、地方交付税15.8兆円となっている。つまり、国は自転車操業しながら自治体を支えているわけだが、この自転車操業すらままならず、自治体に借金の肩代わりを臨時財政対策債という形で行わせている。2001年に暫定的な措置として設けられた臨時財政対策債の残高は、2018年度に54兆円と雪だるま式に膨張し、もはや全額が交付税措置されることは非現実的な状況になってしまっている。更に新型コロナウイルス対応のための2020年度の3回の補正予算ではそれぞれ25.7兆円、31.7兆円、22.4兆円の赤字国債を発行しており、2020年度の国債依存度は64.1%に至ってしまった。更に、ここ数年間の社会資本整備総合交付金の要望措置率（要望額に対する交付額）は54～68%と低迷している。社会資本整備総合交付金の要望額は、数年前から都道府県・地方整備局等と調整をしてまとめられるものであり、これが満額交付されないことは国の裁量ではなく財源の問題である。このような補助金・交付金の薄巻き・補助割れの問題は様々な分

野で発生している。

　これらのことから、自治体は生き残るために従来のやり方や既存の行財政システム・税収・補助金・交付金に依存し続けることはできず、新たな資金調達は不可避である。

3　公共施設等を取り巻く環境

(1) 重大な担当者の責任

　自治体にも国にも財政的な余裕は全くない。そんななかでも公共施設・インフラの老朽化・機能劣化は否応なく進行し、社会的に求められる行政の役割は複雑化・高度化する。手をこまねいていればまちは猛烈なスピードで衰退する。

　しかし、公共施設・インフラの問題から目を背けてしまうと、2012年の笹子トンネル天井板落下のような事故が発生してしまう。東洋大学の根本祐二教授は「公共施設・インフラの老朽化は100％確実に発生する。100％確実に予見できるということは、100％確実に避けることができるということ。その知恵と力が日本人にないはずがない。」と指摘する。そして、その責任は一義的には公務員が負うこととなる。2006年にふじみ野市の市営の流れるプールで7歳の児童が、劣化し安全対策が不十分だった吸水口に吸い込まれ亡くなった事故では、当時の担当課長と係長の罪が問われた。最高裁まで争った結果、執行猶予付きであるが有罪が確定したため、この両名は地方公務員法に基づき失職することとなった。行政財産の所有者であり総合調整権を持つ市長でなく、現場の担当者・責任者が罪を負うことになったのは理不尽であると考えられるかもしれないが、公共施設・インフラの管理をするということは、それだけ責任が重いことなのである。公共施設の不備によって人命が奪われるようなことはあってはならないし、財政難・人材難・知識不足は言い訳になるわけがない。公共施設・インフラの管理とは、それだけ責任が重いことなのである。

　そうしたさなか、高槻市では2018年の大阪北部地震により通学途中の児童が崩落した学校プールのブロック塀の下敷きとなって亡くなる事故が発

生してしまった。これを機に全国でブロック塀の緊急点検や撤去工事が一斉に進んだが、問題の根幹はブロック塀単体ではなく、行政の危機意識の低さ、他人事の姿勢である。同市では2015年の防災アドバイザーとの点検時に当該ブロック塀の危険性が指摘され、その後、同市の建築職の職員などによる打診検査も実施したものの「問題なし」の報告がなされてしまっていた。そもそも、このブロック塀は学校プール竣工後に近隣との関係から設置したものであり、構造的な安全性が確保されないままに事故に至ったのである。もし、自分の子どもが毎日利用する通学路だったら、関係者は同じ対応をしていただろうか。そして同市では2019年の台風21号で学校体育館の軒裏が崩落する事故も発生している。こうした面からも、単体のブロック塀の管理だけではなく事故から学ぶべきは、自治体経営全般の抜本的な見直しである。日本は、豊かな自然と引き換えにあらゆる自然災害のリスクに直面しており、温暖化も影響して毎年のように各地で何十年、何百年に1回という地震・津波・風水害が発生し、その頻度や被害は加速度的に大きくなっている。このような状況下でもいかに市民の生命・財産を守っていくのか、自治体には大きな使命と責任が与えられている。これに加え、新型コロナウイルスという戦後初ともいえる公衆衛生の危機にも対応していかなければならない。

(2) 失敗するハコモノ・プロジェクト

　更に、従来型の行政手法・街づくり・地域活性化策も通じない時代になっている。一昔前まで中心市街地活性化・コンパクトシティとしてモデル・優良事例として取り上げられていた青森市は、象徴であったはずの再開発ビルのアウガの運営母体が2016年に破綻に追い込まれた。2001年に開業したアウガは地下1階に市場、地上1〜4階がテナントビル、5階以上に図書館が入る第三セクター方式の複合ビルである。建設当初から、期待した核テナントが事業から撤退しリーシングに難航することとなったが、その後も初年度の店頭売上高が想定52億円に対し実績23億円と、過大な事業計画に対する実績の乖離が発生していた。400万人／年の来館者が訪れていたが、そのうちの60％が公共施設・店舗利用者以外で占められるなど、経営的に苦しい状況であった。市は合計で216億円の財政負担をしたが状

況は好転せず、3,000円／坪の単価ではリーシングを強化しても経営改善につながる見込みがなく、事業継続を諦め2017年に庁舎機能の一部をアウガに移転することとなった。この過程で事業の責任を取り、市長も辞職している。

　南アルプス市では、6次産業の活性化を目指し8億円の施設整備費を負担して第三セクターによる大型観光農園を2015年に整備した。レストラン・マルシェを先行整備し、そこからの利益を充当して加工場を整備する予定であった。開業当初から経営状態が悪く市が5千万円の追加出資をしたものの状況が好転せず、1.5億円の赤字と5.5億円の負債が発生しわずか半年で休止に追い込まれてしまった。市長が謝罪会見において「当初からビジネスモデルが破綻していた。融資の見込みがないなかで、どこかで止血しないと、（負債が）雪だるま式に増えていくと判断した」と述べたが、遅きに失した。

　この両事例に共通するのは「こうあったらいいな、たぶんこうなるだろう」と机上で甘い夢を描き、庁内プロジェクトチーム・市民ワークショップ・議会特別委員会・コンサルタントへの業務委託などで「みんな」の夢を寄せ集め、国からの補助金・交付金や一般財源を投下してハコモノ整備を先行させたことである。夢を描くことが悪いのではなく、事業採算性や市場性の精査が決定的に欠落していたことが問題である。ともに構想段階から出資して事業を行う民間事業者を募ったり、トライアル・サウンディング（民間事業者に当該公共施設を暫定的に利用してもらい、本物の市場性を把握する。）などで市場性を確かめながら、民間のプレーヤーとともに事業スキームを構築していけば、こんな末路には至らなかったであろう。しかし、全国各地で類似のハコモノ優先・一発逆転ホームランを狙ったプロジェクトは、過去だけでなく、現在進行形でも多数行われている。

(3) 公共施設の姿が自治体の状況を象徴する

　そして、これらの事例はごく一部のまちの特殊事例ではない。実際に筆者が公務員時代に勤めていた流山市でも、当時、小さなプロジェクトを積み重ね総額数十億円規模のコスト削減や歳入確保策を実施していたが、外壁が剥落する校舎、防水シートが破損する公民館、設備全体に発錆して機

能不全が発生するポンプ類などが多数存在していた。どんなに頑張って財源を確保しても、虚しいくらいに「当たり前のレベル」の施設性能を確保することはできなかった。これを「税金だけでやっているから」などと言い訳し、目を逸らしてはいけない。民間企業が同じような状態だったら、金融機関の融資など受けられない。

　自治体の財政の健全度を一番わかりやすく表すのが、公共施設の老朽化状況である。財政状態が健全であれば、老朽したままの公共施設はひとつとして存在するはずがなく、万が一、存在したとしてもその時点、最悪でも翌年度予算で全て解決できるはずである。総務省の示す財政健全化の指標や総合管理計画などの二次元の世界ではなく、まずは自分たちのまち・公共施設に出向き、関係者の声を聞き、目を向けることが公共施設等を取り巻く環境、自治体のリアルな姿を知る第一歩になる。

4 社会的要請としての PPP/PFI

(1) 国による PPP/PFI 推進策と現状

　政府は2016年5月に「PPP/PFI推進アクションプラン」を改正し、10年間のPPP/PFIの事業目標規模を10〜12兆円から21兆円に上方修正して様々な数値目標を明示した。その後も毎年、このアクションプランを見直しながらPPP/PFIの推進を図っている。これに先行して2015年12月には内閣府・総務省連名で「多様なPPP/PFI手法導入を優先的に検討するための指針」が発出されている。人口20万人以上の自治体は2016年度までに優先的検討規程を整備するとともに、この指針に記されているモデルでは10億円以上の施設整備費または年間1億以上の維持管理運営経費が必要な事業については、他の手法に優先してPPP/PFI手法導入の検討をすることとしている。

　国が主導して自治体の事業手法の選択に口を出す事態に至ったわけだが、これは国が補助金・交付金を十分に準備することが困難になり、自治体に新たな資金調達・自立を促さなければいけない財政状況となったことを示す一端であろう。ネガティブな要素が多少あるものの、PPP/PFIを自治

体経営・まちづくりの手法として活用していくうえで、人工的かもしれないが上空に追い風があることは間違いない。しかし、地上レベルの現場においては、公共施設等総合管理計画の策定要請で公共施設やインフラの更新問題を解決する「魔法の手法」のようにメディアに取り上げられたPPP/PFIは、一部の自治体やプロジェクトを除きそれほど浸透しておらず、ほぼ無風状態である。単年度会計・現金主義の世界では、総務省が並行して、手厚いようにみえる公共施設等適正管理推進事業債を準備したことにより、自治体がこれまでと違う手法で民間から資金調達するよりも、旧来型の財政システムで対応可能な起債・交付税措置に流れてしまっていることも一因だろう。

(2) なぜPPP/PFIの導入が進まないのか

　2015年度の関東ブロックプラットフォーム（コアメンバー会議）のアンケート結果によると、自治体のPPP/PFIの課題として「利用する利益を見出せない」「対象となる案件がない」「魅力ある土地・建物がない」「全庁的に取り組む意識・体制がない」「地元企業・経済の活性化及び優位性の確保が難しい」「効果の把握が困難で事務的負担も大きい」「実務経験・事業のノウハウを持っていない」などが挙げられている。これらは職員・組織の「①抵抗感≒やらなくてもクビにならないので今までと同じ生活を望むこと、②認識不足≒単年度会計の財務、従来型手法が前提なので問題意識・危機感が生じないこと、③排他性≒行政区域内のみでの資金流通・業務の仕組みが前提となっていること」の3点に集約されるだろう。

　自治体職員・組織の内向き志向による無風・事なかれ主義に追い打ちをかけるのが、PPP/PFIに対する外部のアレルギーと局地的に発生する反対運動という逆風である。小牧市では、PPPを活用して建設を予定していた駅前図書館の基本設計のパブコメの最中の2015年に突然、議会提案の住民投票が実施され、単純化された○×判断の結果、事業全体が白紙に戻ってしまった。別の自治体では、数年間にわたり中学生を含む多様な市民との意見交換、緻密なデータの収集・分析を経て丁寧に練り上げられた再配置計画に基づくPFI事業が、一部のネガティブキャンペーンによって、事業スキームの大幅な見直し・縮減を迫られることになった。この事例で

は政治的な問題、住民訴訟なども含めて、自治体経営そのものだけでなく市民生活や市民感情にも大きな禍根を未だに残している。

いずれの事例も、プロジェクトの前提となる公共施設や財政の状況、何もしないことで生じるコストや市民サービスの質などは無視され、極小化されたごく少数の論点を拡大解釈することで、反対派は「悪＝行政」を打ち滅ぼす正義の味方として「反対のための反対」を繰り広げる。このケースの反対派に共通するのは、議論の対象とすべき「それを上回る代替案・未来像の提示」がないことと、市場性を含む経済的な検証がないまま感情・理想論を主張することである。包括施設管理業務委託の検討過程などでも類似の問題が生じることが多いが、「既存サービスの質は良好で適正価格で発注していること」が反対派の大前提となっている。厳しい財政状況のなかで不合理な一律シーリングや予算枠のなかに押し込めるために不十分な施設管理の質としている実態に対する理解・現状認識が不足している。更に言えば、単年度会計・現金主義の財政システムでは減価償却費・退職引当金などの現金化されないコストは全く考慮されることはない。PPP/PFIではこれらのコストが顕在化するため、これを＋αの余計なコストと勘違いしてしまっている。

(3) 求められる覚悟とビジョン、行動

もちろん、行政も、常に住民にとって完璧な判断をしつづけられるわけではなく、様々な悩みを抱え、ときには誤まった判断もしてしまう。前述の自治体では様々な反発にも真摯に対峙し、多様で時には解決の糸口すら見えにくい課題と向き合い、生き方を模索している。やろうとしていることが必ずしも最適解であるわけではない。事業全体を見渡せば効果・価値が見いだしにくい部分や、検討不足の要素も残置されているかもしれない。限られた財源のなかでリスクゼロで100％の市民合意の解決策が見つかるなら、どこの自治体でも必ずその道を歩むはずであるが、そのような都合の良い答えがどこかに転がっているはずもない。逆に言えば全員合意できるようなものでミライはつくれない。

PPP/PFIは全ての課題を解決してくれる魔法の手法ではない。厳しい現実のなかでまちが生き残るための資金・ノウハウの調達手段として

PPP/PFIを捉えれば、万能でないことは明白であるし、オーダーメイド型なので様々なリスクが包含されている。困難な状況のなか、これまでの既成概念・既得権益・事なかれ主義等と向き合って、今までよりも「少し良くなる」ためには、多少の軋轢は避けて通れない。関係者の合意を得るためには、政治的な判断も含めて様々な大人の対応が必要になることもあるだろう。このようななかで多少ブサイクになったとしても、机上ではないリアルな未来を拓こうとしているのである。詳細は別の項目で記すが、常総市における包括施設管理業務の検討過程でも様々な困難・無理難題に直面し、断腸の思いで様々な要素を切り落としながら、なんとか契約まで漕ぎ着けている。逆風だけを吹かせても、風がやんだ後に残るのは疲弊したまちの姿でしかない。ごく一部の反対派に迎合することで、苦労して見出した未来への道筋を失う必要性はない。ましてや、何もしないで逆風を恐れてその場に立ち止まることには全く意味がない。

　目まぐるしく変わる社会経済情勢と自治体を取り巻く環境は、PPP/PFI云々の地表付近での無風・逆風ではないレベル、猛烈な嵐の中である。新型コロナウイルスがこれに一層の拍車をかけている。地表付近の微風に煽られることなく、吹き荒れる嵐のなかでいかに舵を取り、未来へ向けて自分たちが生き残っていくのか。自治体には知恵と覚悟、明確な道標・ビジョンと具体的な行動が求められている。

5 公共施設等総合管理計画のリアリティ（全国の事例）

(1) 自治体の状況

　公共施設等総合管理計画は、総務省の策定要請・さいたま市のハコモノ3原則・コンサルタントによるフォーマット落とし込み型提案などの影響を強く受け、ほぼ全ての自治体で前例踏襲・横並びの似たような構成になっている。そのようななかでも、以下にピックアップする自治体の公共施設等総合管理計画は残念な要素も含まれているが、苦労の「痕」が滲み出ている。

　高崎市では（2016年3月）、「本市の建築系公共施設は、各施設の状態を

点検などで確認することにより、適切な時期に適切な修繕が実施できるように予算を調整し、これまでも安全な施設の維持管理に努めてきたところです。更新については、長期的な視点に立って、施設のあり方を含め、改修や更新を考えていく必要がでてきます。費用については、現状の投資的経費と比較して拡大すると推計している自治体もありますが、本市ではこれからも市民が安心して利用できる施設の維持管理を行うため、その時点での施設の状態と財政状況を勘案しながら予算を確保していきたいと考えています。」と、将来コストの推計結果を公表していない。

相馬市では（2017年3月）、今後の公共施設・インフラの更新経費が2,961百万円／年と試算され、「公共施設の長寿命化と維持管理コストの低減、公共施設等の総資産量の適正化、公共施設の有効活用」により管理水準対策を行うこととしている。管理水準対策後の平準化されたグラフも総合管理計画で提示しているものの、このグラフの縦軸（更新コスト）については単位が記されておらず、一体どの程度の額になるのか、どこを目指しているのかは計画では読み取ることはできない。

三条市では（2016年7月）、5,380百万円／年の更新経費を予測しているが、この試算上の単価設定は総務省の更新費用試算ソフトの基準ではなく、三条市における実績を考慮したものが採用されている。例えば学校改築では総務省単価が330千円／m^2であるのに対し、三条市単価はその約60％の200千円／m^2とし、この条件でも上記のとおり膨大な更新コストが推計されている。そして、「現実には（中略）大規模改修を行うことなく良好に機能を維持している施設が多数存在していること」から、大規模改修を行わない、建替を考慮しない（行わない）前提でやっていけば（年平均）2,480百万円／年のコストに抑えられるとしている。

気仙沼市では（2017年3月）、東日本大震災の復興のために震災後、国の交付金等も含めて多くの公共施設やインフラを整備してきたことから歳入歳出構造が激変している一方で、急激な人口減少、財政調整基金の激減なども発生している。こうしたなかで3,160百万円／年の更新経費不足と試算しているが、この算定では市営住宅等を除外、橋梁は予防保全の効果を考慮して単価を30％カット、上下水道管路は復興対応の121km相当分が算定外とされている。

中津市では（2017年3月）、今後、継続的に589～1,352百万円／年の一般会計の収支不足を予測するなかで公共施設等でも980百万円／年の更新経費が不足するとしているが、この試算では公共施設は普通財産を除外し行政財産のみ、更新単価は学校を130千円／m²など総務省更新費用試算ソフトより低い単価を設定、インフラは道路・橋梁のみとなっている。

　日置市では（2016年3月）、インフラを含めて投資可能額に対して約1,800百万円／年の更新経費不足を試算しているが、この前提となる投資可能額は過去5年間の普通建設事業費全体としている。普通建設事業費には、国や県事業に対する市町村の負担金、1,000千円以上の備品購入費、関連する委託費なども計上されるため、実際に工事請負費として計上できる額とイコールではない。更に社会資本整備総合交付金や各種補助金など国等からの資金に依存した事業に要した工事請負費などに加え、最近では合併特例債・公共施設等適正管理推進事業債などの後年度負担を前提とした事業の当該年度支出分も含まれる。総務省更新費用試算ソフトは自治体に将来コストと投資可能額のギャップを感じさせることには一役買った面はあるが、「投資可能額≒過去5年間の普通建設事業費の平均」としたことや、過去の改修の積み残し額を向こう10年間に分割して対応する試算方法など、リアリティが欠如したロジックが内在している。

　水戸市では（2017年5月）、4,600百万円／年の公共施設・インフラの更新経費が不足することから「今後、改修や建替えが必要な時期を一斉に迎えることから、多額の費用に対する財源の確保が必要となります。しかしながら、社会保障費が増大する一方で税収の大きな増加は望めない状況であるため、限られた財源のなかで全ての公共施設等の更新が困難な状況となることが予想されます。」としている。その一方で市役所新庁舎・新ごみ処理施設・新市民会館・東町総合運動公園新体育館の4大プロジェクトで85,347百万円の事業費を計上し、これらの影響もあり2023年度には50,065百万円の臨時財政対策債残高、91,024百万円の建設事業債残高となると推計している。

　これらの自治体では、政治的な面も含めて様々な諸事情により現実と乖離した推計条件を設定したり、あるいは将来コストの推計結果の公表を見送ったりしていると推測される。また、多くの自治体では水戸市と同様に、

総合管理計画や再配置計画において厳しい総量縮減目標を掲げながらも、実際には大規模な公共施設の新築計画を進めている。

福知山市では（2015年3月）、2,090百万円／年の更新経費不足と試算していることから積極的に公共施設の統廃合を進めているが、平成30年度の実施状況報告書によると計画比の実施率は49.9％、面積ベースで3.6％となっている。

(2) 計画の難しさ

水戸市のように総合管理計画で厳しい現実を公表している傍で大規模な新規ハコモノ建設事業が推進されたり、福知山市のように覚悟を決めていても計画どおりに進めることができないことこそが、行政の複雑な意思決定の困難さやステークホルダーの多様さ、そして二次元の計画と三次元の実践の間にある巨大な溝そのものである。

そして、新型コロナウイルスへの対応のため、東京都や静岡市のように財政調整基金の大半を取り崩す自治体が出てきているだけでなく、自粛・業務縮小・雇用調整などによる経済の停滞は今後、税収へも甚大な影響を及ぼすことは必至である。更に「集まる」ことを否定された状況では公共施設も価値観を改め直す必要があるだろう。

このように考えると、数十年スパンを志していたはずの公共施設等総合管理計画がいかに脆かったのか、総合管理計画だけでなく昨日と同じ今日・明日が来ることを前提とした計画行政にリアリティがなかったのか、今、自治体は現実を突きつけられている。真摯に公共施設等の問題に取り組むのなら、そして民間からも含めた多様な、生きるための資金調達、連携を本気で望むなら、総合管理計画の抜本的な見直しはもちろんだが、計画の要否も検討すべきではないだろうか。

6 なぜ自治体は自分たちだけで生きられないのか

(1) 財政問題から生じる困難さ

2000年施行の地方分権一括法により国と地方は対等の関係となり、近年

では地方分権・地方創生の名のもとに、地方自治体は「自分たちで生きていく」ことが求められるようになった。しかし、現実的には財政力指数が１を超える地方交付税の不交付団体の割合は全体のわずか4.4%にすぎず、大半の自治体は、財政面でも国に依存しなければ、法律等で定められたことを粛々と行う「行政運営」すらできない状況に陥っている。これに加えて、生産年齢人口の減少・流出などによる歳入の減少、急増する扶助費の確保、市民ニーズの多様化・高度化、公共施設やインフラの更新問題、相次ぐ大規模自然災害など、自治体の財政を取り巻く環境は複雑なものとなっている。更に今般の新型コロナウイルスは、自治体の財政に致命的なダメージを与えるとともに、公共施設の存在意義・価値だけでなく市民生活にも甚大な影響を与えている。

　これまでも総務省からの各種要請や自治体の自主努力による事業・コスト・人員の削減といった行財政改革が行われた結果、近年では単年度会計における財務諸表は夕張市を除き、全自治体で健全な指標となっている。一方で、一連の歳出サイドの抑制に特化した行財政改革の歪みとして、職員構成のアンバランス化（会計年度任用職員・再任用の急増と正規職員の減少、優秀な職員の退職等）、公共施設やインフラの老朽化、自治体の底力・活力の低下も顕在化してきている。更に、一部の職員・自治体の不祥事や社会的要請によるコンプライアンスの強化等により、行政に対する議会や市民の目は厳しさを増し、リスクや手間を伴う「新しいモノの考え方」や「やり方を変えること」が敬遠されやすい状況に陥っている自治体が多いのではないか。この息苦しい負のスパイラルは、個人・組織の些細な思考・言動に起因することが多く、裏を返せば、誰かが何かを少し前向きに変えて成果を出していくことで変えられるかもしれない。多くの自治体と交流するなかで感じるのは、ほとんどの自治体に問題意識が高い職員は存在するものの、組織としての思考回路は前向きと後ろ向きのどちらかに二極化していることである。

　国の財政状況は自治体より厳しく、普通交付税として交付すべき財源不足を補填するための臨時財政対策債は2018年度に残高が約54兆円と発表され、更に2021年度の地方債計画（案）によると2021年度には新規に前年度比74.5%増の5.5兆円の発行を見込んでいる。この臨時財政対策債に代表

されるように、国に自治体を助ける余力は残っていないどころか、起債制限が課せられる自治体よりも無限に赤字国債を発行し続ける国の方が財政状態ははるかに厳しい。

また、地方自治の拠り所とされる地方自治法は2000年に大規模な改正がされたものの、根幹は約70年も前に作られたものである。右肩上がりの経済を大前提としたシステムは、戦後復興から高度経済成長、バブル期まで間違いなく日本を支えてきたが、バブル崩壊後の成熟社会の情勢に対応するためには新たな価値観をそれぞれの自治体が持ち、「自分たちの生き方」を決めて歩いていかなければならない。更に追い討ちをかける日本の戦後史上初の公衆衛生の危機、新型コロナウイルスは、まちのあらゆる面に甚大な影響を与えている。

(2) PPP/PFI を活用する

自治体はこれまで国の方針に基づき税を再配分する行政運営をしていれば十分で、財政状況が悪化した場合は自主的に歳出を抑制すればよかった。そして愚直に定められたとおりに行政運営さえしていれば、いざというときは国が手厚く補填をしてくれていたが、この仕組みが通じなくなった以上、自主財源を確保する歳入サイドや各種業務のやり方そのものを見直すなど、経営感覚を持った「自治体経営」が必要になっている。こうした自治体の生き方を考えるときに、従来と全く異なるのは「①お手本が自治体内部にないこと、②必要な財源がないこと、③動ける人員が決定的に不足していること」である。

では、これらをどこから調達するのか。答えは「外から」しかない。つまり、他の自治体や民間企業と有機的なネットワークを構築し、ノウハウ・資金・マンパワーを調達する PPP/PFI が「生きるための」ひとつの可能性として浮かび上がる。これまでの PFI は、従来型の行政運営を前提としていたために大規模施設を建設する際の延べ払い・サービス購入型の PFI 法に基づく PFI が大半を占めていた。PPP に至っては一昔前の行財政改革の一環で短絡的な単年度会計・現金主義上のコスト削減や人件費圧縮がメインで、(代理執行と勘違いした) 指定管理者制度やアウトソーシングが中核を担ってきたものと考えられる。

これらの発想を転換し、PPP/PFIを、現場で発生している個々の問題に対して、ノウハウのある人たちと手を組んで（≒PPP）、必要なコストはビジネスベースで調達（≒PFI）し、リスクとリターンを明確にして解決していく「自治体が生き残るための手段」として積極的に捉えれば、その可能性は無限に広がるはずである。具体的な事例はそれぞれの項目で紹介していくが、全国各地で地域コンテンツを活かした多様でクリエイティブなPPP/PFIが展開されはじめている。これらに共通するのは、既成概念・既得権益・縦割り・事なかれ主義といった頻繁に行政が揶揄される事項をブレイクスルーし、アカルイミライを自らの手で掴もうとする覚悟と試行錯誤を繰り返していく自治体と担当職員の姿である。

　いくつかの自治体の公共施設等総合管理計画では、PPP/PFIを公共施設やインフラの問題を「全てを解決してくれる魔法の手法」のように取り扱っているが、PPP/PFIは生きるために必要な考え方・実践のための「泥臭くて生々しい手法」であり、決して魔法の手法ではないことを念押ししておく。

第2章

教科書型行政の限界と思考停止

1 公共施設等総合管理計画と PPP/PFI

(1) よくある公共施設等総合管理計画

　公共施設等総合管理計画（以下、「総合管理計画」という）では、総務省が策定指針において「できる限り数値目標を示すこと」、ホームページで幾つかの自治体を紹介したことなどから、「30年で30％の施設総量の削減、新規施設は一切建設しない、改築する場合は複合化・多機能化を原則」というハコモノ3原則なるものが一世風靡し、多くの自治体の総合管理計画の目標となった。そして、これらの目的を達成する魔法の手法がPPP/PFIとされている。PPP/PFIが魔法の手法でないことは本著において何度も記しているが、ここでは総合管理計画と PPP/PFI の関係を考えてみたい。

　まず、総合管理計画の総量縮減目標は、多くの自治体で「現在と同程度の投資が可能である」ことを前提にしている。今後、少子・高齢化や人口減少が確実に進行するなかでは、現在と同程度の投資的経費を確保することは現実的ではなく、当然に数値目標もこれに呼応して更に厳しいものとする必要があるはずだ。更に今般の新型コロナウイルスの影響により、関連費用に関する歳出の大幅増と経済の物理的な停滞による歳入の激減がこれから顕在化することも考慮すれば、今後も同等の投資ができる自治体は皆無と言ってもいいだろう。総合管理計画おいては施設総量65％削減を目標として記す自治体もあるが、その達成のためには理論上、庁舎と一部の学校、清掃事務所すら維持できないこととなる。

　このリアリティのない財政フレーム・総量縮減目標だけでなく、更に大きな現実との乖離だと筆者が考えているのが、「新規施設は一切建設しない」ことである。ハコモノとサービスを分離して考え、新たに必要となった公共サービスは「民間が担う・民間施設を活用する」ことを原則としても、数十年にもわたりこうしたことが本当に可能なのだろうか。また、それが自治体経営と言えるのだろうか。経営とは、投資すべきところには重点投資して再投資の原資となるリターンを発生させ、抑制・停止するところは損益分岐点を基準に迅速に損切りすることで被害を最小限にとどめる

など、戦略的な判断を繰り返すことであるはずだ。もちろん、不動産ではなくサービスを別の形の動産で提供することなどが具体的に見えていれば話は別だが、数十年にわたる新規施設の建設禁止は現実的にありえないし、投資を諦めてしまったまちに魅力は残るのだろうか。そのようなまちに限って、自らのクレジットのついた総合管理計画を無視して、合併特例債による図書館、市町村役場緊急保全事業を活用した庁舎、社会資本整備総合交付金を活用した、賑わい施設・再開発ビルなどを整備している。

(2) うまくいかない理由

本来は投資可能な財源と必要な更新経費の乖離、いわゆるバジェットギャップという経営問題が根幹だったはずなのに、いつの間にかハコモノ総量が公共施設マネジメントの基準となってしまった。では、なぜこうした概念・ハコモノ3原則が一般化し、展開してしまったのだろうか。①総合管理計画の策定要請も含め旧来の行財政改革の流れを踏襲し、既存の行政の枠組みを前提とした歳出サイド一辺倒の事業・コスト削減に依存したこと、②まち全体としてではなく、その構成要素の一部でしかない行政が保有する資産だけにフォーカスを絞ってしまったことなども一因であろう。こうした狭すぎる視野・思考停止した状況では、PPP/PFIも旧来の「PFI＝PFI法に基づくPFIで大規模なハコモノ建設のイニシャルコストを平準化・割賦払いするための手段、PPP＝旧来型行財政改革の一環での短絡的なアウトソーシング・事務コスト削減の手段」でしかなく、創意工夫に溢れた魅力的なものにはなりえない。

また、多くの自治体担当者が異口同音に語るのが「総合管理計画を策定したが、次に何をしていいか、どこから手をつけていいかわからない」である。「自治体を経営する」ことから考えれば、やることがわからないはずはないだろう。総合管理計画で多額の業務委託コスト・膨大なマンパワーを投入したのだから、そのプロセスのなかで次の一歩は見えているはずであるし、個別施設計画・再配置計画の策定と並行して現場レベルで歩みを進めていることは常識の範疇であろう。更に言えば様々なプロジェクトを先行するなかで総合的・実践的な戦略を確立していくことが本来の姿であるはずだ。

(3) できることから解決していく

　財政状況が厳しいにもかかわらず、明らかに将来的な財政負担が考慮されていない著名な建築家による大型の複合型公共施設や、まちの規模からスケールアウトした社会資本整備総合交付金など各種交付金や地方財政措置を伴う起債に依存したプロジェクトも日本各地で未だに現在進行形で行われている。二次元の総合管理計画をリアルな現場に反映して三次元のプロジェクトに置換していくためには、既存の思考回路・働き方（≒行政運営）から、自治体経営への変革、既得権益との決別といった「意識面の改革」と、具現化していくための資金・ノウハウ・マンパワーの調達という「物理的な要素」が必要である。

　この2つの要素は密接な相関関係を持っており、自治体をいかに経営するのか真摯に考え、必要な資金・ノウハウ・マンパワーが行政内部に不足していることを認識できれば、「生きるための手段」としてPPP/PFIが選択肢として登場するはずである。総合管理計画で記した数多くの課題を具体的に解決していくためには、ひとつずつの要素から着実に進めていくしかないだろう。例えば、未利用地・不要資産の整理を急ぐのであれば、青森県・浜松市・市原市のように公有財産の売却業務を不動産会社に包括委託することが選択肢のひとつになるだろう。施設の維持管理コストを抑制しつつ、管理の質を高めるためには流山市・沼田市・湖西市・明石市等で行われている複数施設の各種保守点検業務をビルメンテナンス会社に包括業務委託することも考えられる。

　地道に歳入を確保していくのであれば、行政財産の使用許可で行っている自動販売機を貸付にかえて一般競争入札に付すことと設置箇所を大幅に拡大すること、公共施設に有料広告を掲載すること、ネーミングライツ、民間のオークションシステムを活用した不要資産の売却などもできるはずである。更に最近では、千葉市の児童養護施設で行われたサンタクロース大作戦などのように、Amazon「ほしい物リスト」を活用し広く寄付を募ることやガバメントクラウドファンディングなども選択肢になるだろう。指定管理者制度では、利用料金制を採用するとともに、指定管理者の自由度を最大限に高め多様な自主事業を展開すること、投資回収を考慮した期間を設定することで、大阪城公園のように指定管理料を委託費として支出

するのではなく歳入として収益の一部を自治体に納入させることも現行制度のなかで可能である。

八代市では廃校となった小学校を普通財産として民間事業者に貸し付け、オーナーが柔軟なアイディアとネットワークで様々なイベントを開催し、自由度の極めて高い体験型宿泊施設として活用している。

PPP/PFI は公共施設の建設・複合化・統廃合のためだけ、あるいは内閣府の PPP/PFI 導入のための優先的検討規程で記された総事業費10億円または年間の維持管理費 1 億円以上の事業のためだけに存在するわけではない。貝塚市の塗装業者と連携した保育所の塗装改修や津山市の学校の普通教室断熱化ワークショップなど、リアルな現場での小さな課題解決のために活用されているのが実態である。これらは内閣府による PPP/PFI の導入や総合管理計画から着想されたものではない。

総合管理計画の策定後、何をしていいかわからなければ、データではなく、総合管理計画で記された施設・現場・周辺のまちをもう一度じっくりと見て、施設所管の担当者・利用者・民間事業者などの声を聞いてみよう。そこで感じたリアルな課題を自分たちの手でひとつずつ解決していく方法のひとつに PPP/PFI がある。そういった意味でも PPP/PFI は魔法の手法ではなく、目の前の課題を資金調達から含めてひとつずつ自分たちの手で解決していくための実務的・実践的な手法であり、泥臭い・生々しいものなのである。

2 計画行政の限界（数十年スパンの計画の価値）

(1) 超長期の計画が難しい理由

総務省からの策定要請において公共施設等総合管理計画では、公共施設等の現況及び将来の見通しの把握・分析は、「公共施設等全体を対象とするとともに、その期間は、できるかぎり長期間であることが望ましいこと。」とされている。同様に計画期間は「当該団体の将来の人口や財政の見通し等をもとに長期的な視点に基づき検討するものであるが、一方で、個別施設毎の長寿命化計画（個別施設計画）に係る基本的な方針に関する

ものでもあることから、「(略)公共施設等の現況及び将来の見通し」の期間に関わらず設定する（ただし、少なくとも10年以上の計画期間とする）ことも可能であること。」とされた。この結果、ほぼ全ての自治体の総合管理計画の計画期間は最低でも10年、長いところでは50 ～ 60年とされ基本構想・総合計画などよりも更に長い超長期のスパンとなっている。総合管理計画の策定要請が出された時期に、各自治体の公共施設マネジメントの担当者の間では、策定要請そのものについてだけでなく計画期間についても大きな議論が交わされることとなった。

　2014年7月、宮崎市で開催された自治体の公共施設マネジメントの担当者が一堂に集う自治体等FM連絡会議では、パネルディスカッションにおいて総合管理計画がテーマとなった。青森県庁・さいたま市・流山市・浜松市・倉敷市の担当がそれぞれの経験や考え方を本音でぶつけ合った。筆者も当時、流山市の担当者として登壇させていただき、超長期の計画には明確に反対の立場を示した。民間企業の経営計画が1 ～ 3年程度であること、30年前にはスマホやCADは想像できなかったし、この間に公共交通や民間事業者による旧来型行政サービスの類似サービスも圧倒的に質・量とも充実してきたこと。これらは今後も加速度的に変化していくことが容易に想像できること、数十年後の未来を現在の人間が拘束することや責任を負うこともできないことから、まずは目の前にあることを着実に進めていくべきだと主張した。——現在の100万円、100m^{2}に対してリアルなアプローチができない人間・まちが、数十年後に何百億円、数十万から数百万 m^{2}の公共資産を適正にマネジメントできるわけがない。何十年も先の未来をそもそも見通せるわけがないし、できるなら今日のような状態になっていないはずだ。だから、光熱水費の徹底管理、ESCO（Energy Service Company：省エネルギー改修にかかる費用を光熱水費の削減分でまかなう方式。行政から見れば、新しい財政負担なく、空調、照明等の更新が可能となる）や随意契約保証型の民間提案制度などの民間事業者との連携が第一歩になる。これまでも計画行政は残念ながら市民生活に直結するわけではなく、市民にとってはリアルなプロジェクトのひとつひとつの方が圧倒的な価値を持っていたはずだ。——これらの筆者の意見は、当時の主流派だったさいたま市をはじめとする総務省主導型・教科書型公共施

設マネジメントを「正」と考える自治体にどれほど響いたかはわからないが、この頃から自治体が大きく二極化していったことは間違いない。

(2) 何からはじめるべきか

　そして、2020年初冬から全世界を震撼させ、世の中を変えてしまった新型コロナウイルスのような公衆衛生の危機や近年、毎年のように発生する線状降水帯や超巨大台風などは、公共施設等総合管理計画では全く想定されていない。つまり、ここ数年の世の中の変化にすら対応できないのが計画行政の限界である。前述の総合管理計画の策定要請では計画の見直しについて「策定後も、総合管理計画及び個別施設計画の策定に伴い実施する点検・診断や個別施設計画に記載した対策の内容等を反映させるなど、不断の見直しを実施し順次充実させていくことが適当であること。」と、やはり社会経済情勢の変化への対応については考慮されていない。昨日の続きが今日、今日と同じ明日が来ることを前提にした考え方が全く通じないことは、現実に直面する公務員であれば痛いほど身に染みているはずだ。また、（LGWANや履き違えたコンプライアンスによりインターネットの閲覧すら自由にできない現在の行政の足元をまずは抜本的に変える必要があるが、）5G、DX、スマートシティなどの技術的革新も考慮しなければならないだろう。全国各地で急速に進展するリノベーションまちづくりやエリアマネジメントなど民間事業者との関係・ボーダーラインが変わるなかで、公共空間・公共施設の存在理由・求められる機能なども見つめ直さなければならないだろう。今後は、不動産から動産やクラウド上の仮想空間へサービスがシフトしていくかもしれない。

　全体像を示す総合管理計画においてせっかく「そのまちの保有する公共資産全体」を対象としたにもかかわらず、個別施設計画になった瞬間に「所管省庁ごとの縦割り」に戻してしまう構造にも問題がある。多くの自治体では、学校や公営住宅などは従来の各省庁へ提出する改修・改築に対する交付金・補助金対応を主眼とした数年間の事業計画を個別施設計画に置き換えがちであり、そこには他用途との複合化、まちとのリンク、民間への代替可能性などが登場する余地はない。こうした面からも数十年という超長期の総合管理計画と、なかにはローリングで毎年のように提出する

数年単位のハコモノ改修計画たる個別施設計画の親和性は低い。

　こうしたことから考えても、数十年先を見越したリアリティのない・検証もできない計画に時間と労力を割くよりも、地域コンテンツ・プレーヤーと連携してひとつでも多くのプロジェクトを創出し続けていくことが、少しずつ未来を軌道修正していくことにもつながるだろう。そして、粛々と進めなければならない公共施設の統廃合は、過去から今日までに判断を先送りし、現実から目を逸らし続けてきた「そのまちの経営判断の結果の蓄積」にすぎないので、覚悟を決めて粛々と廃止条例を上程するなど、手続きを進めていくしかない。こうした粛々とやるべきことをやるためには、関係者の猛反発など多くの困難が伴うことから、余計にそれを凌駕するプロジェクトの総体たるオモロいまちを築いていくことが求められている。

3 計画への固執と偏愛

(1) なぜ計画が最優先されるのか

　公共施設等総合管理計画をほぼ全ての自治体が策定し、いよいよ自治体経営と公共施設マネジメントが実務レベルでリンクすることが期待されていた。しかし、実際にはかなり多くの自治体において、施設類型別の個別施設計画や地域ごとの再配置計画の策定といった計画策定ありき、つまり「計画づくりの第二章」の幕が開いてしまっている。公共施設マネジメント関係のセミナーでは、コンサルタントを中心とした講師から「個別施設計画を早く作りましょう、そうしないと総務省の地方財政措置が受けられませんよ。」と唖然とするメッセージが異口同音に発せられるとともに、受講している実務担当の行政職員が真剣にメモを取る姿が全国で見られている。筆者がアドバイザーを務めていたある自治体でも、実務担当者は実践を志しているものの、管理職レベルでは「個別施設計画を作らないと、公共施設マネジメントができない。」というような計画に固執した嘆きが充満してしまっている。

　では、なぜ行政はこれほどまでに計画に固執するのだろうか。まず考えられるのは、「計画行政」なる言葉が、未だに行政職員の思考回路の中枢

を支配していることだろう。総合計画・基本計画・実施計画と何段にも積み重なり、都市計画マスタープラン、緑の基本計画など多分野に枝分かれする複雑な計画体系が行政運営（≠自治体経営）の根幹であり、それぞれの計画こそが正しいものだと無垢に信じ、偏愛ともいうべき状況となっている。しかし、大半の計画は、公共施設等総合管理計画に限らず抽象的な理念が中心で財源も含めた経営的な観点が欠落している。無理に財政フレームに押し込めるために必要な事業（費）を削減していたり、イニシャルコストだけしか考慮されず、当該事業（施設）が将来の自治体経営に及ぼす影響を考慮していなかったり、あるいはコンサルタントに丸投げして魂の宿っていないものだったりしてはいないだろうか。総合管理計画に記される「30年で施設総量30％削減」といった短絡的にハコモノ総量のみにフォーカスを絞った目標も、厳しい財政状況のなかで必要な公共サービスを提供するために公共施設やインフラをいかに経営してくべきか、そのためにやること（できること）は何かを素直に考えれば、違う目標になるはずである。大規模な施設における適正なコスト削減や良質なサービス提供による対価としての歳入確保、公共不動産を活用したビジネスなどが本来は考えるべき内容であり、（間接的にファシリティコストは削減されるかもしれないが）総量削減は、手法のひとつにすぎず、目標にはなり得ないだろう。

　計画を拠り所にする真の理由は、「計画に責任転嫁」し、言い訳の材料として目の前で起きている公共施設やインフラの老朽化・公共サービスの陳腐化の問題から目を逸らして先送りし、他人事にできるからではないだろうか。議会答弁や市民説明会で必ずと言っていいほど耳にする言葉、「○○計画に則って（的確に対処・検討してまいります）」、そこに自らの強い意志は宿っていない。こうした残念な経験は、筆者自身も多くの自治体で経験している。

(2)「自分ごと」として取り組む自治体

　一方で、詳細は別の項目で記すが、いくつかの自治体では「自分ごと」としてポジティブに課題解決に取り組んでいる。

　筆者がアドバイザーとしてかかわった小田原市では、少し前の事例では

あるが、庁内でPPP/PFIを活用することで解決できそうなリアルな課題を抽出し、関係職員が7件の事案に対して、それぞれ先行自治体の事例や民間事業者のヒアリングなども含めて自主的に研究し、それをアドバイザーも含めてリアルな解決策としてブラッシュアップしていった。

廿日市市では、宮島地域のインフラ系施設を包括委託するための公募関連資料の作成を支援したが、この事例では市の関係者が一堂に集い、宮島在住の職員が極端に少ないなかでも将来の災害時対応まで含めた可能性を考えながら、リスク分担表に至るまで一言一句の関連資料の作成を自分たちの手で作成した。この結果、要求水準書を遥かに上回る民間事業者からの提案が寄せられ、結果、質の高い保守点検や関連する様々な付帯業務が展開されている。

同様に武蔵野市では、過去に武蔵境駅の駅前市有地活用事業において、猛烈な反対運動に巻き込まれた経験も踏まえ、市民や議会と合意形成しながら引き続き公有財産の貸付事業を展開していくためのフローを作成することとなった。こちらも関係部署だけでなく、庁内公募も含めたワーキンググループを組織し、徹底的に関係者で議論しながら検討が進めていった。

いずれの事例も、関係職員が目の前で起きている問題を「自分ごと」として捉え、自分たちらしい解決策を模索しながら見出している。そして、小田原市ではアドバイザーの手を離れた後も少しずつ自分たちの手で事業化に向けて動き、廿日市市では優先交渉権者選定後の詳細協議は全て職員が自ら行い、武蔵野市では貸付フロー案の議会への説明を、職員がアドバイザーに頼ることなく自主的に実施している。

また、これらの事例の更なる共通項こそが、計画行政（総合管理計画や個別施設計画）とは無縁の世界で、民間事業者とのリアルなビジネスベースでの連携を含めて検討されていることである。行政は決して合理的な組織・社会・システムではない。理論値・合理性で理想的に物事を直線的に意志決定することはできず、利用者をはじめとする多様な市民の意向・議会との政治的な要素を含めた調整やバーターでの交渉などを経て、なんとか合意形成できる範囲で意志決定していくしかない。このような現実的な制約があらゆるプロジェクトに課せられているなかで、計画行政がいかに無力であるのかは、ある程度経験を重ねた公務員であれば痛いほど身に染

みているはずである。それにもかかわらず、未だに多くの計画策定では、コンサルタントがそれらしい案を作成し、自治体の職員が添削する形式が取られている。この形式では、職員はいつまでも他人事から脱却できないし、評論家になってしまう。自分たちの言葉で、自分たちのまちの文化・風土・スキルに応じたもので構成されていない計画だから、議会や市民説明など重要な場面で説明に窮するのである。なぜその用語を使ったのか、行間のニュアンス、何をしたいのか、これらは自分たちで作り上げて行かない限り決して見えてこない。そして、コンサルタントも行政が想定する（欲する）結論を前提とした当たり障りない抽象的で総花的な案を策定してしまうから、余計にリアリティが欠如する。

　行政とコンサルタントの関係を見直し、「自分ごと」として考えるプロセスをビルトインすること、目の前にある課題に真摯に向き合うこと、生きるための資金・ノウハウ・マンパワーの調達手段としてPPP/PFIを活用すること、これらの要素が揃った自治体でのみ、自分たちの未来を見据え、自治体経営に活用できる計画が機能するであろうし、そのような自治体では計画に依存しないであろう。

4　総論賛成、各論反対は住民エゴなのか

(1) 各論反対になる理由

　比較的大規模なPPP/PFIプロジェクトや公共施設マネジメントを実践に移そうとする際に、ほぼ全ての自治体が苦戦するのが利用者を中心とする市民との合意形成である。総論（≒施設白書や公共施設等総合管理計画）の段階での市民アンケートでは、ほぼ全ての市民が「民間と積極的に連携していくべき」「公共施設の見直しは必要である」と回答したはずなのに、各論（≒公共資産を活用したプロジェクトや身近な施設の統廃合）を持ち出した瞬間、市民から袋叩きにされてしまう。いわゆる総論賛成各論反対である。

　このロジックには2つの盲点がある。

　まず「総論は本当に理解されているか」である。「財政状況や次世代を

考えたときに、民間からの資金調達や連携、公共施設の見直しが必要だ」というのはコンセプトにすぎない。総論とは、具体的な全体の見通し、つまり「いつまでに、どの施設を、どれだけ、どういった手法で、どうするのか」を示し、そこから様々な要素を勘案して具現化に向けていくマスタープランであるはずである。曖昧で中身の見えないコンセプトでは、市民は「そうだよね」としか言えないであろう。つまり、本来の総論の議論は、曖昧で総花的に概念を羅列した基本計画や公共施設等総合管理計画ではなされていない。

次に、「反対するのは市民エゴなのか」である。ここではこの点にフォーカスを絞って考えてみたい。Not In My Back Yard = NIMBY、必要なのはわかるけれど、うちの裏庭ではやめてくれ、という各論反対の心情についてである。——各論に対して行政は、例えば、施設縮小なら財政状況、利用率、老朽化度等のデータを駆使して懸命に利用者の理解を得ようとするが、うまくいくことはほとんどない。その施設を利用する市民は、どのような施設であっても全体の10%にも満たないし、ヘビーユーザーは更に少数に限られていてもである。次の手として行政は、利用者以外の市民の声、サイレントマジョリティの意見をアンケート等で集めて統計的に分析し統廃合を迫る。客観的な事実を突きつけられた利用者は感情論も含めて反発を強め、議会も巻き込んで混沌としていく。——これが各論反対を引き起こし、PPP/PFIプロジェクトや公共施設マネジメントを停滞させ、多くの自治体が進めることを躊躇する理由のひとつになってしまっている。

教科書型公共施設マネジメントの考え方では「利用者市民は悪、ワガママなので我慢すべき、客観的なデータを示して粘り強く交渉すれば大半の市民は理解してくれる」とされている。果たしてこの論理は正しいのだろうか。利用者からすると「①正規の手続き（予約システム）で予約、②定められた使用料・利用料を納付、③適正に施設を利用」しているにすぎず、何も悪いことをしていないし、もちろん税金も完納している。それなのに、行政が一方的にご都合主義の理論を押し付けて自分たちの生活の一部を奪おうとしている。当然、行政の統廃合案には賛成する理由もないので反対となる。自分たちの声が届かなければ、議員にも「なんとかしてくれ！」と援護を求め、まち全体を巻き込んで政治も含めた問題に拡大していく。

(2) 解決への方法

　では、どうすればよいのか。残念ながら現時点では、明確な答えがどこかに存在するわけではなく、この問題を全て解決した自治体も存在しないが、下記の方法論で考えれば、かすかな希望は見えてくる。

　まずは、行政が「経営感覚の欠如」を認めることである。長年にわたって一貫して単年度会計・現金主義を採用してきたために、減価償却費・退職引当金などの当該年度に現金化されないコストに気づかなかった・目を逸らしてきたこと、修繕積立金を基金化してこなかった・できなかったこと、場当たり的に行政運営をしてきたことがこの問題の根幹である。更に言えば社会経済情勢の変化に即応して20〜30年前から問題を直視し、使用料・利用料や施設のあり方を少しずつ見直していれば、地域コンテンツ・プレーヤーと連携して自治体経営に真剣に取り組んでいれば、ここまで追い詰められなかったはずである。要は、公共施設等を取り巻く問題や民間との連携が思うように進まないのは、行政が自ら蓄積してきた経営課題が顕在化しているにすぎない。

　そのうえで実務的に進めていくためには、「①強烈な意思、②バーターとなる機能の確保、③（直感的に）理解できる現状」と「④市民側の選択肢・裁量の余地」を持つことが統廃合等を進める基本になるだろう。「①強烈な意思」は、浜松市のように具体的な施設名と年度を示したうえで短期間に統廃合を進める意思である。署名・SNS・マスコミを通じたネガティブキャンペーンにも臆することなく、首長を含めて組織全体で取り組む覚悟である。この結果、浜松市は当初の5年間で400以上の施設の統廃合を実施することにつながっている。「②バーターとなる機能の確保」は、例えば3つの公共施設を全て廃止するのではなく、民間施設を賃貸借してでも市民理解が得られる範囲の機能を残し、そこに必要な投資をすること。今までより狭く・遠くなるかもしれないし、サービス内容はこれまでと異なるかもしれないが、満足できる環境を整備することである。「③（直感的に）理解できる現状」は、利用率などのデータではなく「古いよね」「あまり使っているのを見たことないよね」「この企業と組んだら確かに面白そうだよね」という市民感覚で共感できる状態である。この感覚は、コンサルタントや外部有識者では推察するのは難しく、そのまちの職員にし

かわからないものである。「④市民側の選択肢・裁量の余地」は、再配置計画などについて行政が細部まで先行決定しないことである。○×しか選択肢がないなかで、厳しい財政状況を考えれば、「×」しか選ぶことができない。市民の声を聞くのであれば、ガス抜きや表面上の同意を求めるためではなく、与条件を明確にしたうえで市民側に選択肢・裁量の余地を残すことが必要だろう。また、議会対策・アリバイづくりで市民対応≒見かけの合意形成をするぐらいなら、廃止条例を上程して議会の判断に委ねたり、執行権の範囲で民間事業者と契約してプロジェクトを実施したりするほうが効率的で実践的である。

　いずれにしても、行政が公共施設・インフラの課題を市民に責任転嫁するのではなく、自ら引き起こした課題として直視し、真摯に対応していく姿勢を持つことが第一歩になる。

5 市民ニーズ、議会の意向と市場性

(1)「こうあったらいいな」では失敗する

　行政では、ハコモノ建設・建替・統廃合等を行う際に、事前に市民ニーズ・議会の意向を把握することが一般的である。市民アンケート、ワークショップ、有識者委員会、（公式・非公式の）議会との調整等を行い、ダメ押しとしてのパブコメまで含め、「みんな」の意向を十分に反映した基本構想や基本計画を策定・公表することがほぼ定型のプロセスとなっている。「聞いていない」などの手続き論での反対を抑制し、議論の後戻りを予防するために生み出された経験知・暗黙知による「賢い」方法であることは間違いないが、果たしてそのまちの未来を左右するプロジェクトを進める方法論として問題はないのだろうか。

　ある自治体では、非常にポテンシャルが高そうな未利用地の活用に向けて、地元の有力者・文化人・学識経験者などで構成する有識者会議を立ち上げ、「癒し・食・くつろぎ……」といった土地活用のコンセプトを取りまとめた。様々な要素が散りばめられ、わかりやすく、誰からも愛されるものだが、誰でも描ける行政の模範的・総花的な土地活用の姿でもある。

「こうあったらいいな」がコンセプトのこのようなプロセスを経て莫大な税金投入の意思決定をして整備した、どこのまちでも見かける優等生のような場に果たして人は来るのだろうか。そして、そもそもの公金投入の妥当性は確保されているのだろうか。人が「そこを目指して来る」ためには、隣接・近隣自治体だけではなく純粋な民間施設、日本全体、更に言えば世界全体を見渡した差別化が必要であるし、少なくともそのサービスと商圏がマッチしていなければ人も集まらず、ビジネスとしても成立しない。全国各地で社会資本整備総合交付金・公共施設等適正管理推進事業債などを活用した大規模公共施設が多数建設されているが、その大半は運営段階でのキャッシュアウト額も膨大で、自治体の経営に多大な影響を及ぼしている。更に、まちや市場の規模に対してハコモノがスケールアウトしていて、かつ既得権益の団体や多数の関係者、建設までの様々ないきさつが存在するため、見直すことそのものが難しい場合も多い。

　一方で、民間事業者が同種の土地活用を検討する場合には、ビジネスとして当該地のポテンシャルをいかに引き出すのか、資金調達・償却期間・運営コストなども含めて利益を最大化することに知恵を絞る。もちろん、行政は公益性・公共性を確保しなければならないが、福祉・教育をはじめ、本当に手を差し伸べなければいけない多様な公的サービスの財源の確保も難しい財政状況にもかかわらず、公金を投入し続けなければ継続しえないような採算性の低い土地活用をした結果「こんなはずではなかったが、公的サービスなので仕方ない」としたのでは済まされない。むしろ、土地活用によって、貸付料や指定管理者からのサービス対価としての納付金などのキャッシュによる歳入確保だけでなく、当該地と周辺エリアの価値を高め固定資産税・都市計画税・法人税、地元雇用を創出することによる市民税などの間接的な歳入確保も考えられる。もちろん、需要を地元企業から奪ってしまうような民業圧迫をしないことは大前提となる。

　本著第1章でも記したように青森市では中心市街地活性化の目玉であったはずの再開発ビル、アウガの経営が行き詰まり市長と2人の副市長が揃って辞職に追い込まれ、南アルプス市では六次産業の活性化を目論んで整備された観光農園、南アルプス完熟農園がわずか数か月で休止することとなった。全国各地に、「こうあったらいいな」がコンセプトの市場性・

事業採算性が欠落した事業が多数存在するが、最終的には市民が失敗のツケとトラウマを負うのである。ワークショップ参加者、有識者や議会は「夢のあるプラン」を誰よりも描けるかもしれないし、「みんな」が満足できる瞬間的な納得性の高い方向性を示せるかもしれない。コンサルタントもこのような場を構成し、盛り上げることは得意だろう。しかし、現実の問題として夢だけで未来はつくれない。残念ながら、これらの人々は経営責任をかけて意見を出しているわけでもないし、自らの財産をかける必要性もない。行政は「みんなの声を……」と広く夢をかき集めているうちに夢見心地になり、更に経営責任を不特定多数の顔の見えない「みんな」に転嫁し、公金を投入する重さはどこかへ置き忘れてしまっている。

(2) 机上のシミュレーションではわからない

　上記の「みんなの声」のプロセスと同様に近年、公共施設マネジメントで流行しているボードゲームでのシミュレーションについても似たような危うさを感じる。参加者が総務部長、ヘビーユーザー、全く施設を利用しない負担者市民などの架空の役割を担い、架空の施設でハコモノ・サービスにそれぞれ価格をつけ、統廃合のシミュレーションをしていくものだ。いくつかの自治体がホームページで公表している参加者アンケートをみても「楽しかった」「公共施設の問題がよくわかった」「これからは民間と連携する時代ですよね」等、前向きな意見が並ぶ。しかし、頭の体操や原理を理解するのには役立つかもしれないが、現実の総務部長には総務部長のバックボーン、議会を含む多様な関係者との駆け引き、関係や立場があり、本音では理解しても建前上はYesとは言えないこともある。また、架空の施設が統廃合されても反発は発生しないが、リアルな施設でこういったことを安易にやれば炎上必至である。そもそも、シミュレーションのボードゲームでやっているような公共施設の統廃合のように自由に動かせるほど自治体の財政に余裕はないし、新型コロナウイルスの影響が長期的に直撃しているなかでは、「こうあったらいいな」を無条件に受け入れる余地はどこにもない。

(3) リアルな市場性を考える

　(1)、(2)で論じたものに共通する危うさとは「リアリティの欠如」である。明るい未来、夢を描くのは絶対的に必要であるし、使いやすい施設のために利用者の意向を反映することも重要だ。30年で30％削減目標といった一昔前の行財政改革だけでは未来がないことも明確である。そのなかで求められるのは、市場性・事業採算性の裏付けをもったリアリティのある明るい未来への道筋をいかにつくるかである。これまでと同じ生き方が通じない、生きる手段として民間からの資金・ノウハウ・マンパワーの調達が避けられない状況下では、ビジネスベースで民間事業者が参入したくなる仕掛け≒市場性を当初から検討しなければいけない。市場性を把握するうえで難しいことは必要なく、基本構想の着手時期など最も早い段階から民間事業者の意向を幅広く捉えるサウンディング型市場調査のプロセスを組み込めば少なくとも「初歩的・そもそもの」失敗は防ぐことができる。あるいは急速に広まりを見せる随意契約保証型の民間提案制度、運営事業者選考決定方式のスキームなども有効であろう。

　多くの民間事業者が興味・進出意向を示し、様々な提案を自発的にしてくればその土地・あるいはコンセプトに「市場性がある」ことが判明するし、逆であれば市場性が低いことがわかる。そのうえで市場性を的確に反映したプロポーザルにより適正に相手方を選定すれば、前述のような課題はある程度解決されるはずである。もちろん、市民・有識者・議会の声を無駄と言っているのではない。リアルな市場性と合わせて、時には市場性を説明しつつ市民や議会の声を聞いていけば、「こうあったらいいな・こうなるだろう」だけではなく、将来的なコストや具体的な利活用の方法まで含めた議論に深まっていくだろう。そして、全体を見渡して責任を持った経営的な判断を下すことが行政の役割であり、自治体経営である。

6　PPP/PFIは地元事業者の仕事を奪うものなのか

(1) 地元事業者に配慮した事例

　PPP/PFI手法を用いてプロジェクトを検討していくと、経験の少ない・

やる気のない自治体では必ずと言っていいほど、「時間がかかる」といった事実と異なる先入観・既成概念とともに、「地元事業者の仕事を奪う」というような、経営層・議会・地元事業者などから懸念が示される。

　もちろん税収だけでなく、災害対応なども含めて地元事業者が自治体経営上、重要な役割を担っていることは間違いないが、行政は公共サービスを提供するために存在するもので、無条件に地元事業者に仕事を施すためにあるわけではない。人口減少、少子・高齢化、社会経済システムの変化、そして新型コロナウイルスが猛威を振るうなか、去年と同等の業務が未来永劫、同じように地元事業者に配分される時代ではなくなっている。地元事業者も期待して待っているだけ、もしくは要望・請願といった活動だけではなく、自らプロジェクトを創出し提案する・ビジネスフィールドを広げていくことが求められている。

　そして、PPP/PFI 手法を採用することと地元事業者を排除することは同義ではない。手法の問題ではなく、配慮・工夫の問題である。行政内部でのビジョン・コンテンツの精査や与条件の設定などに原因が存在するのに、それを手法のせいにしてしまうことが残念ながら頻繁に発生している。PPP/PFI 事例における地元事業者との連携・活用の可能性を、筆者が携った流山市の事例をベースに見てみたい。

　同市の最初の ESCO 事業、保健センターの ESCO 事業では、募集要綱において「可能な範囲で市内業者を活用すること」を明記し、企画提案書様式でも業務の実施体制の注意書きで「当該業者が市内業者である場合は、その旨がわかるよう記載」することを求めている。この結果、地元事業者である京和ガスが代表企業となり、外資系 ESCO 事業者、リース業者等との共同提案で優先交渉権を獲得、事業化している。2 本目の市役所等バルク（採算性の高いものと低いものを抱き合わせて事業採算性を確保する）ESCO においても同様に、京和ガスが外資系 ESCO 事業者との共同提案で事業を実施した。3 本目の生涯学習センターの ESCO 事業では外資系 ESCO 事業者の手を離れ、京和ガスが系列の建設会社との共同提案で事業スキームを構築し、優先交渉権を獲得している。更に 4 本目のケアセンター ESCO では、京和ガスが中心となって設計事務所・工務店なども全て市内事業者で構成するコンソーシアムを組成し、見事に事業を受託

している。

　最初の ESCO を実施した当時は、京和ガスに ESCO の実績・ノウハウはなかったものの、外資系の専門業者等と連携して事業を実施することで、ESCO の事業スキームそのものに加えエネルギー計算や事業採算の組み方などを経験知として体得していった。更に、数本の ESCO を受託することで適正な利益が継続的に確保できる見通しが立ったことから、設備も京和ガスが自己資金で調達することが可能となり、提案内容もよりブラッシュアップされていった。

　包括施設管理業務委託では、検討・公募段階でいくつかの業種から懸念を示す声も存在したことは間違いない。そこで、募集要綱では「応募者の構成員には、可能な範囲で市内業者を最大限活用すること」を明記して地元事業者へ配慮した。「電気工作物・消防用設備・浄化槽に規定する業務は、原則として市内業者等を現行水準と同等の条件で活用すること」として、一部の業種では実質的なプロテクトを行なっている。大手ビルメンテナンス会社が優先交渉権者として選定されたが、メーカー管理となるエレベーター・エスカレーターなどを除き、ほぼ全ての業務を市内・準市内事業者で構成することとなった。筆者は過保護すぎるプロテクトだったと認識しているが、プロテクトを行う背景にあったものは政治的判断である。担当としては、完璧なプロジェクトを目指すことよりも事業化することの方が重要なので、徹底的なディスカッションはしたうえでこのようなプロテクトをかけたのである。政治的、あるいは別の理由によるプロテクトの要請は、行政である以上、ある程度は受容しなければならないが、無条件に既得権益等のプロテクトを許容していては、プロジェクトの価値がなくなってしまうので、譲れないラインを明確にしておくことが求められる。

(2) PPP/PFI で地元事業者も強くなる

　包括施設管理業務委託も一見、地元事業者の業務を奪うように勘違いされやすいが、適正な配慮と工夫をすることにより、地元事業者にも様々なメリットを与えることができる。包括施設管理業務委託の契約期間は一般的に 5 年であることから、地元事業者はこの契約期間内に入札に晒されるリスクがなくなり、安定した事業を展開できる。入札による失注リスクだ

けでなく、行政の一方的な都合で毎年繰り返される不合理な一律シーリングも回避され、一定期間の受注見込み額が確保される。単年度契約ではせっかくの収入も先が見越せないため再投資に回すことは難しいが、５年契約が締結できれば当該期間内に投資回収できる範囲で設備投資することもでき、企業体力の向上にもつながる。

　次に、行政との直接契約ではなく、大手ビルメンテナンス業者や総合管理を行う事業者との契約になることに不安を覚えるかもしれないが、これらの事業者と組むことでノウハウを吸収できるチャンスにもなる。元請事業者の水準・方法・フォーマット等に基づき保守点検業務を行うことが要求されるため、必然的にノウハウを吸収することができ、自らが受注する他物件でも応用可能で、質の向上とコスト削減を同時に達成することもできる。

　そして、これが最も重要であるが、大手ビルメンテナンス業者のもとで質の高い業務を遂行していれば、元請事業者が受注している民間物件の受注機会が得られるかもしれない。実際に流山市でも17社の地元事業者が包括施設管理業務に関わっていたが、そのうち２社は大手ビルメンテナンス業者が扱う民間物件の受注機会を得られている。これこそが本当の意味での地元事業者の育成である。今後、ほぼ全ての自治体で公共施設の休止・総量削減が加速度的に進むことは間違いない。公共施設のみに依存した保守点検業務を行なっている地元事業者は、同時に仕事を失うことになる。しかし、包括施設管理業務を契機に自らのスキルを高めネットワークを拡大し、商圏を拡大しながら民間物件の受注割合を高めていけば、公共施設の統廃合に経営が左右されるリスクを軽減できる。

　このように、それぞれのプロジェクトによって適正な配慮や工夫をしていけば、PPP/PFI手法によって地元事業者の受注機会を奪うことがなくなるだけでなく、逆にビジネスを強くしていくことができるはずだ。PFI法に基づくPFIでも要求水準書で「○○業務は関連工事費の○％以上を地元事業者で実施すること」を条件設定することや、地元事業者の活用を採点表で重点配分することなども有効である。福岡市のPPPプラットフォームのように、市内本店企業のみを対象とした場も自治体の状況によっては有効かもしれない。東村山市の随意契約保証型民間提案制度と連

携した地域主体のプラットフォームは、小さな PPP/PFI 案件を地元事業者と構築していくために活用されている。

「PPP/PFI は地元業者の仕事を奪う」のではなく、その先入観による思考停止・実態を踏まえた現実的な配慮や工夫がないことが自治体の経営を硬直化・悪化させ、本当の意味で地元業者の仕事を奪っているにすぎない。

7 量産型 PPP/PFI 事業の罠

(1) PPP/PFI の拡がり

本著で様々な視点から述べているように、厳しい財政状況・社会的要請・法制度等の改正により PPP/PFI（の概念）は急速に広まりを見せている。ここ数年、様々な媒体により PPP/PFI の情報は大量に流通するようになり、簡単に入手できる。このような背景もあり、ビジネスとして PPP/PFI に関与するコンサルタント・ディベロッパー・ゼネコン・維持管理会社・学識経験者・評論家も急増している。ハコモノ整備を中心としたサービス購入型の PFI、基盤整備と休憩施設としてのカフェをベースにした Park-PFI などは、大手コンサルタントの手によりほぼパターン化した形で各地の事業として定着してきた。このように、取り組みへのハードルは低くなる一方で、PPP/PFI のポテンシャルを活用していない低質・画一的で残念な事例も増加している。

(2) 6つの失敗事例

ここでは PPP/PFI の特性を活かしたものを「プロジェクト」、そうではない量産型のものを「事業」と表現し、「低質なハコモノ PPP/PFI 事業」が生み出される原因を考えてみたい。

①短絡的な劣化コピー

先行の類似事例のカタチ・事業スキームだけを短絡的にコピペして、それらしい形の要求水準書としてしまうことである。敷地条件、事業スケジュール、予算、建物用途等の大枠だけを元にコンサルタントに要求水準書の作成を丸投げしたり、職員が先行事例の要求水準書を流用してしまう

場合である。自治体の意思・地域特性・与条件の精査、共通認識が欠落した状態で安易な思考回路のまま発注してしまうと、どこのまちでもあるようなザ・公共施設が生まれてしまう。

②事業手法ありき

基本構想の段階から事業手法があらかじめ決め打ちされていたり、手法の選択から検討をはじめていくものである。与条件のレベルが低く本質が精査・議論されていないため、PPP/PFIによる事業手法を従来型手法とVFMで比較したとしても、駄目な事業がどれだけマシになるかを算定しているにすぎない。ビジョン・コンテンツの欠落した表層的・中途半端で未来につながらないハコモノ・事業になってしまう。

③割賦払いに近い事業スキーム

イニシャルコスト割賦型のサービス購入型PFI、膨大な基盤整備費と少額の歳入のPark-PFIなど、キャッシュアウト前提の事業がこれに該当する。単年度会計・現金主義では工事請負費を単年度に支払うことが難しいから、といった消去法でPPP/PFIを選択してしまう場合がこれに該当する。経営的な視点が欠落していることが原因である。

④画一的・定型的なカタチ

PPP/PFIが一般的になり全国で多くのPPP/PFI事業が行われると、残念ながら前述①のケースのようにカタチがパターン化されてくる。行政の希望に沿った行政負担によるハコモノに、余剰地・余剰スペースに対する定期借地権や行政財産の貸付を付し、ナショナルチェーンによるリーシングで少額の歳入を発生させるものである。地域コンテンツ・プレーヤーが関与しないため、地域性がない・民業圧迫型のどこにでもある魅力の低いハコモノに成り下がってしまうだけでなく、投資効果は非常に低く、イニシャルコストが回収できない。

⑤民間ノウハウを活用できない要求水準・評価基準

PPP/PFIプロジェクトは、民間の知的財産・創意工夫を活用するため性能発注が基本となる。しかし、PFI法に基づくPFI、指定管理者制度、Park-PFIなどの多くの先行事例の要求水準書は、受付人数や諸室の面積・仕上などが規定され、ほぼ仕様発注となっている。更に、類似事業の実績・会社規模等に重点配点された採点表では、独自提案・付帯事業・自

主事業の裁量はほとんど残っていない。民間事業者がリスクを負担してでもチャレンジする必然性がなくなるため競争性の低い事業に陥り、結果的に事業としての質も低くなる。

⑥マネジメント視点の欠如

旧来型行政のハコモノ整備がメインとなり、意匠・シンボル性・規模ばかりがフューチャーされ、誰がどういう経営をするのかが検討不足となってしまう。更に悪い場合には、経営感覚の低い補助金依存型の既得権益の団体や外郭団体の運営が前提となっていて、従来型公共施設とほぼ同様の、行政が公金を支出し続けるだけのなんちゃってPPP/PFI事業になってしまう。オペレーター・ビルメンテナンスなどの運営関連事業者よりも、設計事務所・ゼネコンがイニシアティブを持ち、脆弱なコンテンツ・経営能力に気づかずハコモノが優先される場合がこれに該当する。

自分たちのまちや課題を直視し、ビジョン・コンテンツ・与条件を精査していけば、事業手法は自ずと収斂されてくる。自分たちで考え、まちのコンテンツ・地域プレーヤーと連携し、経営的視点でプロジェクトを構築していくことで、これらの量産型・低質なPPP/PFI事業に陥るリスクはかなり回避できるだろう。

8 何を以て失敗と為すか

(1) 失敗を恐れない

「失敗事例を教えてほしい」、職員研修やセミナー等で多く寄せられる質問のひとつである。やる前から失敗を考える、そして失敗することさえ放棄するマインド、これほど非生産的な問いはない。

ここではそもそも「失敗とは何か」を考えてみたい。辞書によると失敗とは「物事をやりそこなうこと。方法や目的を誤って良い結果が得られないこと。しくじること。」である（Weblio（小学館））。

現在の公共施設等を取り巻く環境、財政状況などは、過去から今日までの選択の結果の蓄積に他ならない。個々の判断・選択は、様々な思惑や非

合理的な配慮等があったにしろ、良かれと思って意思決定をしてきたわけである。現在がどのような立ち位置にいようとも、ひとつずつのそのまちの行ってきた意思決定の蓄積の結果論、そのまちの与条件でしかない。うまく機能していない現実はあるだろうが、現在のポジションから具体的にどのように、どれだけのアクションを起こせるのか、結果を出していけるのか、リアルな実践が求められている。

(2) 失敗とは言えない──自治体の取り組み

　須崎市では、公共施設群を再開発して中心市街地の活性化を行うことを意図してサウンディングを実施したが、残念ながら民間事業者の反応は「幹線道路から入った立地状況では商業は成立しない」「（南海トラフ対応のための）高さ20m 以上の建築物は採算が合わない」などの手厳しいものであった。「市が想定していた未来が市場と合わない」ことがわかったことは失敗ではない。立ち止まるチャンスを得られたとポジティブに捉えるべきである。

　筆者が公務員時代に実施した事例で挙げてみる。市役所等バルク ESCOでは、当初想定していた補助金が獲得できず、エアハンドリングユニットの更新、既存配管・ポンプ類の撤去が採算上できなくなってしまった。しかし、これもシェアード・セイビングス契約（民間資金型契約：ESCO 事業者が設備改修に必要な資金を調達し、契約期間内は当該設備を所有しながら包括的なエネルギーサービスを提供する仕組み。行政は一切の金融負担を負わず、長期にわたるサービスの提供をうけることができる。PFI 法の BOT 方式と類似したスキーム）の ESCO なので、全館 GHP（ガスヒートポンプ）への更新、LED 化を含む総合的なエネルギーサービスが得られればいいと割り切り、事業の実施を選択した。

　流山市での流山おおたかの森駅の市有地活用事業では、当時、豊島区役所の事例がもてはやされていたこともあり、音楽ホールの建設を、当該地の一部の土地を分譲マンションに売却し、一部は定期借地権を設定してホテルに貸し付けるという等価交換で、単年度会計・現金主義の予算上、市の持ち出しが発生しない形で整備した。しかし、その後のランニングコストを含む維持管理費の捻出方法は検討されておらず、そもそもコンテンツ

不在の単なるハコモノ整備となってしまった。事業スキームの構築に関わった面で、当時の自分の視野の狭さ、ビジョンとコンテンツの発想の欠如、施設配置など反省すべき点は無数にあり、自分にとっての墓標であることは間違いないが、これもまだ失敗と呼ぶには早い。

　常総市では、保育所の耐震診断の結果が軒並み基準を下回り、子どもたちの安全性の確保の観点から喫緊の対応が必要となったが、厳しい財政状況のなかでは耐震補強や改築といった選択肢はなかった。そこで、緊急避難として小学校の空き教室へ保育所を移転させることとなったが、移転に際しては「保小連携」のビジョンを明確に打ち出し、ハコモノとしての公共施設マネジメントという無機質な観点ではなく、子どもの教育環境の視点で具現化していった。校庭の共有による物理的な環境の向上など、副次的な効果も得られている。本来であれば、耐震診断すら実施できていなかった失敗とも思える環境から、現実的なアプローチで対応したのである。同市の公園、水海道あすなろの里では、全国初のトライアル・サウンディングなどの意欲的な取り組みが行われているが、立地状況を含めて決して恵まれた環境にあるわけではない。施設の老朽化や食堂の撤退などの難しい課題にも直面していたが、この食堂についても徹底的な営業や様々な取り組みが功を奏し、新たな食堂運営者が決定しただけでなく、全額民間資金による全面リニューアルが行われた。更に周辺飲食店との提供メニューのすみわけなどの配慮、地元雇用の創出などによって、不利な環境下であっても「どこかに可能性がある」ことを証明してくれた事例である。

　小田原市では、2019年度に包括施設管理業務にチャレンジし、優先交渉権者の選定までは進んだが、詳細協議の過程で様々な要因が重なり契約に至ることはなかった。しかし、これまでのプロセス・問題点を徹底的に精査し、事業の再構成に向かって真摯に取り組んでいる。

　大東市では庁舎整備にあたり、民間から候補地・事業スキーム・概算事業費等を提案してもらい、そのなかから具体的な事業を構築する意欲的な取り組みを進めている。消防庁舎跡地を活用し、隣接する大型商業施設の屋上駐車場を公用車・来庁者駐車場として活用する大胆な案であるが、この基本計画は残念ながら2019年9月に議会で否決されてしまった。しかし、大東市は失敗と位置付けて諦めるのではなく、同年10月1日付けで人事異

動を行い、エース級の部長を庁舎担当部長に異動させ、再度、市民や議会と調整を図っていく道を選択したのである。

　南城市では、人口規模と比較して大規模に建設してしまった庁舎と駐車場を活用してトライアル・サウンディングを実施し、市街地から外れた丘の上という立地条件をも逆手に取り、早朝ヨガ・キッチンカー・リユース市場・託児所・整体・エステ・ドライブインシアターなど、クリエイティブに活用している。

　津山市は、中心市街地活性化を目論んで整備した複合型ビルのアルネ津山が膨大な負債を抱え、まちの経済・都市構造・財政等に多大な影響を与えてしまったが、随意契約保証型の民間提案制度・町家コンセッション・小学校教室の断熱改修ワークショップ・市営プールの見直しなど、ありとあらゆる策を強烈な密度・スピードで展開している。

　前述の事例のように整備してしまったハコモノ・空間を直視し、トライアル・サウンディング等を必死に営業しながら実施、民間にとってビジネスベースで成立するコンテンツをビルトインしていけば、もしかしたら輝けるかもしれない。近年、少しずつ充実してきた地域コンテンツ・プレーヤーの目に留まるかもしれない。まちの経営にも貢献するかもしれない。その可能性はどこかにあるかもしれない。他のまちの劣化コピーのようなストリートピアノ設置や公金投入型のイベントでお茶を濁すのではなく、行政が真摯にまちに出向き、既存のしきたり・既成概念などを乗り越え、様々な規制緩和や民間サイドに立ったサポートをしていくことが必要である。この一連のプロセスで得られるものは、単発としてだけでなく、まちとしての経験・ノウハウ・スキルの蓄積としても大きいだろう。

　思考停止したり、諦めたりした瞬間が「失敗」に堕ちる瞬間である。どんなプロジェクトであろうが、100％のものはありえない。100％達成できるようなものは、プロジェクトではなく、単なる事務事業でしかないし、どこのまちでも・誰でも、できる・真似できる程度の最大公約数で、そのまちのミライを拓くものにはなりえない。うまくいかないことや不都合な現実から目を逸らさず直視し、歩みを止めることなく、必死に正面から試行錯誤を繰り返している間は、決して「失敗」ではない。うまくいかなかったことは経験になり、個人・組織としての血肉になっていく。困難な

環境のなかで必死にもがくからこそ、クリエイティブでリアルな解決策が
はじめて創出されるのである。うまくいかないこと≒経営課題だと捉えれ
ば、行政がすべきことは「まちの経営課題を解決していくこと」である。
だから、「うまくいかないこと＝失敗」として、更に失敗を恐れ躊躇して
立ち止まっていると、まちの経営課題に向き合っていないことと同義に
なってしまう。

　現在、様々なプロジェクトを展開している自治体はみんな傷だらけであ
るし、世の中で一般に言われる「失敗」（≠本著における「失敗」）の経験
を豊富に持っている。

　「行政だから失敗してはいけない」、よく聞かれるフレーズだが、この意
味をもう一度考えてほしい。うまくいかないことは誰にでもあるし、手を
動かすことではじめてうまくいかないことが実感できる。「思考停止・諦
める」ことが失敗であり、「うまくいかない」ことは経験である。心配す
る前にまずは手を動かそう。常総市のPPP/PFIにおけるキーフレーズ
「やってから考える（やってからも考えない）」。これがコロナ時代に求め
られる変革の第一歩になる。

第3章

発想の転換

（1）定型的な計画では進まない

　PPP/PFIや公共施設マネジメントの目的とは一体何だろう。結論的には、「アカルイミライを創造していくこと。安心して楽しく住めて、食っていけるまちにすること」ではないだろうか。そして、PPP/PFIも公共施設マネジメントもそのための手段のひとつにすぎない。多くの自治体の公共施設等総合管理計画における目的は、総務省の策定指針に素直に従い、「30年で施設総量30％削減」などの数値目標、事象を対象としている。あるいは、「持続可能な行政サービスの提供」「次世代に負担を残さない」などの無機質で抽象的な表現にとどまっている。

　2014年にこの策定要請が最初に出されてからかなりの時間が経過したなかで、耐震性能が非常に低い施設の解体・改築や社会資本整備総合交付金・合併特例債・公共施設等適正管理推進事業債を活用した公共施設の整備、山間部の小さな集会施設や児童生徒数の極端に少ない学校の統廃合や活用は一部でされているかもしれない。しかし、大半の自治体では本質的なマネジメントが想定どおりに進捗していないのではないか。実際に策定要請の際に模範としてフューチャーされたさいたま市では、取り組み開始以降に2019年度までの段階で施設面積が6.2万 m^2 以上も増加し、計画で位置付けたハコモノの投資額と実際の投資額の乖離はこの数年間に72億円、インフラに至っては801億円に至っている。このことが議会でも問題となり、同市は2018年にはハコモノ3原則の見直しを余儀なくされることとなった。

　原則の1つ目、「新規整備は原則として行わない」とされていたものが、「新規整備は原則として総量規制の範囲内で行う（本市の成長・発展を支える核となる公共施設は総量規制の対象外とする）」と改正され、恣意性の要素をビルトインすることを許容し、実質的な骨抜き状態となってしまったのである。これは、決してさいたま市の職員の方々の能力が低いわけでも、やる気がなかったわけでもないことは、実際に筆者が担当者の方々と直接お話しし明らかである。ではなぜこんなことになってしまった

のだろうか。

　理想論的・経済学的な世界で策定された総合管理計画は、非合理的・非論理的な行政の世界では残念ながら通じない。実際の行政の現場では、理想的なプロジェクトを起案しても庁内の決裁を得るために様々な要素を削ぎ落としたり、議会や市民の理解を得るためにバーターで違うものを差し出したりして、「落ちるところ」で落としながら形にしていくしかない。100点を狙ったはずのプロジェクトでも、実現するためには30〜40点の落としどころにしかならないことも多い。逆に言えば当初の目論見どおりか、想定以上の成果があがることは稀であり、よほど運が良かったか実現のためのハードルが低かったかでしかない。常総市の包括施設管理業務は、都市公園なども業務範囲に含める方向で検討をはじめていたが、確保可能な予算、サウンディング型市場調査、全議員を対象とした説明会やその後の様々な調整の結果、かなり限定された範囲に収斂されていった。サウンディングで興味を示していた複数の事業者が採算性などを理由に辞退するなかでも、なんとか諸条件を整えてのスタートとなった。このことからもわかるように、理想と現実の狭間で「見切る」ことがプロジェクトを進めるための必要条件になる。

　総合管理計画の策定要請で「魔法の手法」とされているPPP/PFIについても、例えばPFI法に基づくPFIは、一部で混合型や独立採算型の事例も存在するが、未だに維持管理・運営費までの割賦払いに近いサービス購入型のPFIが全体の約70％を占めている。旧来型行政の延長線上の発想で仕様発注に近い要求水準書を提示している限りは、割賦払いに近い事業方式になってしまい、固定されたサービス料を民間事業者も享受できるため、民間の経営ノウハウ・モチベーションが十分に発揮できる環境にはならない。同時に経営的な観点からの独自性・リスクを内包したサービス・提案は要求水準に含まれず十分な対価・評価も得られないことから、魅力的な公共空間・サービスから遠く、周辺への波及効果も限定的になってしまう。

(2) 地域のコンテンツ・民間プレイヤーを活かす

　一方で、盛岡市の北上川沿いに魅力的な飲食店が立ち並ぶ公共空間の木

伏緑地は、制度上は Park-PFI を用いているが、市の政策の位置付け上は「木伏緑地公衆用トイレ整備事業」と、非常に味気ない。しかし筆者が関係者に直接話を伺いわかったが、このプロジェクトには壮大なビジョンが込められている。それを木伏緑地で具現化・実証しているわけだが、庁内的な理解を得るために確信犯的に「トイレ整備事業」としているのである。木伏緑地、バスセンター、動物園といった盛岡市の優れたプロジェクトの数々は、総合管理計画や個別施設計画で位置付けられたものではなく、現場レベルでの民間との連携、まちの経営課題を直視しながらその解決策として創出されたものである。

　尾道市の港湾倉庫をリノベーションした、ベーカリー・レストラン・セレクトショップ・サイクリスト専門のホテル・サイクルショップの複合施設からなる ONOMICHI U2 も、制度上は県の港湾倉庫を市が借り受け、それを民間事業者に転貸する形式である。サイクリングロードのメッカになっている、しまなみ海道という地域コンテンツが、高い自由度のなかで民間のセンスにより優れた場として昇華されているのである。そして、NPO 法人尾道空き家再生プロジェクトを中心に、様々な地域プレーヤーによる魅力あるゲストハウス・飲食店などがまちなかに次々と創出され、U2 と呼応して、更に旧来のまちなみや商店とも連なりながら、非常に豊かなまちの表情を見せている。

　必死になって膨大な税金・マンパワーを投下して策定してきた総合管理計画・個別施設計画には、このような地域コンテンツ・具体的な地域の民間プレーヤー・ビジョンが含まれているだろうか。筆者も職員研修やセミナー等でそのまちを訪れる際には、必ず当該自治体の総合管理計画を確認し自治体の資料にも目を通しているが、地域コンテンツどころか、類似の民間施設をプロットしたものすら見たことはない。PPP/PFI の活用を標榜しているにもかかわらず、そもそも自分のまちの地域コンテンツが見えていないようでは民間と連携できるわけもないし、そのまちらしい「まち」を構築していくことも、ビジョンを描くこともできないだろう。

(3) 地域を知ることが大切

　そんななかで、2019 年度から筆者がお手伝いをしている南城市では、最

初に職員研修を実施した後、「南城市のイケてるところ」を職員で探し出すところから業務をスタートした。一見、公共施設マネジメントには全く関係なさそうなことであるが、このプログラムのなかで知念岬公園・コマカ島の価値の再確認、検討されているバスセンターの位置付け、地域に点在するお洒落カフェや圧倒的な自然景観など、非常に多くの可能性が共有できた。こうしたことが間接的に影響して、全国初となる庁舎を活用したトライアル・サウンディングでは、担当者がまちに飛び出して営業を繰り返しながら、早朝ヨガ・キッチンカー・整体・託児所など、様々な地域コンテンツと結びついた可能性を具現化している。この事例も、庁舎のかなり大規模な面積での整備を「失敗」と捉えるのではなく、余剰スペースをいかに活用できるのか、そんな素朴な問いから生まれてきたものである。そして、これらのアクションは総合管理計画に記されているものでもない。

　公共施設の総量削減はほぼ全ての自治体で不可避であり、それも相当量のボリュームで喫緊の取り組みとしてやっていかなければならない。更に今般の新型コロナウイルスを発端とする経済の落ち込みにより、それこそ指数関数的なスピードアップが要求されることになる。ただし、このような施設総量の削減は、「オモロイまちを築いていく」うえで通らなければいけないプロセスのひとつではあるが、そんな暗い・無機質な理由ばかりでは市民も議会も、庁内ですら前向きに理解できないし、協力してくれないだろう。

　まずは、担当者が前を向き、「こんなまちにしたい！」と笑顔で未来を語り、まちに出て散財しながら地域を知り、様々な地域のプレーヤーやコンテンツと結びついていくこと、これが第一歩になるのではないか。「このご時世だから難しい」と二の足を踏んでいる場合ではない。まちの飲食店のテイクアウト利用も、まちと結びついていけば、その価値がわかるはずである。

(1) PPP/PFI に対する誤解

　2015年12月に内閣府から出された「多様な PPP/PFI 手法導入を優先的に検討するための指針」により、人口20万人以上の自治体では2016年度末までに従来型手法に先駆けて PPP/PFI 手法の導入を検討する優先的検討規程の整備を要請されることとなった。同時に示されたひな形では「総事業費10億円以上または年間1億円以上の維持管理運営経費が必要な事業」が PPP/PFI 手法導入の検討対象となるとされている。経済財政運営と改革の基本方針2017（骨太方針）では、これを20万人以下の自治体に拡大適用することが明示されたことから、実務・手段ではなく、優先的検討規程として PPP/PFI に向き合うことになってしまった自治体も多いのではないか。そして、自治体や民間事業者の一部には、内閣府が記したモデルの事業規模が PPP/PFI の基準であると鵜呑みにし、「PPP/PFI は大規模な自治体の大規模事業を対象としたイニシャルコストの割賦払い手法、PFI = PFI 法に基づく PFI」であるとの認識が広まり、これが逆に PPP/PFI 普及の阻害要因のひとつになってしまったのではないだろうか。

　本著でも繰り返し述べているように、PPP/PFI は自治体が生きるための資金・マンパワー・ノウハウ調達のための手段である。歳出サイドの抑制に特化した行財政改革や税の再配分だけでは、必要な公共サービスを提供すること（≒自治体経営）はバブル崩壊以降、困難になっている。これまでは財政調整基金等の基金の取り崩し、臨時財政対策債や様々な起債制度、公共施設等の更新などにより必要経費を先送りすることで目の前の歳入歳出予算の帳尻を合わせてきた。しかし、毎年のようにいくつかの自治体で財政危機宣言が出されるなど、こうした小手先の対応も限界を見せはじめている。更に、新型コロナウイルスの影響で関連の歳出が膨大に増加し、歳入が激減することが確実な状況下では、旧来型の行財政改革・税の再配分による行政運営で立ち向かえるはずもない。こうしたなかで、自治体間による歳入の奪い合いと返礼品ビジネスによる消耗合戦だと気づいているかもしれないが、莫大なコストと人件費を投入して「ふるさと納税」

に血眼になっていた姿も、歳入確保が自治体の主要命題になっていることの一端であろう。

　一方では地道に税の徴収率向上だけではなく、庁舎内等の自動販売機の設置、ネーミングライツ売却、施設・公用車・ホームページへの広告掲出、(2021年3月末でサービスが終了し、別会社へのサービスへ移行するが) Yahoo! オークションを活用した土地・備品等の売却、ガバメントクラウドファンディングなどの自主財源の確保を図る動きも活発化している。ふるさと納税と比較して金額や効果は小さいかもしれないが、これらも立派なPFI=民間からの資金調達であるし、他自治体の税収を中間業者に手数料を搾取されながら横取りすることもない。同様に、指定管理者やアウトソーシングだけではなく、サウンディング型市場調査、コンビニや金融機関との包括連携協定などもPPP=民間事業者との連携の一種である。自治体職員を対象としたアンケートでは「PPP/PFIをやったことがない、価値が見出せない」といった回答が未だに多く見られるが、このような視点で考えるとPPP/PFIの経験を全く有しない・必要性を認識していない自治体は皆無に近く、単純にPPP/PFIを誇大解釈・誤解しているだけだとも考えられる。

(2) できることからはじめる

　近年では、大阪市が大阪城公園・天王寺公園などの民間管理、姫路市が姫路城の改修費用の捻出のため「平成の『姥が石』愛城募金」で現物寄付等を併用した仕組み、別府市のクラウドファンディングによる「湯〜園地」など、民間事業者の資金・ノウハウ・マンパワーは多くの自治体で「生きる手段」として調達されはじめている。PPP/PFIの用語は用いなくとも、PFI法に基づくPFIではなくとも具現化しているのである。

　PPP/PFIはその概念や法制度を理解してから実践するものではなく、無数の課題を多くの関係者とともにひとつずつ解決していくなかで必然的に用いられる手法であり、実践を論理的に整理したときにPPP/PFIであったと気づくものなのである。

　ではなぜ「PPP/PFIをやりましょう」と、手法が先行した瞬間に思考停止してしまうのだろうか。冒頭の優先的検討規程に記されたPPP/PFI

の概念・事業規模と自分のまちとの乖離、聞きなれない横文字への抵抗感、地元事業者の仕事を奪ってしまうのではという懸念、議会や市民との関係など、PPP/PFIが悪い意味で既成概念化されていないだろうか。自治体の経営状況を正確に理解せず、「旧来型の行政システム・やり方を変えること」に対する様々な思惑、つまり本質とは異なる部分に対して躊躇しているだけではないのか。

　まずは、思考回路を単純化してみてみよう。PPP/PFIを国の方針や法で規定されたもの、行政運営（≠自治体経営）上の要請事項として重荷に感じる必要はない。課題解決のために「自分たちだけで考えたり悩んだりせず」外部から資金・マンパワー・ノウハウを効率的に調達する手段、外部と有機的につながる手法のひとつと捉えれば、もっと気軽に活用できるのではないか。PPP/PFIによって視野が広がり、自分たちの仕事も効率化・高質化し、コスト削減・歳入確保やサービスの向上につながるとすれば、魅力的な選択肢にならないだろうか。更に言えば、PPP/PFIはハコモノ・インフラに限定されるわけではない。福祉・教育・環境などの分野でビジネスを展開している民間企業は無数に存在しており、その技術・ノウハウ・マンパワーは自治体の経営課題の解決に役立つ。

　自治体を取り巻く環境は非常に厳しく、新型コロナウイルスでトドメを刺されたような状況であるが、人員削減・コストカット・先送り・施設総量削減といったネガティブで短絡的な手法だけでは明るい未来は見えず、市民や議会の理解も得られない。本著で記すとおり、自治体が「このまちの課題」を民間事業者とビジネスベースで連携して「ユルクトンガった」オモロいプロジェクトに昇華していくことで、はじめて希望は見えてくる。10億円以上の事業規模である必要はない。全国各地で急速に広まるリノベーションや公共空間を活用したエリアマネジメントの取り組みも、オモロくてビジネスベースだからこそ支持され、ユルクトンガッている。まずは、自分のまちを真剣に見つめ直し「できること・オモロイこと」からはじめてはどうだろうか。既成の枠に捉えられず柔軟に資金・ノウハウ・マンパワーを調達していくこと（≒自然とPPP/PFIを活用すること）で結果的に、市民や議会の理解が得られる可能性も高くなる。PPP/PFIは生きるための手法であり、事業規模や理念が重要なのではない。

3 小規模施設の統廃合＜大規模施設の収支改善

(1) なぜ統廃合がうまくいかないのか

　多くの自治体の公共施設等総合管理計画は、総務省の推奨する旧来型行政の思考回路・地方財政措置を踏襲した短絡的な総量削減が目標とされ、各自治体では「総量削減のための」個別施設計画の策定作業や統廃合に取り組みはじめている。しかし、先行自治体や多方面で指摘されているとおり、啓発マンガや市民説明会においてデータを用いて理論的に説明しようとしても、利用者を中心とする市民の猛反対により停滞する事例が多発している。利用者にとっては、ヘビーユーザーであればあるほど、自分の生活に直結する大問題なため反対する。一方で公共施設をほとんど使わないサイレントマジョリティーである大半の市民は、反対はしないが援護射撃することもない（する必要がない）。この結果、説明会やパブコメで糾弾され、それに影響された経営層や議会は経営的視点での統廃合の断行よりも「市民ニーズがあるから」と現状維持を優先してしまう。

　統廃合を進めるにあたっては公平性・透明性等を考慮して、客観的なデータを基に優先順位を設定することが王道とされている。施設の設置年度・延べ面積・利用率などの様々なデータを収集・分析し、各施設のハードとソフトのデータをポートフォリオに落とし込み、評価が低い施設から順に統廃合を進めていくこととなるが、想定どおりには進まない。首長や議会からは「もっと丁寧に説明するように」と諭され、ワークショップなども試行錯誤してみるが一向に利用者の理解は得られない。なぜなら、公共施設やインフラの老朽化の問題を引き起こしたのは行政の経営感覚の欠如である。納税の義務を果たし、予約システムを利用して適正に予約し、条例で定められた使用料・利用料を納めて設置管理条例に定められた範囲内で施設を利用する市民に全く非はない。だからこそ、利用者は行政の一方的でご都合主義の統廃合に反対するのである。

(2) 効果の高い施設から取り組む

　ここでは合意形成とは視点を変えて、統廃合が自治体経営に及ぼす効果

を考えてみたい。前述のポートフォリオで抽出される統廃合対象の施設は、「劣化が進行し、利用状況が芳しくない（≒魅力が乏しい）」地区集会施設などの比較的小規模な施設が中心になる。厳しい財政状況のなかでは、このような小規模施設の改修は後回しになり、魅力的なコンテンツの創出や投資が行われることなく、利用も周辺住民や限定的なサークル活動に限定され、更に評価が悪化する負のスパイラルに陥ってしまう。だからこそ、行政は一生懸命、真っ先に統廃合すべき施設として山間部等の小規模な集会施設を位置付け、場合によってはコンサルタント等の支援も受けながら長期間にわたり悪戦苦闘するわけだが、経営的に見た効果はどうだろうか。

　山間部の資産価値が非常に低く、売却可能性や民間の進出意向の低い土地に位置する老朽化した施設は、償却期間も終わっているため固定資産台帳上の評価額は備忘価格の1円である。そこに対して、職員やコンサルタントに相当の人件費・委託費を長期間にわたって大量動員して、しかも頓挫してしまっては生産性ゼロである。しかも、その間に他のプロジェクトに回せたはずのコスト・時間も考えれば、機会損失の額は計り知れない。奇跡的に住民合意を得て、あるいは政治的な決断により統廃合できたとしても、そこで得られるのは資産価値の低い土地・備忘価格1円の建築物と、毎年発生していた光熱水費・維持管理費等の若干のキャッシュアウトの抑制のみである。このような施設は利用者の「顔が見える」施設であり、少数とはいえ彼らの生活の一部を切り取ることとなるため、地域コミュニティの停滞や分断にもつながりうる。経営的な効果が低いうえに、市民の日常生活・感情の面などのマイナス要素も勘案すると、決して効率的・効果的な公共施設マネジメントであるとは言えない。

　公共施設・インフラの問題の根幹が経営問題であることに立ち戻ると、公共施設マネジメントのやり方は上述のものとは全く異なってくる。まずは全施設の収入・支出情報を収集・分析し、収入（現時点での収入は低くても経営改革によって相当の収入が発生しうる施設を含む）・支出の多い施設から順番に、支出の抑制と収入の向上のための様々な取り組みをはじめた方が、経営への貢献度ははるかに高いはずである。支出の抑制では、毎月の光熱水費の把握と要因分析・不要照明の間引き・バルブの開閉調整・空調設定温度と稼働時間の見直しなど、職員の手で今すぐにできるこ

ともある。ESCOやバルクリースによる高効率空調・照明への更新、複数施設の各種設備の保守点検業務の包括管理、経営ノウハウに優れた指定管理者への更新といった民間ノウハウを活用したPPP手法も考えられる。収入の向上では、有料広告や自動販売機など比較的簡易にできるもの、ネーミングライツ売却、未利用（・低利用）箇所の部分貸付、指定管理者の自主事業の裁量拡大などもできる。

　収入・支出が大きい施設は、一般的に大規模で立地状況も比較的良いはずである。大規模施設はコストの単位が大きいので、様々な取り組みによる経営的な効果も大きくなる。例えば、30,000千円／年の光熱水費が発生している施設で10％を間引き・運転調整等で削減すれば3,000千円／年の歳入確保と同等の効果である。ESCOで設備更新を含めて30％削減すれば9,000千円／年に相当する。

　このような地道なPPP/PFIを進めていくなかで、施設のリアルな情報・利用者との距離感等の実践的・実務的ノウハウが徐々に蓄積され、経営感覚も習得し、公共施設マネジメントの幅が広がっていく。そして、公共施設やインフラの課題は将来に発生する問題ではなく、現在進行形の喫緊の課題であること考え、統廃合を進めるのであれば経営的な効果が低い小規模施設ではなく、統廃合することによって自治体経営に貢献しうる、バランスシートに反映されうる規模の施設から着手すべきだ。単純な施設総量削減ではなく、削減した先に「もっと明るくて楽しい未来」を具体的に提示する必要があるだろう。

4 　自治体経営への貢献──損益分岐点

(1) 客観的・絶対値の指標を事前公表する

　公共施設の評価にあたり、「理解を得られない算定手順」も問題である。③（1）のとおり、教科書型公共施設マネジメントでは、ハード・ソフトの情報で施設を分析していくわけだが、例えばハードの情報を分析するためには劣化診断の結果・築年数・立地状況・耐震性能などの様々なデータを組み合わせ、複雑な計算式を用いて算定していく。ソフトの情報も同

様に開館日数・利用者数・利用率・コスト情報などを複雑な計算式で算出し、ハードと組み合わせて「総合的な判断」のもとに優先順位を設定する。そして、これらを事後的に取りまとめ公表すると反発にあう。反発の理由も必ずしも合理的ではなく、「私はそうは思わない、聞いていない」である。複雑な計算式だから「そうは思わない」し、事後的に公表するから「聞いていない」と言われてしまう。更に、この方法論では関係者の理解が得られなかった場合や都合が悪くなった際に、計算式の係数・計算方法などを恣意的に変更し、優先順位を歪めることもできてしまう。いくらでも、そしていつでも逃げ道があるし、言い訳ができる。多種多様なデータが必要で、それらを一部の職員が密室で分析・評価・検証するから時間も膨大にかかり、行政としては事後的に判断することになるため大半の職員・経営層・議員・利用者は蚊帳の外になり「聞いていない」ことになる。

「恣意的な指標で事後公表」だから反対されるとすれば、「客観的・絶対値の指標で事前公表」すれば、少なくともこうした面での反発は予防できるはずである。まず全ての施設にキャッシュベースで年間投下するコスト、例えば文化会館には20百万円／年などを設定し公表する。この設定方法は全ての施設に投下可能な財源を総額として、施設ごとに延べ面積・施設用途などで機械的に按分していけばいい。この按分過程で、個々の施設単位でも全体でも圧倒的に投資可能なコストが不足していることが明確になるだろう。――各施設に設定したこの金額を行政として投下できる「損益分岐点」とする。その範囲内で年間の運営をできるのであれば統廃合の対象にはせず施設を存続する。しかし、この損益分岐点を下回ったら支えられる範囲ではなくなるので即時廃止する。これだけではあまりにもネガティブな指標なので、その施設・サービスが想定以上の効果を発揮した結果と認定できる数値（例えば先ほどの文化会館で市の持ち出しが15百万円／年以下）を用いて、翌年度以降に重点投資の対象とする「重点投資ライン」を設定する。――このように損益分岐点と重点投資ライン、2つの指標を事前に設定・公表しておけば、客観的で経営的視点から弾き出したキャッシュというわかりやすい指標なので「私はそうは思わない」と言えなくなるし、事前に公表しているので「聞いていない」と言い逃れもできない。

経営的・合理的な基準の事前公表という考え方は、流山市でコミュニ

ティバスの路線設定において用いられていた。様々な地域からコミュニティバスの路線創設に関する要望が出されるなかで、地域である程度の同意が得られた場合には「運行経費の１／２かつ市の負担額が一定範囲内であること」を条件として試行的に当該路線を運行する。条件を満たしている限りはその路線は継続するが、条件を下回った場合には速やかに廃止する。10年以上にわたってこの条件が運用され、様々な路線が設置・廃止されてきたが、基準が明確でかつ事前公表していたため路線の改廃で混乱したことは一度もない。このように経営的・合理的な基準を事前に公表することで無用な反対を予防すると同時に、自分たちの退路を断ち覚悟を決めることができる。

(2) なんのためにやるのかを明確に

　学校の統廃合でも同様に、「12クラスが維持できること」「３つ以上の部活で団体戦に参加できること」など、公共施設マネジメントといった狭隘な行政目線ではなく、子どもの教育環境をベースにした指標を設定することもできるはずだ。反対に公共施設マネジメントの行政目線を前面に出し、「将来に負担を残さない」「このままでは公共サービスを維持することが難しい」などの曖昧で情緒的な表現をベースに、暗い話題しか提供しないから関係者の思いが交錯して着地点が見えなくなる。

　また、理解を得にくい要因のひとつである「曖昧さ」で言えば、多くの公共施設整備の基本計画では「賑わいを生み」「みんなが集う」などの表現が羅列される。「賑わい」は瞬間的に人が集まればいいのか、その人数が千人なのか１万人なのかわからないし、経営的に関連したビジネスが多数成立することと受け取る人もいるだろう。これらの表現は一見、共通認識・共有できるワードであるように錯覚するが、曖昧で何とでも解釈できるが故、何も実態としては共有されてはいない。「みんな」も同様に「みんな」という人はいないし、全ての人が望むような場などそもそもありえない。表面的な合意を取るためになんとなく共通項をつくることが、質の低い事業に陥る原因になっており、それは自治体が自ら引き起こしている問題である。

　以上のように考えてみると、国の文書や学識経験者の書籍、コンサルタ

ントのアドバイスなどを鵜呑みにし、交付金・補助金・起債制度等を表面的に使って処理しようとするやり方の問題点が見えるはずだ。自分たちのまちの現場・実態を直視し、「なんのためにやるのか」を経営的な視点で明確にしていけば、自ずと公共施設マネジメントも実務・経営に直結する（している）。現に、本著で紹介している自治体は、目の前に顕在化している課題に対して（意識的かどうかは別として）経営的な判断をしながら自分たちの手の届くところにあるリソースを使って試行錯誤している。

5 ビジョンとコンテンツ

(1) 行政特有の問題

　ある自治体から電話で相談をいただいた。「温泉街の旅館が経営破綻し、その土地・建物を市が購入したうえで建築物を解体、跡地に Park-PFI で都市公園を整備したいが、どうすればいいですか？」と、よくある切実な悩みではないか。そして、続けざまに「サウンディングって、いつどうやってやればいいですか？」とのこと。この相談のなかにはいくつかの論点があると思うが、そのなかで「ビジョンとコンテンツ」の重要性に絞って話を進めたい。

　この案件の大きなポイントは、市がなんらかの理由があって温泉旅館の財産購入を決めたが、「購入した土地をどう使うか」がこの時点で見えていないことである。個人や民間事業者が不動産を購入するためには、事前に「①そこでどんな未来をつくりたいのか（≒ビジョン）、②その夢を実現するために何をするのか（≒コンテンツ）、③実現のためにどうやってどの程度の額を資金調達して、どんな空間をつくるのか、どんな収支で回すのか（≒物理的な要素）」を整理するはずである。逆に言えば、これらが合理的に確度の高いものとして説明できなければ、組織内での合意形成も金融機関等からの資金調達もままならないだろう。

　一方、行政の場合は財産購入費の予算を確保し、一定規模以上は議決が必要となるが、正規の手続きをすれば不動産が手に入ってしまう。ビジョンもコンテンツも物理的な要素も検討されていないなかで、「公園にした

らいいのでは？　最近、カフェとかもできるようになったらしいよ。ガンバって早くやってね。あ、予算はないから。」と、担当課から無理難題の条件が添えられ、事業として投下されてしまう。そんななかで真面目な担当者は、必死になってPark-PFIやサウンディングといった手法論に走ってしまう。

(2) コンテンツの大切さ

　冒頭の相談者に対し見本として伝えたのが富山市の城址公園の事例である。

　富山市は、LRT等によるコンパクトシティやPFI法に基づくPFIの複数実施に代表されるように、国の政策等に呼応して実務を進める非常に真面目で真摯な自治体である。真面目すぎるが故に、コンサルタントに業務委託してPFI導入可能性調査で「従来型・PFI法に基づくPFI・リース・民設民営」といった事業手法の選択を行い、アドバイザリー業務で要求水準書等を策定していく一連の業務フローが確立されていた。

　筆者も、PPP事業手法検討委員会に関わるなかで、十分にポテンシャルを活用できていない城址公園の活性化が委員会の案件となった。その内容は数十億円を投下して基盤を更に整備し、そこにカフェ等を設置する案であった。城址公園の基盤は十分に整備されているが、「コンテンツがない」ために人が集まらないという状況が明白であったため、筆者はまずはトライアル・サウンディングからやり直すことを提案した。そして、まちなかのイケてるコンテンツにアプローチしながら、2件のトライアル・サウンディングが実施された。1つ目はファミリーピクニックと題し、夜間の外周部を利用したバル・コンサート、4,200個のLEDによるイルミネーション、更には熱気球の係留体験、ツリークライミングなどが行われた。2つ目はクリスマス・サウナパークと題し、テント式サウナ、フィンランド式サウナに加え、バーベキューやスラックラインなど様々なコンテンツが催された。この2件での暫定的なミライ創出の結果、イケてるコンテンツがセットアップされれば、膨大な公金投入をしなくとも、城址公園が本当の意味で公園らしい姿、楽しい公共空間になりうることが共有できたわけである。

旧来型行政の検討手順では、コンサルタントはこのような公共施設関連のプロジェクトを受託すると、既存の行政計画や関連資料から「それらしい基本理念やイメージパース」を作成し、「事業手法の比較≒VFMの算定」による比較表を添えて事業概要を報告書として取りまとめることが通例になっている。これがビジネスベースで最も効率的であるのは間違いないが、大事なのは「ビジョンとコンテンツの整理」である。この部分を本気でやろうとすれば、膨大な時間とコストが必要となり、議論が収斂されないリスクもある。だから、基本方針で総花的・抽象的な表現の「こうあったらいいな」を羅列し、「みんな」を対象に、当たり障りない検討をしてしまう。莫大な税金を投入したにもかかわらず同時に魅力のない公共空間が全国各地に乱立するのは、このプロセスの結果、ビジョンとコンテンツ（＋収支を考慮した物理的条件）がセットアップされていないことによることが大半ではないだろうか。

(3) ビジョンの大切さ

　ビジョンは、文化芸術の振興といった曖昧な表現ではなく、日本舞踊・能・ハードロックなど何でもいいが、何をメインにするのか、主たる目標をひとつに定め、それ以外は全部副次的な要素として割り切り、主目標を、迷いそうなときに立ち戻れる原点とすることが重要である。例えば湖西市の包括施設管理業務の検討過程では、ワーキンググループの最初に「包括委託することで何を目指すのか」を検討し、様々な意見を抽出したなかから「設備の保守管理の質の向上」がメインに据えられた。以降、＋αのサービスの位置付け、予算の制約、地元事業者への配慮、小破修繕の取り扱い、採点表の重点項目もこれに準じて配点するなど、悩ましい検討項目の数々が、約20名という大所帯のワーキンググループだったにもかかわらず、統一した軸を持つことによって非常に円滑に実施されたわけである。

　また、コンテンツは、「そのビジョンを達成するために誰が・いつ・何を・どういう収支で・何名を対象に実施するのか」を、具体的な人・団体を含めてセットアップしていくことが重要である。コンテンツが先付けされていれば、施設の竣工後に「あれ、全然使われてない」「こんなはずではなかった」という笑えないあるあるネタは物理的に回避できるはずであ

る。

　そして、このビジョン・コンテンツを実現するための物理的な要素として、当該プロジェクトにイニシャル・ランニング（初期費用・維持費用）で投資できる金額、敷地の法的制約などの与条件を整理していけば、事業手法は自ずと収斂されてくる。

　このような観点からも、従来型・PFI 法に基づく PFI・リース等の事業手法の検討から入る旧来型のプロセスのナンセンスさが見えてこないだろうか。そもそも従来型の与条件の市場性・合理性がないのに、それを他の事業手法と比較しても創出されるプロジェクトの質は、「比較的良くなる」になるだけで本質的ではない。

　最近はサウンディング調査が一般化し、ビジョン・想定するコンテンツも定まっていない状況で民間事業者との対話を実施し、「どうすればいいですか？」と聞いてしまう案件も多いように感じるが、民間側の本音は「答えようがない」である。「こういう感じにしたいけれど、このような条件だったら乗ってくれますか？」と相談されれば、はじめてアイディアが広がる。

　行政がビジョン・コンテンツを明確にする重要性は、日本公園緑地協会の「Park-PFI 等都市公園における公民連携事業に関する提言（第 2 次）」（2020年）でも強く指摘されている。更に付け加えれば、ビジョンが明確になれば、それを実現するために必要なコンテンツも見えてくるはずであり、そのコンテンツを有する民間事業者に営業することができるようになる。営業の重要性は、別の項目（第 3 章 ⑨ ）で詳しく記すが、営業の意味・必要性も見えてこないだろうか。

　冒頭の相談に対して、いろいろと説明はしたが結論はひとつ。まずは「市として何をしたいのか、何を準備できるのかを徹底的に整理して、必要なところに営業にいきましょう」である。

　全国で有名な PPP/PFI、紫波町のオガールプロジェクトの基本計画である「紫波町公民連携基本計画」（2009年）では、「『未来の紫波中央駅前におけるある一日』魅力的なブールバール（街路樹、側道のある広い道路）のある街の朝は、一番乗りの店主が店を開けた瞬間から賑わいを見せる。足早に行き交う出勤途中の人々の中に、役場庁舎に向かう職員の姿が

ある。高齢者は早朝講座のために情報交流プラザに集まって来ている。統一されたデザインの……」と、まさしく生活に根差した具体的な「ビジョン」を明示し、そこには具体的で様々な「コンテンツ」が紐づけられているのだ。

6 予約方法の見直し

（1）柔軟な対応を

PPP/PFI 手法のひとつとして指定管理者制度がある。指定管理者制度の詳細・可能性については別の項目（第4章 6 ）で記しているが、ここでは施設の予約方法を少し見直すだけでサービスの質が圧倒的に向上しうるため、経営的にも大きく貢献しうる可能性を考えてみたい。

現在、多くの自治体では市民が公共施設を予約する際に、予約システムを活用することが一般的になっている。利用希望月の3か月前に予約がはじまり、重複した場合には抽選により予約枠が埋まっていく。そして、その後はそれぞれの市民団体等から随時の予約が入っていく。指定管理者が自主事業で使用できる枠は、この過程で予約が入らない人気のない枠になってしまう。元プロ野球選手を招いての野球教室など、指定管理者がある程度の経済的な負担をしてでも実施しようとする自主事業も、前週が雨天等の理由で使えなくなってしまった草野球に枠を上塗りされてしまうなど、投資を伴う自主事業が非常にやりにくい環境もある。施設の利用時間帯区分・予約枠も未だに午前・午後・夜間の3区分になっている自治体も多く、1時間単位で使う場合でも最低半日の予約、13：00〜17：00のイベントをやろうとすると、その前後も含めて1日予約をする必要が生じ、非常に効率が悪い。

このような状況を前提とすれば、見直しの方法論はわかりやすい。まずは、施設の開館時間を可能な限り長く設定する。出勤前の朝活や仕事・家事が終わった後のプライムタイムなども活用できれば、「その時間でしか活動できない」層にアプローチすることができる。次に予約時間の区分を最低でも1時間単位、可能であれば30分単位や10分、15分単位などに設定

し、利用する側も事前に自らの活動内容をきめ細やかに精査して予約できるようにする。これを促すためにも、利用料は減価償却費・関連する職員の退職引当金等も含めたフルコストベースでの施設の維持管理費から割り出すことが重要である。利用料の算定にあたっては満額が本来の趣旨であることは間違いないが、公共サービスであることを理由にある程度の割引率を設定することも現実的な選択肢になる。ただし、体育館1面1時間1,000円などといった安い設定にはならない。流山市では（利用料ではなく使用料としていたことも問題だが）、その設定方法は「施設の維持管理費の半額を利用者負担にする」こととなっていた。しかし、現実的にはある公民館の大会議室の利用料が1,285円／3時間と設定されていたのに対し、当時の実際にかかっている運営経費から割り返すと4,050円／3時間と算定された。このことを例示しながら、当時筆者は庁内の総合管理計画の策定検討委員会で使用料・利用料の抜本的な見直しを提案したが、幹部職の反応は「利用者の反発が予想され、議会を通らないから値上げは行わない」という残念なものであった。このように現実から目を逸らしているようでは、公共施設等の問題を解決していくことはできない。使用料・利用料の見直しにあたっては、激変緩和措置として従前の1.5倍以内などと上限を定めている自治体も多い。しかし、市民に正直にそのまちの財政状況の実態を示すこと、税の再配分やこれまでの行財政システムでは立ち行かないことを認めることが、民間との連携・民間からの資金調達の必要性を共有する第一歩にもなりうるはずだ。

(2) 指定管理者の裁量が増す

　話を元に戻すと、前述のように利用時間枠を最大限に拡張し、利用時間を細分化したうえで更に指定管理者が自主事業を行う優先枠を一般予約に先行して設定していけば、指定管理者はクリエイティブな自主事業を早い段階から準備できる。自主事業が積極的に行われることで指定管理者は独自のノウハウを最大限に活用できることとなり、指定管理者制度の趣旨である公共サービスの質も向上する。結果的に指定管理者の収支構造も改善し、指定管理料の削減、収益が見込まれる施設ではゼロ円指定管理・納付金などへの道も見えてくる。

このように非常に小さなことだが制度や公共施設、サービスの趣旨を当たり前の視点で見直ししていくことだけでも、大きな経営的な効果が期待できる。その前提となるのはこうしたことがわかる民間事業者との対等・信頼の関係である。指定管理者制度を代理執行・コスト削減の手法と誤認しているようでは問題外であるし、「民間が公共資産を使って利益を上げるのはけしからん」という時代錯誤の感覚でいるようでは、この内容は理解できないであろう。旧来型行政の思考回路を踏襲し、補助金・指定管理委託料頼みの運営をしている天下りの外郭団体を指定管理者として放置している状態では、こうした見直しの方向へ舵を切ることができない。こうした課題をひとつずつ解決していくことで、民間との本格的な連携を図っていくこと、公共サービスの質を民間事業者とともに上げていくこと、アカルイミライを拓いていくことがはじめてできる。

7 ハコとコト、ヒト

(1) 施設（ハコ）ありきではない

多くの自治体の公共施設等総合管理計画では、「ハコ（≒ハードとしての公共施設）とコト（≒サービス）を分離して考える」ことが概念として記されているが、実際の現場では、総量削減や諸室の集約・統廃合、つまり「ハコ」だけに目を向けていないだろうか。そもそも、ハコとコトを分離するのであれば、総合管理計画の目標が総量縮減（≒ハコのみ）であること自体に疑問が出て来ないのだろうか。

筆者も多くの自治体で公共施設マネジメントの現場に携わっているが、ある自治体では、1敷地のなかにある老朽化・陳腐化した体育館・市民センター・図書館を統廃合して、新たな施設として再整備することを検討していた。建築系の大学がサポートしていたことも影響したかもしれないが、従来型の公共施設マネジメントでは、それぞれの施設・諸室（≒ハコ）の面積を新しい施設に集約することでいかに施設面積を削減できるか。建築学として理想的な再配置・集約のモデルプランを作成し、それを市民ワークショップ、庁内の検討などに付していくこととなる。このプロセスでは、

各施設・諸室の利用率などは当然に検討対象となるが、実際にそれぞれの諸室でどのようなアクティビティ（≒コト）がどのレベルで行われているのか、サービス（≒コト）の提供主体と内容は適切なのか、新たなニーズとしてどのようなサービス（≒コト）が求められているのかといった検討が、議論の中核に据えられることはほとんどない。つまり、個々のサービスが行われる諸室・施設（≒ハコ）をどのような面積・設えの諸室・施設（≒ハコ）に置換するのか、あるいは削減するのか、ハコの議論がメインになってしまう。

　同様に、総合管理計画で頻繁に用いられる「既存のサービスは維持する」という文言も、数十年前に議決された設置管理条例がベースになっている。旧来型の貸館を中心とした既存利用者だけに目を向けた、既存サービスが入ったハコを守ることが前提の姿勢であり、自治体の思考停止を助長してしまっている。

(2) 何をする（コト）のか

　一方、民間企業ではまず、ハコではなく、自らが提供する価値あるサービス（≒コト）を構築し、事業採算性やリスクを入念に分析しながら、経営合理性の範囲内で必要なハコを調達することが常識である。八千代市の中央図書館では、周辺に子育て世代が多く居住していることから、指定管理者が自主事業として利用者の拡大とサービス（≒コト）の充実を図るため、図書館の一室を読み聞かせ・託児等のサービスを提供する場として整備した。これにより、子育て世代（特に0～2歳児を抱えた親）の居場所・サードプレイスを創出している。この事例も、もし旧来型行政、直営の施設でハコからの発想であれば、教育委員会の所管する図書館法に基づく図書館（≒ハコ）に、市長部局の子育て部門が所管する施設（≒ハコ）が入るという論理になると、財産区分をどうするのか、事故があった場合の責任はどちらが取るのか、条例上の位置付けをどうするのかといった縦割り思考・ハコが起点となってしまうため、意外と難しいものになってしまう。

　行政の職員が、公共施設の再編で本質的に議論すべきことは「何を実現したいのか、どんな未来をそのプロジェクトで創出したいのか」というビ

ジョンであり、それを実現するためのコンテンツ、サービス（≒コト）を検討していくことであるはずだ。求めるサービスレベルから要求水準を精査・設定して、敷地・法的制約・予算などの物理的な諸条件を整理すれば、各諸室の面積（≒ハコ）や事業手法は自ずと決まるはずだ。そして、行政の要求水準を読み解き、その趣旨を協議のなかで咀嚼しながら、サービスを提供するために適したハコにしていくのは、民間事業者の方が得意なはずであり、それが民間事業者の役割になるだろう。

　こうした形で、コトから検討していくことが本来の公共施設マネジメントであるはずだが、コトを中心に庁内で検討しようとすると、関係者・上司・議会等から「規模がわからない、どんな施設にしたいのか絵を持って来なければ議論できない」と指摘され、ポンチ絵などが登場することになる。こうなってしまった瞬間に、議論の中心はコンセプトや要求水準から瑣末なハコにシフトしていきがちだ。「デザインはどうするのか、シンボル性を持ったものがいい。もっと幅広い用途にも使えるように、市民や議会の声を反映させろ……」とリアリティが急速になくなり、「こうあったらいいな・多分こうなるだろう」と、ニーズとはかけ離れた旧来型の華美で巨大なハコがまたひとつ、自治体経営の負債として誕生してしまう。

(3) 最後はヒト

　上記のようにコトを議論していくために必要なのがヒトである。市民としてのヒトの潜在的なものも含めた公共サービスのニーズがどこにあり、そのまちで代替可能な民間の類似サービスがどの程度見込まれ、どの民間事業者とどのような形で連携していくのか、資金調達はどのようにするのか、「自分ごと」として模索していくのが行政職員としてのヒトの役割であろう。行政が直営で当該サービス（≒コト）を提供するのであれば、どれだけの額を税金として投下するのか、する価値があるのか、利用者の負担額は想定する利用者数等から算出される収支から逆算して考えることが重要である。更に、一部でも資金を回収するためにできる付帯サービスは何かなどを経営的な視点で検討し、徹底的に議論して合意形成を図っていくことがプロとして求められているはずである。

　こうしたコトを起点に焦点を絞った議論をしていくと、既存の利用者・

納税者・議員・関係団体・職員などの様々なヒトの想い・思惑などが錯綜することになるだろう。これをひとつずつ紐解いていくのもヒトである。最終的には市長が決断し、議決が必要であればヒトの総体としての議会が判断する。どこかで経営判断するのもヒトである。つまり、ハコとしての抽象的・短絡的な話ではなく、身近でリアルなコトとして公共施設の問題を捉え直すと、総務省が先導してきた総量縮減を主眼に、地方財政措置を念頭に置いた公共施設マネジメントとは大きく異なるヒトの想い・意思を中心とした自治体経営の姿が浮かばないだろうか。そのときに、ヒト・コト・ハコを様々な主体・資金で有機的に結ぶ手法≒PPP/PFI が有効な手段となりえるはずだ。

8 戦略的に間引く

(1) 中心市街地・まちなかの問題

首都圏や一部のエリアを除き、ほとんどの自治体ではまちなかの空洞化、スポンジ化が進み、地価も下落している。社会資本整備総合交付金、地方創生関連の交付金、合併特例債、空き家バンク、定住・移住促進事業など一般財源・国等の依存財源・起債に依存した各種事業で打開を図ろうとするが、気休め程度の延命措置になるぐらいで空洞化・スポンジ化は止まらない。

青森市のアウガ、長岡市のアオーレ、周南市の徳山駅前図書館、津山市のアルネなど中心市街地に巨大な「賑わい施設」を整備しても、モータリゼーションが当たり前の地方都市では、上記の課題を根本的に解決するには至っていない。公共施設等総合管理計画で考えられている集約化・複合化も、公共施設等適正管理推進事業債に代表されるように、残念ながら短絡的に公共施設を廃止、統廃合して施設総量を減らせばいいという概念を踏襲してしまっている。商店街活性化事業なども各種イベント、リーシング補助、店舗・アーケード・街路灯・舗装等の改修に対する助成などを行うことで、結果的に本来の市場価格より高い家賃水準となってしまい、血気盛んで新しいビジネスモデルを持つ層が参入しにくい状況に拍車をかけ

てしまう側面もある。ある地方の県庁所在地の中心市街地では、コンパクトシティの名の下に様々な補助金・交付金や一般財源が投下され、なんとかまちの形を維持しているものの、地権者からは「誰かに貸したり売ったりすると、自分の生活が危ないんじゃないかと周囲に邪推される」ことが嫌で、賃借や売却を躊躇しているとの話も出ている。地権者個人をみれば前述のような公金投入も影響して、経済的にそれほど困窮していないなかで不動産の流動性は低下し、前述のような事業が上乗せされることで更なる床面積が供給されるのである。

　こうした一連のスパイラルにより、多くの都市では必要量を上回る床面積がまちなかに溢れ、更に再開発ビルやディベロッパーによる点としての公共施設・民間施設のみにフォーカスを当てた新築物件で、公共サービスや民間の商業需要を右から左に流すことでスポンジ化・空洞化が更に進む悪循環となってしまっている。

　総務省が主導し、自治体では企画・行革・財政・管財部門などが所管となることが多い総合管理計画では、こうしたまちの実態は、国土交通省マターで都市政策・都市計画部門の所掌事務になっていて視野に入っていない。まちの実態とは無関係に、点としての公共施設だけにフォーカスを絞った機械的・無機質な公共施設の再編が計画されてしまうのである。

(2) 何を減らし、何を重視するのか

　冒頭の課題を解決していくためには、「戦略的に公共施設の床を間引いていくこと」が有効な手段のひとつになる。ほぼ全ての自治体の総合管理計画では、行政が所有・管理する公共施設しかプロットせず、私立の小学校・幼稚園・保育所すら考慮されていない。スポーツクラブ・社会福祉施設・カルチャーセンターなど公共施設の代替・類似施設も、PPP/PFIを位置付けながらも検討の範疇に入っていない。まずは、南城市・市原市などのアドバイザー業務で実施しているように、①「まちのイケてるところ」を白地図にプロットしてみよう。そこに上記のように公共施設の代替・類似のサービスを行なっている民間事業者などもプロットしていけば、まちの本来の姿が見えてくる。出てくるプロット結果が非常に興味深いのは、どこのまちでも、これまで政策的に税金を投下してきたエリア、都市

計画と「イケてるところ」がほとんどリンクしていないことである。この悲惨な現実を直視することも重要なプロセスのひとつである。

　そのうえで、②まちなかと郊外を明確に区分する。ひとつのやり方は立地適正化計画で都市機能誘導区域・居住誘導区域とそれ以外を明確に区分することであるが、これも旧来型行政の思考回路で市街化区域と調整区域に準じて区分しているようでは全く意味がない。まちの実態をベースに、将来を見据えて「まちなか」と「郊外」を区分し、それぞれの地価の実態と目指すべき地価を設定する。そのうえで、敢えてまちなかの公共施設の床を戦略的に間引いていく、違う言葉でいえば廃止・解体して物理的に床をまちから削減していく。こうすることによって、そこで行われていたアクティビティ・サービスが本当に重要なものであれば、その機能はまちなかの他の民間施設、あるいは他の公共施設の床に流れていく。これが連鎖してくれば、まちなかで余剰となっている床は相対的に減少していく。人口減少も進行しているなかでは、（新型コロナウイルスの影響で数か月間、公共施設を閉鎖・休館していてもそれほど大きな問題が生じなかったことを考えれば）覚悟を持てば間引くこともそれほど難しくはないはずだ。この戦略的な間引きと合わせてまちなかのエリアも縮小していけば、まちなかの資産価値を維持していくことにもつながる。

　一方で、郊外では需要の低いサービスから順に間引いていく。まちなかの類似施設へサービスや機能を移転したり、webへサービスを移行するなどしていく。郊外は、三密が物理的に発生しにくい利点を活かしたゆとりある空間、また、それほど高くない地価を活かしたサービスを提供する場としていく。まちなかのエリアを縮小していくことで相対的に郊外のエリアも拡大するので、余計な「床」を持つのではなく「良質な空間」を構築することを意図して、地価をできるだけ保っていく。この「戦略的に間引いていくこと」は、短絡的な総量縮減・負のスパイラルの助長とは全く異なる概念であり、まちの価値を民間の地域コンテンツ・プレーヤーともリアルにリンクすることで維持・向上する戦略である。

　これを実行していくためには、「○○課の所掌事務だから……」などのつまらない縦割りではなく、まちとして様々な部署の職員が集い、それぞれの立場と専門性を活かして「プロとして」徹底的にディスカッションし、

方向性をつくっていくことが前提になることは言うまでもない。また、戦略的に間引いていくうえでは、新型コロナ対策に伴う公共施設等の一斉休館・社会生活の自粛により子ども食堂の運営が全国で滞り、結果的にシビル・ミニマムとして提供しなければならないサービスが停滞したことなどを踏まえ、市民に本当に求められているサービスについては配慮していく必要もある。

9 地方に民間はいない、来ないのか

(1) あきらめてはいけない

「うちのまちには民間がいない。来ない。だから、PPP/PFI なんかできない」

セミナー等で寄せられる質問のうち、トップ3に入るひとつである。そして筆者が様々な自治体のプロジェクトに関わらせていただく際に相手から出される「言い訳」でもよくある。思考停止の理由も同じであるが、大きな間違いである。47都道府県、人口372万人の横浜市から1,300人の笠置町まで多くのまちを訪れいろんな方々と出会い、プロジェクトも共にさせていただいてきたが、実際に「全く民間がいない・来ない」まちには一度も行ったことがない。どんなに小さなまちでも、全体としては寂れているまちでも、「行政には一切頼らず、金融機関から資金を調達して、自らの知的財産・ネットワークを使ってビジネスを展開し税金を納めている」民間事業者の方は必ずいる。それを行政（の職員）が見ていない、見えていないだけである。こうした民間事業者は、納税やまちでのサービス提供など、そのまちを支えている貴重な存在であり、冒頭の言葉は非常に失礼な発想・態度である。そもそも、「来る・来ない」は行政の職員が決めることではなく、民間事業者が自分たちで「行く・行かない」を判断する。本当に「いない・来ない」と思うなら、行政が自らのまちのビジョンと必要なコンテンツを精査したうえで営業して探し、他のまちからプレーヤーを引っ張ってくればいい。「お城」庁舎に籠って、二次元のリアリティのない計画に傾倒し、上司、議会や声の大きい市民、既得権益の団体や事業者

の顔色ばかり窺って、「いない・来ない」と塞ぎこんでいる場合ではない。

(2) 民間事業者のことが見えていないだけ

　ここでは、「地方に民間がいない・来ない」問題について考えてみたい。まず、「行政に頼らず生きている民間事業者」は、イケてるリノベーション物件のカフェだけでなく、老舗の中華料理店・個性的な雑貨屋・地域密着の生活必需品の店舗など、多種多様である。行政の職員が「商工業者」として考えている範囲は、商工会議所・JC・○○商店街・○○業組合（の幹部）など、ごく一部に限定されていないだろうか。もちろん、商工会議所等も自治体経営上の非常に重要なファクターであることは間違いないが、全てではない。

　まちなかには商工会議所に加盟していなくても、市との関係が納税・許認可のみになっていようとも、自分たちで顧客をつくり地道にビジネスをしている民間事業者は必ずいる。新型コロナで甚大な影響を受けつつも、テイクアウトメニューや商圏の拡大、衛生管理の徹底などにより、なんとか雇用を守りつつ生きていこうともがいている人たちが大勢いる。

　このような民間事業者が見えていれば、別府市の「＃エール飯、＃エール泊」のような心のこもった「できること」もあるはずだ（ただし、「＃別府エール飯」は素晴らしい取り組みであるが、別府市が良かれと思って事業スキームからデザインに至るまでコピーを認めたため、残念ながら各地で劣化コピーの取り組みも蔓延してしまった）。Facebook 上で広まり筆者も利用する「コロナ支援・訳あり商品情報グループ」は、地域コンテンツたるホンモノの商品を生産者・店主が自らのメッセージを添えて訳あり価格で販売していく、民間事業者が見える取り組みである。こちらもグループ作成から18日間で30万人が利用する状況となった。

　前述の笠置町では、木曽川沿いに位置するカフェ、キジ刺しなどのジビエ料理、天然岩を活用したボルダリングなど、キラーコンテンツになりうる多様な地域コンテンツがあり、そこでビジネスをしている方々もいる。

　柏市の商業施設、柏の葉 T-SITE に隣接する親水空間のアクアテラスで行われているイベントは、トヨタなどのスポンサーの協力を得ながら、電源の調達から場の空間演出まで含めて魅力的なコンテンツを展開してい

る。同様のことを行政が古い感覚でやると、何百万円の委託費・負担金を予算計上して実行委員会を組織し、（時にはイベント会社に丸投げ委託して）爆音のする自家発電機を何台も調達して、○○町内会と書かれたテントを自治会に頼み込んで借り、一部にはテキ屋の屋台が並ぶ。焼きそばやたこ焼き、りんご飴の並ぶ旧来型のお祭りになりがちだ。できあがる場のこの空気感・質だけ考えても、「行政に依存しない」民間事業者と真剣に連携することで得られるミライの可能性が感じられないだろうか。

（3）民間事業者は必ずいる

　次に、「来る・来ない」問題であるが、民間事業者はプロジェクトが魅力的でビジネスとして成立するのであれば、場所はどこであろうが参入する。筆者も過去に、最終的には予算の関係で契約に至らなかったが、鹿児島県の小さな離島の仕事をしようと考えていた。むしろ、私生活で縁が遠いエリア・場所であること・アクセスが圧倒的に悪いこと自体が大きな魅力のひとつにもなりうるのである。

　定額居住サービスを展開する事業者、ADDress は、北海道から九州・沖縄まで多様な物件をリノベーションして4万円／月の料金で住み放題サービスを提供している。個々の物件はまちなかから山間部、温泉付き、海際などバラエティに富んでいる。このように民間事業者は行政では発想できないノウハウ、知的財産を保有し、ビジネスモデルとして展開しているからこそ生きていけるわけであるし、地域ポテンシャル・コンテンツを見抜き、磨き上げる力が圧倒的に強い。別の見方をすれば、このような定額居住サービスが成立するのは、このカタチでも生活・ビジネスできる人たちが一定数存在することを意味している。

　最近、筆者は、業務で関わる自治体で、最初の職員研修を行った後に「このまちのイケてるところを探す」ワークショップを実施している。どこに美味しい飲食店があるのか・ステキな店員さんがいる店・夕焼けが抜群に綺麗なスポットなど、観光ガイドではなく、そのまちの人でしかわからないホンモノの地域コンテンツを再確認し、これらと公共資産・まちをリンクさせたプロジェクトを創出しようとしている。いくつかのまちで実施して感じたのは、「夜の奥武島」など魅力的なキーワードやコンテンツ

が浮かぶ一方で、やはり職員が日常的に見慣れているまちなかの光景には価値を見出しきれていないこと、あるいはまちとリンクしきれていないことである。裏返せば、こういった価値を再発見できる民間事業者と連携する伸び代は無限にあると考えられる。

(4) 民間事業者を探す

「いない・来ないと思うなら探す」問題については、第3章 ⑨ でも記載したとおり、営業に尽きる。その前提となるのが、行政がまちを冷静にきちんと分析し、ホンモノの地域コンテンツに気付き、リンクしていくことである。

中津市の洞門キャンプ場、通称「バルンバルンの森」は1970年代に開設し管理委託で運営されてきたが、十分な経費をかけた管理運営が行われてこなかったため、指定管理者制度への移行時には老朽化・機能の陳腐化が進んでいた。ここから、指定管理者の方々が素敵なストーリー性を持たせて少しずつセルフリノベーションを繰り返し、ツリーハウスやセンスの良い什器・備品なども揃え、場所の魅力を活かしたグランピングなどの体験メニューをセットアップすることで、圧倒的な魅力の地域コンテンツとなっている。バルンバルンの森を地域コンテンツとして輝かせることが、中津市の他の地域コンテンツにも派生・連動し、まちを良くできるトリガーになりうるのではないかという方向性が見えてきた。実際に駅近の商店街には和傘など魅力的な店舗、歴史的なまちなみのなかにはお洒落なチョコレートショップなど、全国的に有名な中津唐揚げだけでないコンテンツが散らばっている。中津市としてバルンバルンの森に投資する価値を見出せたのは非常に大きい価値観の転換であった。

このように、投資の概念を持つことでまちの経済を回していくことが、結果的に関連するエリアの地価を向上させ、雇用を生み、固定資産税・法人市民税・都市計画税等の増加につながっていく。結果的に、投資に対するリターンや「イケてるまち」の空気感が得られる可能性が見えてくる。まちの未来を創る拠点には何を以てリターンとするか、という投資回収の視点を設定したうえで投資することも民間事業者と連携を図っていくためには必要であるし、そのことが地域のプレーヤーを（間接的に）育てたり、

呼び込んだり、有機的なネットワークを構築していくことにもつながりうる。

　一方的で結果責任を伴わない旧来型の補助金・交付金は「使い切ったら終わり」であるが、中津市のような「まちに対する投資」は有効であるし、行政がまちにできるアプローチのひとつになるだろう。このような意味で紫波町・大東市・盛岡市等における出資を伴うエージェント方式や山陽小野田市の行政が土地を出資し、その同等額を民間事業者が出資するLABV（Local Asset Backed Vehicle）なども今後、この発展型として広まってくるだろう。

　こうしたリアルな考え方や実践は、残念ながら短絡的な総量縮減一辺倒、二次元の計画依存の旧来型公共施設マネジメントでは視野に含まれていない。今後、大手企業や東京資本と連携したPPP/PFIも一層広まっていくだろうが、一方で新型コロナを経験したことで、地元事業者との地域コンテンツをベースにした小さなローカルPPP/PFIの必要性・重要性もクローズアップされてきている。そこに目を向けることが、まちとして生き残るために求められる。

　「PPP/PFIをやるため」に営業するわけではなく、「まちを経営面も含めて良くする・楽しくする」ために民間と連携する必要があり、そのために営業する。こんなシンプルな論理に基づけば営業は当たり前のものになるし、「いない・来ない」といったイジけた論理がいかに空虚なものかわかるはずだ。

　すぐそばに地域のプレーヤーはいるし、地域コンテンツも眠っているのだから。

10　制度を使いこなす

(1) 手法ありきではない

　「PFI法に基づくPFIで図書館を整備したいんですが、どうすればいいですか。可能性調査は必要ですか？」。このように相談を寄せられるパターンのひとつが、事業手法ありきでやり方がわからないというものだ。

第7章 9 でも記すとおり、事業手法はビジョン・コンテンツと与条件を整理していけば自ずと決まるし、ビジョン・コンテンツが精査されていない状況で事業を進めてしまうから質の低いハコモノができてしまう。ここでは、様々な自治体の事例をベースに「自分たちのやりたいことを実現するために制度をうまく活用する」可能性を考えてみたい。

(2) 横浜市のPFI

横浜市では2020年4月開業のMICE（Meeting Incentive Conference Exhibition）施設、パシフィコ横浜ノースを整備するにあたり、国際競争力などの観点から民間ノウハウを最大限に活用して経営することを意図した。それを実現するためにPFI法に基づくPFIで施設を整備し、公共施設等運営権を設定することとなったが、この施設は行政財産ではなく普通財産として位置付けられた。このような場合、公の施設として整備して指定管理者制度を適用することが一般的であるが、横浜市では同制度を適用すると、他の施設と同様の指定管理者に関する基準等が適用されてしまい、経営の自由度が低くなることを懸念していた。指定管理者制度を適用しない理由として「MICEの想定利用者は横浜市民ではなく世界から訪れる方々であり、低廉な価格で気軽に使える施設として想定していない」ため、公の施設にはなりえない。当然に庁舎・消防施設等の公用施設でもないことから行政財産（＝公用施設または公共用施設≒公の施設）に位置付けられないため、普通財産として取り扱うこととした。断っておくが、指定管理者制度は第4章 6 でも記載するとおり、代理執行・コスト削減の手法ではないことを理解して適正に運用すれば、非常に柔軟性・自由度の高い手法である。

(3) 箕面市のまちづくり

箕面市では（仮称）箕面船場駅前地区まちづくり拠点施設整備運営事業において文化ホール、生涯学習センター、図書館、駐車場、デッキ、駐輪場等の各種公共施設をPFI法に基づくPFIで整備することとなった。このプロジェクトの鍵を握るのは文化ホールとなる。一般的に、施設の性質上、大空間が必要であり舞台照明装置等の特殊設備、市民の日常利用には

巨大すぎる客席数などの膨大なイニシャル・ランニングコストが生じ、全国のほぼ全てのホールは大幅な赤字を生じさせている。歳入が期待できるはずの興行も、行政職員の直営・外郭団体による指定管理者制度では営業力・企画力が不足し、施設も興行をベースに設計されたものでないことから、計画時に目論んだような活用ができていないことが大半であろう。そこで、箕面市ではPFI事業としての事業者募集に先立ち、大まかな施設の規模・概要を提示したうえで運営事業者を公募した。そして、PFI事業に応募するためには、前述の公募で選定された運営事業者をSPC（特別目的会社）の構成員とすることが条件とされた。つまり、このプロジェクトでイニシアティブを持つのは、行政でも設計事務所でもゼネコンでもなく運営事業者である。運営事業者が独立採算を目指した運営をするために必要な施設規模・客席・各種設備等を提案し、これをプロジェクトとして取りまとめていくことがSPCには求められる。この事例では、文化ホールにとって最も重要なファクターは企画・運営であると位置付けたことが運営事業者先行決定方式（EOI方式）につながっている。類似の手法は第4章 ⑧ で紹介するが、別府市の図書館、常総市の道の駅などでも採用されており、今後、一般的になってくるかもしれない。

(4) 東京都中央区の小学校

　八重洲二丁目北地区第一種市街地再開発事業では、東京駅八重洲口から直近の日本でも有数の一等地であるが、同街区に位置している中央区立城東小学校も事業に取り込み再開発ビルを建設することとなった。地下に駐車場、低層部には商業施設、事務所とともに小学校、中層部に交流施設、7 ～ 38階にはオフィス、そして40 ～ 45階には日本初出店となるブルガリホテル東京が配置される。公立小学校と同一建築物内にこれだけの用途の民間施設がセットアップされるわけである。つまり、学校施設であっても動線を含めたセキュリティ対策などを十分に行うことができれば、合築の可能性は十分に存在する。学校施設は一般的に校庭など広い敷地を所有しながら、建蔽率・容積率ともに大きな余裕を持っているため、物理的に合築・集約化がしやすいはずである。更に学校施設は利用時間が昼中心・夏休みなどの長期休暇などで非常に限られている。また、余裕教室や様々な

名称を無理やりつけた部屋（普通教室）が多数存在する。これらの空白の時間・スペースを活用していけば、学童クラブなど利用時間が重複しない施設だけでなく、幼稚園・保育所・公民館などとも供用できるだろう。例えば、特別教室棟・体育館・プールをまとめて1棟で建設すれば、そこはカルチャーセンター・スポーツクラブにもなりうる。立地状況にもよるだろうが、行政が所有せず民間ベースで整備して行政が必要時間だけ貸借する、あるいは体育・音楽・工作などの授業や部活などインストラクターを含めてサービスとして利用・調達することができれば、質も大幅に向上する可能性がある。学校は聖域だ、教育はどんなに税金をかけてでもやるべきもので財政とは連携すべきではない、といった論理を聞くことが未だに多い。ハコとしての学校ではなく、そのまちの未来を担う児童・生徒の教育の質に今後も投資していくためには、このような発想の転換はひとつの選択肢になるだろう。

　この3つの事例の共通項は、「欲しいもの・成果を手に入れるために、既存の制度を柔軟に使いこなしている」ことである。いずれも活用している手法は、従来のありふれた一般的なものでしかない。旧来型行政の発想・事務プロセス・前例踏襲等では、過去の事例の劣化コピーにしかならず、時代の変化にも呼応しないことからニーズとハコモノ・サービスのミスマッチが生じる。だからこそ、柔軟に「何をしたいのか」を明確にしたうえで、様々な民間事業者と「どうしたらできるのか」を整理していくことが重要である。そして、それを実現するためのプロセスにおいて、様々な既存の手法を組み合わせていけば、きっとできることは幅広い。それがを支えるのは、行政の職員の方々の事務処理能力の高さである。

第4章

PPP/PFI 事例

1 庁舎

(1) 庁舎の定義と現状

　2011年の東日本大震災や2016年の熊本地震で5市町の庁舎が被災したことを受けて、全国的に庁舎の改築が加速している。全国の自治体庁舎で耐震性能、防災拠点としての機能を十分に確保することが喫緊の課題であることは間違いないし、国が市町村役場機能緊急保全事業を地方債起債対象に位置付け安全性の確保を促していることも合理的である。しかし、例えば、住民1人当たり換算で年に1度利用するかどうかであれば市役所にシンボル性・意匠・市民の憩いの場が本当に求められるのか。今後は、新型コロナウイルスや行政のデジタル化推進などの影響もあり、庁舎に行かないで必要なサービスを享受できることがより一層、求められることとなる。行政は、公共施設の再編をはじめ扶助費への対応等で市民に大きな負担を強いるなかで、「庁舎とは何か」を改めて考えるべきだろう。

　庁舎とは地方自治法第4条第1項において「地方公共団体は、その事務所の位置を定め又はこれを変更しようとするときは、条例でこれを定めなければならない。」、同2項で「前項の事務所の位置を定め又はこれを変更するに当っては、住民の利用に最も便利であるように、交通の事情、他の官公署との関係等について適当な考慮を払わなければならない。」、同3項で「第一項の条例を制定し又は改廃しようとするときは、当該地方公共団体の議会において出席議員の3分の2以上の者の同意がなければならない。」と特別議決の対象とされている。庁舎は公用施設としての事務所であり、公の施設ではない。住民の利用のための立地もデジタル化の推進、ネットやコンビニでの各種証明書発行・納税手続きの進展、リモートワークなどにより、これまでとは位置付けが大きく変わってくる。

　一方で、最近整備される庁舎では市民交流スペースが整備されることが非常に多い。設計事務所のイメージパースでは、市民と職員が庁舎内の開かれた大空間で、和気藹々と対話している姿が描かれるが、実際に筆者は全国の様々な庁舎を訪れたなかで、このような市民交流スペースの状況を一度も見たことがない。無人が大半で、たまに高齢者がお弁当を食べたり

休憩したり、高校生が勉強に使っているのが現実である。酷い場合には「学生の勉強お断り」とテーブルに明示され、もはや何のための交流スペースかもわからない事例まで存在する。行政が市民との対話・交流を求めるのであれば、市民を庁舎に来させるのではなく、自分たちが市民の集う場に出かけるのが筋であろう。こうしたところに潜在的かもしれないが「お城庁舎」の概念、お上意識が脈々と残っている。一方で、ロビーは関係者の打合せ・待合いなどのために重要なスペースとなる。什器・備品類を含めて機能的であることは最低限であるが、お洒落なカフェの併設・ユニバーサルデザインの内装や什器類だけでなく、神戸市役所のロビーのように、クリエイティビティを誘発するものが望ましいだろう。

　庁舎面積の算定も、「地方債同意等基準運用要綱」は新しく出ているのに未だに2011年度に廃止された同名の基準に基づき算定している事例が多く存在する。古い基準はパソコンが普及する以前の島型配置・縦割り構造の働き方をベースに原型が作られており、そこに現代的な要素としてユニバーサルデザイン・市民交流スペースなどを自治体の事情によって付加するから、庁舎面積が過剰になってしまう。2020年度の総務省同基準の市町村役場機能緊急保全事業では、起債対象を「建替え前の延床面積を上限」とすることを原則としつつ、これを下回る場合「入居職員数に一人当たり$40.8m^2$を乗じて得た面積」を上限としている。これを基準に庁舎面積を検討する自治体も同様に多いが、これらは総務省の起債基準でしかなく、決してそのまちの庁舎のあり方・職員の働き方から積み上げた必要な庁舎面積ではない。本来であれば、「庁舎とは何か（≒ビジョン）」を明確にしたうえで、「それぞれのセクションがどのような業務を担い、どう働くのか（≒コンテンツ）」を精査することで、その集合体が庁舎であり面積に反映されるはずである。

(2) コロナ時代の庁舎のあり方

①顕在化した問題

　新型コロナウイルスで世の中が大混乱に陥り、様々なところで機能不全が発生し、経済にも甚大なダメージが発生している。現時点で行政への打撃は民間市場と比較してそれほど顕在化していないが、近い将来、民間事

業者が味わっている苦しみは、税収減としてそれぞれの自治体に必ず跳ね返ってくる。この期に及んでも残念ながら多くの自治体では「国の指示待ち」「近隣自治体に右ならえ」「臨時交付金を目当てにした対策」が相変わらず続くが、福岡市・東川町・常総市・別府市などの一部の自治体は、自分のまちの実態を冷静に分析し、持てるリソースを駆使しながら必死になって「できること」で市民生活・まちを支えており、図らずも行政の底力が試されることとなった。

多くの自治体の庁舎では窓口にビニールシートを設置して来庁者の飛沫感染を防止したり、職員の2交代制勤務、庁舎内での事務室の分散配置、在宅勤務などの措置により、当初の混乱期に対応した。しかし、大津市・糸島市等では職員の感染に伴う庁舎の閉鎖、奈良市等では大半の市役所業務の停止などの対応を迫られる事態も発生した。ここ数年、セキュリティ強化などの名目でLGWANが多くの自治体で導入されたことと引き換えに、行政を取り巻くインターネット環境は閉鎖的なものとなってしまった。一部の自治体ではインターネット接続ができる端末が各課に1台の閲覧専用でURLやメールアドレス等のテキストのコピー&ペーストもできないなど、世の中の情報収集をすることにすら支障が生じている。国や一部の自治体、お抱えコンサルタントなどを中心に声高に叫ばれているDX・スマートシティと完全に逆行した現実が、残念ながらここにある。働き方改革も、一昔前のコスト・人員・事務事業削減一辺倒の行財政改革と同様に、短絡的な残業禁止のみがクローズアップされ、優秀な職員が夜中や休日に庁舎に忍び込み、うしろめたさを感じながら残業代も出ない・補償もされないなかで粛々と公務を続けている。更にコンプライアンスの強化により、良い意味での職員・組織としてのユルさや余裕・柔軟性も失われてきている。

②環境の変化に対応を

ここ数年の社会経済情勢の急激な変化、国からの財源を伴わない一方的な権限移譲、毎年のように発生する自然災害、今回の新型コロナ対応など「やらなければならない」業務量は激増している。これらの課題は、国のマニュアルや現場を知らない・やらない有識者委員会ではリアルな方向性

を見出すことはできないため、自分たちで生き方を選択していくしかない。新型コロナ対応で心身をすり減らしながら最前線の現場に立ち続ける職員も多い。リスクを負いながら市民のために奮闘する姿は素晴らしいが、一方でこういった職員を「守る」環境、庁舎という物理的環境は非常に脆弱である。在宅勤務を強いられながらも、必要なテレワーク環境が揃っておらず、情報の持ち出し等の制限などから十分な業務ができていない自治体・職員も2020年の最初の緊急事態宣言下では多かったのではないか。そして、ステイホームの機運・同調圧力の低下してきたなかで、こうした課題も喉元を過ぎてしまい、元の非生産的な環境に戻ってしまっていないだろうか。業務効率・生産性を低下させる環境へ後退していく一方で求められる業務の質量は高まるというなか、市民の生命・財産を守りながら楽しいまちを創っていく、そのために行政職員がいて、職員の働く事務所（≒庁舎）があるはずだ。

③庁舎整備の問題点

　庁舎とは、前述のとおり地方自治法上は「事務所」である。しかし、公共施設マネジメントの手法のひとつに複合化・集約が掲げられ、市町村役場機能緊急保全事業は公共施設等適正管理推進事業債で起債充当率90%、交付税措置率30%とされ、単年度会計・現金主義の思考回路では一見、非常に有利な起債と思われている現実がある。このことから合併自治体や庁舎の耐震性能に問題を抱える自治体の多くは、機能集約した巨大で華美な庁舎を整備してきた、あるいは検討を進めている。裏では膨大な起債と将来にわたる大規模改修費・光熱水費・保守管理費などのランニングコストが発生するにもかかわらず、表面的な一般財源の負担の少なさから、新規整備する大半の庁舎は、防災機能・市民交流スペース・バリアフリーなどの名目で面積が増大していく。更に市民や議会などの要望を経営的な判断基準を持たず、ほぼ無条件に受け入れることで「市民に開かれた、いつでも訪れることができる、親しみやすい」庁舎となっていく。庁舎をまちのシンボルとして著名建築家へ設計を委託してしまった場合は、建築作品として先鋭的な意匠、高度な技術モデルによる構造、オーダーメイドの建築設備などの華美なものとなる。同時にコスト増大やメンテナンスの困難さ

に直結してしまう。これは建築家が悪いのではなく、発注者たる行政の責任であり、受注者たる著名建築家は発注者の要望に忠実に応えているにすぎない。

　また、未曾有の困難な事象である新型コロナ禍では、皮肉なことにこれまで賑わい・中心市街地活性化・公共施設マネジメントなる名のもとに「集約」してきたことが仇となり、機能不全に陥った側面もある。更に、膨大なコストをハコモノに投下したにもかかわらず、「どう働くか」の視点を曖昧にしてきたために、テレワーク環境が脆弱で機能しない、集約したために密が発生し、全てを止めなければいけなくなったことなどからもわかるように、有効なリアクションもできなかった。もちろん、庁舎も含めて様々な自治体経営の選択は、それぞれの自治体の生き方であり自由なので批判するつもりはないが、下記のような4つの視点で、これからできることも含めて、改めて考えてはどうだろうか。

④庁舎は「事務所」

　第一に、庁舎は法的に「事務所」である。近年、前述のように「市民が集う」ために大規模な市民交流スペース・多目的スペースを設置する庁舎が多いが、想定どおりに利用されている事例はほとんどない。本気でこのような場を使いたいなら、第3章 ⑤ でも記載したとおり、計画段階からそこで行うコンテンツを示し実施主体・活用頻度・収支（損益分岐点）などを入れ込む必要がある。「こうあったらいいな」「多分こうなるだろう」という理想論は全く通じない。用もないのに市民は庁舎に行かないのが現実だ。既にこのようにあまり使われない市民交流スペース・多目的空間を整備してしまったのであれば、南城市のように将来的な本格的利活用を前提としたトライアル・サウンディングからはじめてはどうだろう。南城市ではまちとしてウェルネスを掲げているため、これに見合ったコンテンツとしてヨガ・ヴィーガン食材・整体・エステなどのコンテンツが、庁舎の余剰スペースで行われている。これらも、職員が自分で営業に行ってマッチングさせてきたコンテンツである。

⑤集約・複合化

　第二に、「集約・複合化の合理性」である。筆者は、公務員を辞めて5年が経過したが、これ以降に一度も勤めていた市役所を訪れたことはない。嫌いだからではなく用がないから行かないのだ。実態を見据え、これから本気で働き方・市民サービスを考えていけば、オンライン申請・Zoom等のweb会議を積極的に活用し、渋谷区役所のように「来なくていい庁舎」という発想もあるのではないか。これを後押しする国のデジタル化の動きもあり、真剣に考える時機が来ている。更に言えば、最終的に要求水準書に記載されることはなかったが、静岡市の清水区庁舎の検討委員会で真剣に議論されたように、庁舎機能の一部をまちなかの空き店舗等に分散させていってもよいだろう。「まち全体を市民サービスの提供の場」とできる可能性もないだろうか。図書館機能や集会機能などは、庁舎よりもショッピングモールや都市公園との方が高い親和性を持っていないだろうか。

⑥集約のリスク

　第三に、「集約によるリスク」である。前述のように新型コロナ下ではバックアップオフィス・機能・体制が未整備だったことにより、「拠点」が機能停止した瞬間に大幅に行政機能が低下した。東日本大震災で庁舎が被災した自治体では、(筆者も公務員時代に姉妹都市であり庁舎が被災した相馬市に延べ1か月滞在し勤務して実感したが) その後の復興対応に大幅な遅れが生じた。この痛ましい経験は全国的に市町村役場機能緊急保全事業で庁舎を「硬くする」ことだけに収斂されてしまい、バックアップオフィスや分散化などは真剣に議論されてこなかった。一か所に集約することのリスクは、庁舎だけでなく長期にわたる休校で機能不全に陥った学校と行き場をなくした子どもたち、他の公共施設、まち・日本全体についても言えるだろう。東京をはじめとする都市機能が集約された大都市は、新型コロナで意外なほど強烈な脆さを露呈した。周辺からの通勤・通学、テレワーク環境の脆弱さ、緊急事態宣言以降のまちとしての機能不全、これらは先進国と妄信してきた日本が改めて突きつけられた現実である。

⑦時代遅れの庁舎から脱却を

　第四に、「特別議決の対象・シンボル性」である。庁舎を未だに「シンボル・市民の誇り」として「お城」に仕立てようとする発想、市民を集めようとする感覚は、遅れすぎている。華美で巨大な庁舎よりも本当の意味で機能的・効率的な庁舎、そして、それよりも「充実した市民サービス・安心して暮らせる環境」が現在・将来に向けて求められている。未だに「有線LANではないとセキュリティが守れない」「クラウドサーバーは危険」と言っている情報セキュリティ担当は、ナイーブな個人情報を扱う民間事業者がタブレットやノートPCを携えて、まちなかでビジネスをしていることも不思議なのだろうか。「ペーパーレスの推進」は掲げる目標ではなく、無線LAN環境を整備すれば自ずと付随するものであるし、この延長線上にweb会議や電子決裁がある。そして、これらの環境が充実して在宅ワークがはじめて機能する。

　庁舎のイニシャルコストの10％でもこうした面に組み入れることができれば、全く未来は変わる。そして、10％程度であれば、前述のような事務所に特化するビジョン、分散化などの工夫、後述（3）の高浜市のようなリース方式など事業手法の工夫により捻出できるはずだ。個々の業務に必要な体制・備品・働き方を丁寧・真剣に積み上げて庁舎の機能として組み上げていけば、必要とする庁舎面積も過大にはならないだろう。

　新型コロナを契機に、露呈した脆さの克服に向けて「生き方」を本気で変えていけるのか、それともまた「いつかきた道」を辿ってしまうのか。国だけでなく、それぞれのまちも今、その選択が求められている。庁舎についても、今ある庁舎でどう働くのか、本当の意味での効率性・生産性を上げていけるのかについて、今後、庁舎の整備を予定している自治体では、「親しみやすさ・大きさ・まちのシンボル」のような旧態依然とした発想ではなく、「まちの事務所」として果たすべき機能と必要な業務を積み上げるなかで、検討をしてほしい。既に庁舎が整備された自治体では、どう活用するのか、どう働くのか、未来に向けて何に投資するのかを考えてほしい。

(3) 先進的な庁舎の事例

①高浜市

高浜市では（2014年5月）、既存庁舎の耐震性能が確保されず設備も老朽化し、更に床面積の47％しか有効に活用されていない状況であった。既存施設を耐震補強して残存期間20年間を維持管理する場合、約3,300百万円／20年のコストがかかると推計された。そこで、これだけの膨大なコストを投じるのであれば、同等のコストを民間事業者に委ねた場合、新築の庁舎が手に入らないだろうかと考え、敷地・事業手法・収益施設の有無を含めたプロポーザルコンペを実施した。このプロポーザルコンペの結果、大和リースが提案した現地改築・リース方式が採用され、20年間の維持管理業務までセットアップされた庁舎が短期間に整備された。リース方式を採用することで、職員は庁舎管理の関連業務の煩わしさから解放され、コア業務に集中でき、契約期間中の適正なメンテナンスも保証される。

では、20年後にはどうなるのだろうか。20年後には全く庁舎の役割が変わっているはずだ。契約満了期が近くなってきたときに、その時点での庁舎のあり方・規模等を改めて考え、最新の手法で庁舎を調達すればいい。仮に現在と同等の庁舎・機能で問題なければ、リース期間の延長や買い取りなどの選択肢も残される。これも、20年の適正なメンテナンスがついているからこそ可能になる。このように、償却期間を短くしてイニシャルコストも抑制したうえで、時代の変化に合わせて柔軟に、所有する公共資産の量・質を調整していくことも、今後の自治体経営手法のひとつになるだろう。

②白井市・芽室町

白井市や芽室町では、基本設計が終わった段階で工事予定業者を先行決定するECI（Early Contractor Involvement）方式を採用し、実施設計を行政・設計事務所・工事予定業者の三者で協議しながら行っている。ECI方式を採用することで、設計意図伝達業務などのコスト・リスクを抑制できるだけでなく、施工業者の特性・ノウハウ・長所を実施設計に反映することができる。結果的に工事コストの抑制、メンテナンス性の向上、工事期間中の適正な仮設計画などにつながっていく。ECIは高度な専門性や効

率化が期待できる一方で、発注順序を従来型から入れ替えるだけの簡易な手法あり、テクニカルな要素が非常に低いため、庁舎に限らず、どこの自治体でも取り入れやすいPPP/PFI手法のひとつだろう。国土交通省も新しい発注方式のひとつとして、ここ数年間取り上げている手法である。

　このECIと比較的セットで用いられるのがCM（Construction Management）である。庁舎のような大規模プロジェクトでは、それほど多くの経験を有するわけではない行政が、限られた時間内、特に最近ではワンデーレスポンスも含めて、高度な専門性を必要とする迅速な判断が、設計事務所・工事施工者・工事監理者から次々と求められる。そこで、発注者側に立って技術支援を行うのがコンストラクションマネージャー（CMr）である。性能や価値を落とさずコストコントロールするVE（Value Engineering）を含む全体のコストマネジメント、工程管理や発注者・受注者間の協議円滑化などを担う。清瀬市や府中市の庁舎建設に用いられたが、どの段階でCMを活用するのかは、その自治体の技術職員の配置状況や意図などにより大きく異なる。もちろんプロジェクトの構想段階から竣工までCMrが関与することで効果を最大化することができるが、現実的にはCMrに対する委託費との関係でCMの業務範囲を決めていることが多い。

③大東市

　大東市では、庁舎を再整備するにあたってサウンディングを実施し、現庁舎敷地、駅前の老朽化し改築が検討されている再開発ビル、大型ショッピングセンターに隣接する消防庁舎の跡地などを候補地として抽出した。一般的には市民ワークショップや議会特別委員会などで敷地を選定し、議会の特別議決で敷地を決定するが、大東市では民間事業者を対象に「どこの敷地で・どのような庁舎を・どの手法を使って・いくらで調達できるのか」をサウンディングした。筆者も専門委員として関わったので、民間事業者から提案された5案を確認したが、どれも非常に独創的で魅力的なものであった。普通の自治体であれば、合意形成のハレーションも少なくプロジェクトとしての難易度が低い現庁舎敷地を選定するだろうが、大東市が選択したのは公用車・来庁者の駐車場が十分に確保できない消防庁舎の

跡地であった。駐車場は隣接するショッピングセンターの屋上駐車場を借り、代わりに庁舎とショッピングセンターをデッキで接続し、庁舎の低層部にはテナントを配置する大胆な提案を採用した。2020年現在、この実現に向けて関係者と困難な協議を進めているが、こうした民間ならではの発想をプロジェクトに収斂しうることも PPP/PFI 手法を活用するメリットのひとつだろう。

　全国的に見れば残念ながら前述のように、未だ高いシンボル性を有し市民に来庁させることを前提とした「お城庁舎」が主流となっている。東京都内のある自治体では首長交代により庁舎の見直しがされているが、「都市部の自治体では権利変換等の手法を用いて整備する事例もあるが、様々な事情を勘案するとある程度オーソドックスな手法とせざるをえない」と基本方針で位置付けている。更に事業手法としても従来型・リース・PFI法に基づく PFI の 3 択から従来型を中心に検討することを示唆している。

　本著で述べているとおり、ビジョンとコンテンツを精査していけば事業手法は自ずと決まるし、そこにはクリエイティブな方法論もセットアップされるはずなのだが。

2 図書館

(1) 図書館と PPP/PFI の親和性

　図書館は都市公園と同様に、市民が利用する割合が多い・親しみ深い公共施設であろう。実際に、施設利用アンケートでは図書館がトップとなる事例が大半であるが、その図書館ですら市民の利用率は10 〜 15％程度と低いことが大半である。また、総務省の調査によると指定管理者の導入割合が最も低いのが意外なことに図書館となっている。民間ノウハウの活用可能性が非常に期待できるはずの図書館で、指定管理者の割合が低い理由として「図書館は歳入が期待できないため PPP/PFI に向かない」ことがあげられることも多い。図書館法第17条で「公立図書館は、入館料その他図書館資料の利用に対するいかなる対価をも徴収してはならない」と規定

され、同条が「無料の原則」と呼ばれるもので、前述の「歳入が期待できない」根拠とされている。しかし、図書館法で無料の対象とされているのは「入館料その他図書館資料の利用」の部分のみである。千代田区日比谷図書館では利用料300円／2時間の特別研究室が存在している。他の図書館においても会議室の有料貸出や指定管理者の自主事業として有料のサービスは展開され、自動販売機やカフェなど行政財産の貸付等による有料の飲食サービスなども可能である。以下、事例をベースに図書館とPPP／PFIを考えてみたい。

(2) メリットを生み出す事例

①武雄市

　武雄市のいわゆるツタヤ図書館と呼ばれる武雄市図書館は、「コーヒーを飲みながら本が読める、武雄市にもスターバックスが進出」などのコンテンツにより、2013年のリニューアルオープン時に大きな話題を集めた。しかし、指定管理者を選定した当時の市長の退任に伴い、反対派が選書や陳列を問題視したことを契機に反対運動が巻き起こり、これに影響された小牧市では、基本設計のパブコメ実施中であった駅前のツタヤ図書館建設計画に対する住民投票の直接請求がなされ、全面白紙撤回に至った。こうした一連のムーブメントにより、ツタヤ図書館は悪といったレッテルが貼られてしまったわけだが、本当に100％の純粋な悪だったのであろうか。筆者もリニューアルオープン前とオープン後に武雄市を訪れたが、以前は最寄駅の武雄温泉駅周辺は寂れて活気のない状況であった。しかし、図書館が整備された後には多くの利用者が行き交うようになり、駅前には何棟もの分譲マンションが建設され、図書館に隣接した子ども図書館も整備が進み、武雄市のブランド力・まちの力は様々な面で向上したと考えられる。2015年の図書館利用者アンケートでは、80％以上の利用者が図書館・スタッフサービスに大いに満足または満足と回答するとともに、不満の理由の大半は駐車場混雑、館内混雑、館内の音環境などで、人気があることの裏返しばかりであった。報道されていた選書や陳列の問題は、自由記入欄でいくつか指摘されるにとどまっている。反省すべき点や改善すべき点もあるかもしれないが、武雄市にとって良かったことが10で反省すべきこと

が５だとしたら、まち全体で考えた場合、差し引きで＋５になる。そして、これが「変わる」ということだ。「変わる」ことは、多くの人に様々なメリットを提供できるが、誰かには必ずデメリットをもたらす。デメリットが想定外である場合もあるだろう。そうしたデメリットを乗り越えてでも新しい明日を創っていくのか、去年と同じ起案文書・しきたり・思考回路でジリ貧になるのを待つのか、今、自治体の選択が問われている。

②八千代市

　八千代市の中央図書館は、周辺に子育て世代が多く住むエリアに位置することから、指定管理者がターゲットを「０〜２歳の子どもを持つ親」に定め、図書館内の１室を読み聞かせ・託児ができる専用の部屋として活用している。一見、実現が簡単そうな事例に見えるが、旧来型行政の思考回路であれば「教育委員会の所管する図書館法に基づく図書館」に「市長部局の所管する子育て施設」が入居することになる。財産区分をどうするのか、設置管理条例はどう整理するのか、万が一のことがあった場合はどちらの所管課が責任を取るのか、電球等の消耗品や光熱水費の予算や管理は誰が行うのかといった瑣末なことで、意外と実現は困難になってしまう。民間事業者はターゲットが誰で、どんなサービスを提供すればいいのかが経営課題であり、そこから生み出すサービスが経営に直結する。それに対して行政は、自分が管理する施設をいかに事故なく明日につなぐかが関心事になり、自分の守備範囲や縦割り、事なかれ主義がつけこむ余地を与えてしまう。この１点だけ考えても、民間と連携する意義・メリットが見えてこないだろうか。

③池田市

　池田市では、市内街頭の十数か所にスチール製書架による「まち角の図書館」が設置されている。市民から善意で寄せられた本を、無人・無料・無施錠で誰でも取り出して借りることができる。屋外にも設置されていることから、本の傷みは激しいだろうし書籍の在庫・品質管理も完璧にはできないだろう。図書館法に基づく図書館ではないが、無いよりはよほど良いサービスとして考えられるのではないか。また、このスチール製書架も

様々なところからの寄贈であることから PFI（民間からの現物調達）であり、更に、運営も市民団体と連携していることから、非常に小さな取り組みであるが PPP の一種であると言える。

④つがる市

つがる市は2005年に1町4村が合併して誕生したが、合併時にはどこのまちにも図書館はなかった。同市では、郊外の商業施設イオンモールつがる柏内にテナントとして、約1,600m^2、約90,000冊の蔵書を有し、エントランス脇にカフェや出張所を併設する、つがる市立図書館を整備した。例えば利用者は、朝、自分の家の近くまで来てくれる無料送迎バスに乗車し午前中に図書館を利用し、昼食をショッピングモールモール内のレストランでとる。その後、夕方まで図書館を利用し、必要なものをショッピングモールで購入して無料送迎バスで自宅に帰る。このようなライフスタイルが見えてきたとき、近年社会問題になっている地域公共交通・買い物難民・引きこもりになってしまう高齢者の問題等に、この図書館が微力ながら貢献していると考えられる。当然、そのようなことを目指してこの図書館が整備されたわけではないだろうが、旧来型の発想だと郊外型のショッピングモールは中心市街地から人を奪う悪だと一言で片付けられてしまう。しかし、こうした施設の方が社会問題に貢献する側面もあるわけで、この事例からも PPP/PFI の可能性が感じられないだろうか。

⑤大阪市

大阪城公園の南側に位置する大型商業施設、もりのみやキューズモールBASE 内のテナントである「まちライブラリー」は一見、普通のカフェである。オープン時点では店内に大きな本棚があるが、そこに本は置かれていなかった。このカフェの売りは「美味しいコーヒーを飲みながら、本を読んでゆっくり豊かな時間を過ごす」ことである。利用者がイベントごとに自分たちで本を持ち寄り、それぞれの時間を過ごした後、他の人に読んでほしい本・読み終わって要らなくなった本を、メッセージカードを添えて寄贈していく。次に利用する人は、そのメッセージカードを見てその本に触れていく。有料の会員になれば借りて家に持ち帰って読むこともでき

る。その人が他の人に読んでほしい本をまちライブラリーに寄贈していく。このスパイラルによってオープンして1年後には10,000冊を超える「図書館らしき場」が創られた。運営は一般社団法人で、行政は一切関与しておらず、当然に図書館法に基づく図書館でもない。そして、この手法で公共図書館の機能が代替できるわけでも、フルスペックの図書館ができるわけでもないが、市民が求める図書館サービスのかなりの部分を充足している。

(3) まちのコンテンツとしての可能性

まちライブラリーのように完全民間ベースで「図書館らしき場」ができる時代に、そして電子書籍、動画などのサブスクリプションサービス、漫画喫茶やネットカフェが一般的になるなかで公共図書館の役割とは何か、それぞれの自治体が改めて考え直す必要があるだろう。そして、まちのコンテンツとしての事例は大都市の商業施設のみで成立するのではなく、古民家をリノベーションした100冊程度からはじまるマイクロライブラリーも全国各地に点在する。沖縄市等で行われている、まちなかのカフェ等に本を配架しエリア全体をひとつの図書館と考える「まちなか図書館」のようなプロジェクトも存在する。加賀市の空き店舗をリノベーションした「おんせん図書館みかん」では、一箱本棚オーナーを募集し棚を一般2,000円／月で貸し出し維持管理運営費を捻出している。提供するサービスから発想し、民間事業者と柔軟に連携すれば、市民にとって身近な公共施設である図書館も多様な可能性が見えてくる。

3 都市公園

(1) 禁止事項だらけの都市公園

都市公園は、公共施設等総合管理計画の策定要請が出された時点ではそれほど重要視されておらず、多くの自治体では都市公園内の建築物であるトイレ・東屋のみが計画の対象となっていた。同時に2017年に都市公園法が改正されるまでは規制が厳しく、自由に活用できないと誤解されていたのが都市公園である。都市公園は多方面から毎日のように様々な苦情が寄

せられる。旧来型行政の思考回路では苦情が寄せられると以降の苦情を防止するため、苦情＝禁止事項として蓄積してしまう。この結果、公園の入り口には無数の禁止事項が羅列された看板が設置され、全国の多くの都市公園が何もできない制約だらけの魅力ない場になってしまっていた。

　国土交通省都市局公園緑地・景観課長時代に Park-PFI の制度化などに携わられた町田誠氏によると、都市公園法の実態は非常に制限が緩く、都市公園法施行時には、都市公園として位置付けたいものを全国の景勝地等から手上げ方式で設定する仕組みが取られ、独立採算が原則であったとのことである。日比谷公園内の松本楼や上野公園内の料亭韻松亭などはその名残であり、こうしたものを許容できるのが都市公園法であるとのことである。更に設置・管理・使用許可などは、申請者も許可権者も同じ市区町村長としているので、法的には居住を伴わない用途であればほぼ何でもできるとされている。

　前述の都市公園で様々な行為が禁止になったプロセスや禁止事項の根拠の多くが内規・要綱・規則によるものであること（条例が根拠の場合はほとんどない）から、禁止事項を変えようと思えば行政は自分たちの意思で、執行権の範囲内でできる。そして、苦情であげられるラジコンやボール使用・犬の散歩・バーベキューなどをする人たちは、誰かに嫌がらせをしようとしているのではなく、都市公園に対するニーズ・欲求を満たそうとしていただけである。つまり、苦情にあがる活動を禁止事項にするのではなく、ニーズとして捉え民間事業者とともにビジネスベースで解決していけば、都市公園は本来の都市公園たる姿に、もっと楽しい場になるであろうし、そこには人も集い、経営的にも好転するはずである。

(2) ニーズを捉えた成功事例

①豊島区

　豊島区の南池袋公園は、地下の東京電力地下変電所移設工事と合わせて2016年にリニューアルオープンした。豊島区では、この公園内にカフェレストランを設置し、そこに Racines FARM to PARK がテナントとして入居している。約12,000千円／年の公園使用料に加え、売上の0.5％が公園の維持管理費に充当される仕組みが取られ、持続可能性にも配慮されてい

る。カフェを短絡的に設置するだけでなく、そこから生み出される空気感、南池袋公園をよくする会などの関係者団体との連携も含めて、マルシェ、ナイトシアターや結婚式など多様なイベントも周辺の道路などの公共空間ともリンクしながら頻繁に行われている。南池袋公園が機能することにより、公園近くにブルーボトルコーヒーが出店するなど、南池袋公園周辺のエリアが大きく変わりはじめている。

　同じく豊島区の中池袋公園は、複合商業施設 Hareza 池袋の前庭というコンセプトどおり、当施設の劇場・映画館・集会施設や周辺に集積しているアニメ関連の商業施設との空気感を共有し、園内にアニメイトカフェが設置されている。池袋西口公園でも同様に東京芸術劇場が隣接することから、屋外ステージ GLOBAL RING シアターや GLOBAL RING というモニュメント、カフェ併設観光案内所で構成されている。としまキッズパークは、障がいの有無にかかわらず様々な子どもが一緒に遊べる場として整備されている。豊島区では、このように地域性・地域コンテンツ・地域プレーヤーの状況を反映しながら、エリアごとに特色を活かした個性的な都市公園を整備している。

②大阪市

　大阪市の天王寺公園エントランスエリア「てんしば」は、天王寺駅に隣接する都市公園で、徒歩園にはあべのハルカス、通天閣のそびえる新世界が広がっている。2015年リニューアル前の同公園はあまり気軽に楽しめる場ではなかったが、あべのハルカスを開発した近鉄不動産が大阪市と連携して30,000千円／年を大阪市に納付しつつ、公園内の7,000m2の芝生広場も近鉄不動産が整備した。公園内にはコンビニ、飲食店、雑貨店、フットサルコート、ドッグラン、子どもの遊び場、産直品物販、クライミング・アスレチック施設、ゲストハウスなどの常設店舗に加え、季節によってアイススケートリンクなども設置される。様々な層の人たちが思い思いの時間を過ごす都会のオアシスとなっている。多くの都市公園で禁止してきた事項のひとつずつをニーズとして捉え直し、民間のビジネスベースのコンテンツで叶えていったものが天王寺公園であり、柔軟な発想の転換と民間事業者と本気で連携することで都市公園の可能性を見せてくれている。

③渋谷区

　渋谷区の宮下公園は、1966年に東京初の屋上公園として整備され、ストリートカルチャーであるスケードボードーパーク等で人気を博していたが、これが2020年に立体都市公園制度を活用してミヤシタパークとして再整備された。約300mに及ぶ敷地の1～3階はRAYARD MIYASHITA PARKとして三井不動産が展開する飲食店・雑貨店・ブランドショップなどからなる大型商業施設なっている。この屋上部分を都市公園として活用しているが、渋谷駅近接の好立地であり土地利用としても商業系の需要は圧倒的に高く、同時に超高密な周辺の都市環境を考えると憩いの場も求められる。これを同時に解決するのが立体都市公園制度であり、従前の面影やストリートカルチャーも活かすため、公園内にはスケートボードパーク、ボルダリング、ビーチ仕様の多目的運動施設が設置されている。更に宮下公園に隣接してsequenceという都市型ホテルも整備され、エリア価値を大きく高めるとともに、公共施設である都市公園が完全にまちのコンテンツとして活用されている。

(3) 都市公園の可能性

　都市公園は前述（1）のとおり、旧来型行政の管理主義によって本来のポテンシャルが十分に活用されてこなかった。しかし、公共空間としてのポテンシャルに気づいたいくつかの自治体・民間事業者による柔軟な利活用事例、国土交通省を中心としたPark-PFIなどの制度整備、今般の新型コロナウイルス対応による公共空間の価値の見直しが行われている。ブルーオーシャンとして都市公園の可能性は非常に幅広く、法的な制限も非常に緩い状況を再認識すれば、自治体ごと・エリアごとに多様な都市公園が今後も数多く創出されていくだろう。そのときに、ハコモノとしての公共施設のあり方も変わってくるかもしれない。

4 ESCO

(1) ESCO 事業とは

　ESCO 事業とは Energy Service Company の略であり、ESCO・エネルギーマネジメント推進協議会によると「省エネルギー改修にかかる費用を光熱水費の削減分で賄う事業です。 ESCO 事業者は、省エネルギー診断、設計・施工、運転・維持管理、資金調達などにかかるすべてのサービスを提供します。また、省エネルギー効果の保証を含む契約形態（パフォーマンス契約）をとることにより、顧客の利益の最大化を図ることができるという特徴を持ちます。」とされている（2019年 HP より）。例えば、古い空調・照明設備で10,000千円／年の光熱水費がかかっている施設の設備を、最新の30％の削減効率を有する省エネ型に更新すれば7,000千円／年に削減できる。3,000千円／年の削減効果が発生するが、これだけでは30,000千円の設備更新費用は賄えない。オーナーは3,000千円／年のサービス料を ESCO 事業者に10年間払うこと、ESCO 事業者は自己資金で関連する設備を自らのノウハウを活用して更新する。同時に3,000千円／年のエネルギーコストを削減し、その同等額をサービス料として受領する。これが乱暴に言えばシェアード・セイビングス方式の ESCO の仕組みである。行政にとっては新たな財政負担なしに老朽化した設備を更新でき、かつ光熱水費の削減も契約で保証される魅力的なスキームである。

　ESCO を経験した自治体は、継続的に他の施設の設備更新も ESCO で実施することが一般的になる。しかし、残念ながら「①大規模な施設、②エネルギー削減相当額で更新費用とイコールフッティングするエネルギー使用料、③高度な専門知識が必要」といった先入観を持たれることが多い。建築・設備等の技術職員による自分の仕事を取られるといった誤った認識、新しい手法に対する抵抗感、地元事業者への配慮なども影響し、ESCO に取り組む自治体はそれほど多くないのが実態である。そこで、下記（2）では実際に筆者が関わってきた流山市の事例をベースに ESCO の可能性を考えてみたい。

(2) デザインビルド方式・小規模補填・バルクの事例

①小規模施設

　流山市で最初に取り組んだ ESCO は保健センターである。延べ面積 2,310m²で光熱水費も約6,000千円／年と小規模であることから、一般的な ESCO では対象外となってしまう。2010年当時築25年の建物で吸収式冷温水発生器など空調機器を中心に、運営にも支障しうる様々な不具合が生じていた。更に、事業化できる可能性の低い小規模な施設であったため、フィージビリティスタディ（実行可能性調査）の予算は計上できないという庁内での意思決定もされてしまった。当時の流山市では機械設備の技術職員もおらず、設備に対する高度な専門知識も庁内には存在していなかった。

　そこで、フィージビリティスタディの代替として一般財団法人省エネルギーセンターの無料省エネ診断を受診し、その結果と過去3年間のエネルギーデータ、図面だけを基礎資料として準備し、プロポーザルコンペで優先交渉権者を選考決定する方法論をとった。この優先交渉権者と市で事業の詳細をゼロから構築するデザインビルド方式（設計施工の一括発注方式とは異なる）を採用することとした。また、光熱水費等の削減相当分だけでは設備の更新費用を賄うことが困難であることが想定されたため、その不足分を市が補填して見かけの事業費を大きくする小規模補填費を計上することとした。このデザインビルド型小規模 ESCO により、懸案だった空調設備が更新されるとともに事務室の LED 化など施設の環境も大きく向上した。

②7つの施設をまとめた事業

　続いて、保健センターとほぼ同時期に竣工した約11,000m²の市役所本庁舎、近接する約3,300m²の図書・博物館も同様に冷温水発生器などが更新時期を迎えていたことから、同様に ESCO で更新しようと考えた。この頃、福祉会館の担当者から約800〜1,000m²程度の5つの福祉会館も空調設備が老朽化しているが、予算がつかずに更新できず困っているという相談を受けていた。そこで、民間事業者サイドからみて採算性の良さそうな大規模な施設（市役所本庁舎、図書・博物館）に採算が必ずマイナスに

振れる小規模な施設（５つの福祉会館）抱き合わせて７施設を１本の事業にまとめれば、どこかの民間が手をあげてくれるかもしれないと考えて実施したのがバルク型 ESCO である。流山市におけるバルクとは、良いものと悪いものを抱き合わせて販売することを意味している。このバルク ESCO では、小規模補填費を240百万円準備していたが、実際に民間事業者の提案で活用したのは約180百万円であった。更に光熱水費等の削減保証額が約260百万円／13年となったので、単純なキャッシュベースで考えると180百万円の投資をして260百万円の光熱水費の削減ができるので、収支上は約80百万円のメリットがあり、最新の空調設備と LED 照明が新たな財政負担なく手に入ったわけである。

③指定管理者制度の施設

　3本目の ESCO は約6,000m²の生涯学習センターである。上記２本の ESCO はいずれも直営の施設を対象としていたが、はじめて指定管理者制度の施設で実施した。指定管理者制度の施設で ESCO を実施する場合、指定管理委託料に光熱水費相当額を含めていると、ESCO 事業の実施に大きな障壁となる。指定管理者は光熱水費が多少増加しても、利用率を向上させることが経営にとってプラスに作用するが、極端に言えば ESCO 事業者は施設の利用率を０％にすることが物理的に光熱水費を減少させるため、利用率低下で収支が良くなっていく。この相反するベクトルを持つ２つの民間事業者を１施設の経営で折り合いをつけていくことが、多くの自治体で課題となっていた。このことに対し、流山市では前述のデザインビルド方式を採用するとともに、募集要綱において「光熱水費等の取り扱い・設備の不具合等に関する調整は優先交渉権者と指定管理者で協議して決定すること」を条件として募集をかけた。つまり、こうした経営上の課題については行政が関与したり机上で考えるのではなく、民・民によるプロ同士の協議に委ねることとしたのである。また、この協議には相応の時間が必要だと考え、これまでの ESCO と比較して契約までの詳細協議の期間を約１か月多く確保したが、実際には約２週間程度で優先交渉権者と指定管理者の協議が成立したため、無事に事業化することができた。

④ ESCO 事業と改修の抱き合わせ

4本目の ESCO は社会福祉協議会が指定管理者となっている延べ面積 1,893m^2 のケアセンターである。当初、指定管理者から内部留保が大きくなってしまっているので、デイサービスで使用している風呂の拡充等、施設の更新経費として「社会福祉協議会が内部留保していた資金」を活用したいとの相談を受けた。現場を確認してみると、EHP を採用していた空調設備の老朽化、屋根の雨漏り、単板ガラス張りの階段室の温熱環境、デイサービス施設なのに十分な多目的トイレが設置されていないことなど、多くの課題があることが明確になった。そこで、社会福祉協議会と20,000千円を小規模補填費として市に活用させてもらえれば、風呂の改修に加えて上記の課題を全て ESCO 事業と抱き合わせて解決できるかもしれないとして協議し合意することができた。この結果、当初の想定どおりの改修を ESCO 事業のスキームを活用することで全て解決していった。

流山市の ESCO は「デザインビルド方式、小規模補填、バルク」が大きな特徴となっている。デザインビルド方式により優先交渉権者を早い段階のプロポーザルで選定し、事業の詳細を行政とともに創りあげていくことによって、行政は的確な与条件・目標の設定・交渉力さえあれば、設備の専門性はなくとも ESCO という複雑な事業スキームを事業化することができる。小規模補填によって見かけの事業費を大きくして、民間事業者が適正な利益を得られることが確証できれば、小規模な施設・エネルギー負荷が小さい施設でも ESCO 事業を採用することができる。バルクによって大小様々な施設を1事業の ESCO としてまとめることで、前述の小規模補填より更に小さな施設を ESCO に組み込むことが可能になり、民間事業者にとってもスケールメリットが大きくなるとともに、エネルギー使用量のばらつきによる事業リスクも低減される。

世間で通説とされていることを鵜呑みにせず「どうしたら実施できるか」から発想していけば、このようなデザインビルド型小規模バルク ESCO 事業のようなスキームも構築できるはずである。

(3) PPP/PFI の基礎としての ESCO

ESCO 事業、特に民間が資金を調達して設備も保有しながら総合的なエネルギーサービスを提供するシェアード・セイビングス方式には、PPP/PFI の基礎が詰まっている。民間事業者が設備更新を伴う一連の事業関連費用を自ら調達する点は PFI そのものであるし、光熱水費等の削減額（削減量）を KPI/SLA（Key Performance Indicator：重要成果指標による Service Level Agreement：サービス品質保証契約）とすることは性能発注の考え方である。行政が設備更新の費用ではなく、サービス対価として ESCO サービス料を支払う点でも PPP/PFI の原則に即し、性能規定に基づき民間が独自ノウハウを活用して提案する仕組みにもなっている。

事業の詳細・リスク分担等を民間事業者と協議して構築していくオーダーメイド型のプロセス、投資回収を前提とした長期にわたる契約期間と債務負担行為、状況に応じて契約変更をしながら事業を進めていく方式なども PPP/PFI ならではの特徴である。契約期間中の設備の所有権が民間事業者にあること、定量的な数値で事業評価・モニタリングしていくことなども PPP/PFI では当たり前のこととなる。

こうしたことを踏まえると、ESCO 事業は空調・照明等の建築設備を中心とした事業スキームで、利用者と自治体経営の根幹に与える影響・リスクは限定的で、パフォーマンスも省エネ率という単純な指標で評価可能であり、更に事例も多数あることから事業としての難易度は低い。もちろん、量産型 PPP/PFI 事業に陥ることなく自分たちのまちに合った形で構築・アレンジメントしていくことは前提であるが、ESCO 事業は新たな財政負担なしに（小規模補填したとしても少額の財政負担で）、確実な成果を得ることができる手法であるため、PPP/PFI に取り組む第一歩として取り組みやすい事業である。

5 包括施設管理業務委託

(1) 包括施設管理業務とは

地方公共団体の予算は、地方自治法第216条で「歳入歳出予算は、歳入

にあっては、その性質に従って款に大別し、かつ、各款中においてはこれを項に区分し、歳出にあっては、その目的に従ってこれを款項に区分しなければならない。」と定められ、事業別に予算を計上・執行することが原則とされている。このため、庁舎の電気工作物、学校の浄化槽設備（予算上は学校も幼稚園・小学校・中学校・高等学校に区分されてしまう）など、施設ごと・設備ごとに保守点検の業務委託費を計上しなければならない。ある程度の規模を持つ庁舎などでは、消防設備・受水槽・電気工作物・清掃・機械警備・空調設備・中央監視など膨大な数の保守点検業務委託の契約が必要となる。この保守点検業務の業務委託数に保有・管理する公共施設の数を乗じたものが、それぞれの自治体の保守点検関連業務委託の契約総数となる。これらの入札・執行・管理にかかる事務コストは膨大であり、施設所管課の担当者は設備に対する専門知識も不十分であることから、業者が作成してきたものや従前の仕様書をベースに発注しなければならない。結果的に落札額は高止まりするし、点検業務の質もバラバラとなり、十分な施設管理が行われず公共施設の物理的な質の低下を招く一因にもなってしまっている。

　そこで、庁舎・学校・公民館・図書館等の様々な保守点検の業務委託をひとつの業務委託にまとめて発注・契約するのが包括施設管理業務である。総合ビルメンテナンスを行う民間事業者が全体をマネジメントし、地元事業者やメーカーを中心とした各種保守点検事業者が現場を担う形となる。

　香川県まんのう町でPFI法に基づくPFIの事業の一環としてはじまり、我孫子市の提案型公共サービス民営化制度で採択された事業が続き、流山市ではじめて公募による包括施設管理業務が実施された。その後、廿日市市・佐倉市・明石市・沼田市などがそれぞれのまちの課題・特性を活かした包括施設管理業務を展開している。これまでに数多くの自治体で導入が検討されているが、事業化されたものは筆者の感覚では約2割だろう。そこで、以下で、事例と包括施設管理業務委託のポイントを整理していく。

(2) 進化し続ける事例

①プロトタイプとしての流山市の事例

　流山市は、2013年、はじめて公募型で包括施設管理業務委託を実施して

いる。当初は34施設51契約を1事業に集約する形式で、第4章④で解説したデザインビルド型（早い段階で優先交渉権者を選定し、事業の詳細は優先交渉権者との協議により決定していく方式）を採用している。業務がはじまると、庁内での評判が良かったため翌年度からは46施設68契約に対象・契約が拡大されている。46施設全てを1回／月のペースで巡回点検し、ドライバー1本で対応可能な建具調整、屋上の雨水排水溝周辺の清掃、トイレのパッキンなど消耗品の交換等、最初に傷みやすい部分のケアも行われ、微力ではあるが予防保全に寄与している。月例報告書では、どこの施設のどの部分に不具合が発生しているのか、そしてどのような対応がなされているのかが克明に記録され、クラウド上のシステムにも各種保守点検結果などが一元管理・共有される。また、様々なトラブルが発生した場合には、施設管理の担当者は24時間365日対応のコールセンターに連絡をすることで迅速な緊急対応も確保されるため、施設の安全性・機能性にも役に立つのが包括施設管理業務である。

　なお、第2章でも述べているが、包括施設管理業務においても現場での業務は地元事業者が中心となる。要求水準書や採点表で自治体の状況に応じた配慮をすることによって、地元事業者の雇用は十分に確保できる。長期契約により一定期間の利益が保証され、総合ビルメンテナンスのノウハウ・手法・技術を習得することも可能で、更に民間物件の受注機会が得られる可能性もある。

②進化し続ける包括施設管理

　上記の流山市の事例をプロトタイプとして、包括施設管理業務は様々な形に進化を遂げている。廿日市市では、100千円／件未満・総額21,000千円／年の修繕業務を包括施設管理業務にビルトインすることにより、巡回点検などで発見した不具合の早期対応や事務の更なる効率化を図っている。佐倉市では、直営の施設に加えて指定管理者制度を導入している15施設を包括施設管理業務に組み込んでいる。特に小規模な施設で地元のNPO等が運営する（運営することを想定する）施設の場合、どうしても設備の保守点検業務などハード面の管理がネックとなり、応募に躊躇したり、十分な管理が行き届かないリスクが発生する。指定管理者の業務範囲から設備

の保守管理を外すことによって、応募に向けたハードルを下げることにつながる。行政から見ても包括施設管理業務で実施する他の施設と同様の保守管理業務の質を確保でき、公共施設マネジメントの面でもデータの一元管理・統一基準での評価に役立つ。湖西市では、包括施設管理業務で対象とする修繕業務の範囲を500千円／年まで引き上げるとともに、修繕費の一部を施設所管課に残すハイブリッド式の修繕を実施している。

③表面上の契約額の問題

　包括施設管理業務を検討する自治体の多くで支障となっているのが、従前の保守管理業務委託の総額と比較して表面上の契約額が上昇することである。厳しい財政状況から、一律シーリングなどの名の下に不合理な予算額の削減が毎年のように行われ、民間事業者も無理をして応札を繰り返す。あるいは地元事業者に随意契約で業務を受託させ、最低賃金を下回るような価格で発注している場合もあるだろう。これらの行為が繰り返されると、民間事業者も利益を確保するため、業務の質を下げていくしかなくなる。行政も受託者がいる限りは一方的な予算削減や随意契約を継続し、これが負のスパイラルを形成していく。包括施設管理業務へ切り替えるうえでは、この負のスパイラルを断ち切り「適正な業務水準・適正価格へ戻す」ことになるので、これが額面上の契約額が上昇してしまうカラクリ・理由のひとつである。この部分で頓挫する自治体の大半は、執行部や議会が「現在の保守管理業務は適正な水準・価格で行われており、公共施設には問題が生じていない」との幻想を抱いてしまっている。現実と正直に向き合い、施設の管理水準・価格・発注方法・発注先などの何か（あるいは全て）が適正でないことを受け入れることができれば、この部分での躓きはなくなる。逆に、これを認めないで目を背けていると、包括施設管理業務ができないだけでなく、施設は加速度的に劣化し、最悪の場合は市民の生命・財産にも危害を及ぼすかもしれない。

　もうひとつの表面上の契約額が上昇する理由は、マネジメントフィーである。行政の運営では各施設・設備の保守管理にかかる人件費は予算書では見えない構造となっているが、包括施設管理業務では当該業務を民間事業者が負担することとなるため、このコストが顕在化する。前述のとおり

巡回点検・コールセンター・クラウド上のデータ管理など、やるべきではあったが従前は行われていない＋αのサービスも包括施設管理業務の対象となるため、このコストも顕在化して契約額にコストオンされていく。

　この「表面上の契約額問題」に、（アイディアベースで契約に至ることはなかったが）取り組もうとしたのが国立市である。市として、最初から、包括施設管理業務委託として計上できる予算は従前の各種保守点検業務の合計額のみであることを打ち出し、民間事業者にとって不足する金額は、国立市のなんらかの公共資産を活用して民間が自分で調達する、包括施設管理業務と民間提案制度のハイブリッド型とした。行政サイドからみると、包括施設管理業務委託に不足する金額を提案制度で補填する形であるが、民間サイドからみると自由度が極めて高く利益もアイディア次第で確保できる提案制度に、採算性の低い包括施設管理業務委託がセットされている形となる。見る方向によって事業の形が全く異なるチャレンジングなスキームであった。

　そして、この「表面上の契約額問題」を人件費の側面から解決したのが明石市である。設備の保守点検業務にかかる施設所管課のコストは0.2～0.3人工程度であり、包括施設管理業務によって個々の職員の業務負担は軽減されコア業務に投下できる時間は増加するかもしれない。しかし、組織としての人件費削減効果はマネジメントフィーにイコールフッティングするほど高くはない。そこで、関連する業務として1,300千円／年未満の修繕業務、つまり営繕部門が担当する工事請負費に該当しない日常の修繕業務の全てを内包することで、施設所管課の削減できる人的コストを1以上の整数値としたのである。当初の予定では3名の職員を施設管理部門から間引き、他のコア業務へ配置転換・異動させる想定であったが、最終的には7名を異動させてマネジメントフィー相当額＋αのコストを捻出している。

④ソフト、インフラなど様々な展開

　沼田市では、撤退した商業施設を庁舎へコンバージョンし、複合施設TERRACE沼田として活用することに合わせて、まずは庁舎単独での総合ビル管理に関するプロポーザルを2016年に実施した。民間事業者が庁舎

と合わせて管理したい施設を提案できる形式とし、そのうちの協議の成立した施設も業務に組み込む発展型として公募している。結果的には学校や図書館など約120施設が包括施設管理業務の対象となったが、この事例は思いつきで実施したのではなく、事前にサウンディング型市場調査を徹底的に行い、市場性を把握したうえで戦略的に構築している事例である。

更にこの発展型として、最近では随意契約保証型の民間提案制度を活用して、民間事業者から包括施設管理業務委託を提案し採用される事例も、春日市・市原市・南城市などで出てきている。

南城市では、総務課等での一般事務・窓口対応・児童館業務・マイクロバスの運転などの業務を包括委託している。このように、ソフト面での包括委託においても判断や裁量、民間の知的財産やノウハウが必要な業務には配慮する必要があるが、定型的業務を包括委託し、職員がコア業務に集中できる環境を整備していく事例も今後、広がっていくだろう。

包括施設管理業務委託はハコモノだけではない。廿日市市では、宮島地域にある簡易水道・下水処理・廃棄物収集運搬の3種類のインフラ系施設を2018年から包括設管理業務としている。宮島地域は在住する職員がごく少数であり、フェリーでしかアクセスできない物理的環境であるため、災害対応等に大きなリスクが生じている。そこで、この市民生活において止めることのできないインフラ施設を包括管理し、将来的には災害時の初動対応等も受託者とともに対応することを目指して事業化を図った。自分たちで実態に応じて徹底的なディスカッションのなかで事業スキーム・要求水準書を構築・作成したことから、宮島のライトアップ調整・天然の鹿の死体処理などの業務も含む形となっている。この翌年度には雨水ポンプ場の保守管理・運転業務も包括施設管理業務委託で実施しており、ハコモノ包括での経験を多様に展開している。

柏市では、下水道管路を包括施設管理業務委託の対象としている。地中に埋設され実態の見えにくい下水道管路の管理・更新の手法・場所等を行政が定めるのではなく、道路の陥没箇所数などを KPI/SLA の対象とし、民間提案・ノウハウに委ねる完全な性能発注としていることが特徴である。

(3) 公共施設マネジメントの第一歩としての包括施設管理業務

①実態がわかる

　包括施設管理業務を事業化していく過程では、旧来型行政では触らなくても良かったことも含めて、多様な検討・意思決定が必要となる。

　施設の実態把握では、庁内横断的に施設・設備等の基礎データ、管理運営・劣化情報等を収集する必要があり、これまで議会対応等で表面化してこなかった老朽化・法的不適合や契約の実態も表面化する。適正な管理水準を設定するためには、前述のように今日に至る過程のなかで施設・設備ごとに大きく異なる仕様・管理水準を分析・適正化していかなければならない。庁内横断的な検討体制も必要で、事務コストを削減するためには予算を一本化する必要があり、そのためには企画・財政部門の協力が、契約関係を変えていくためには管財・契約部門、そして何より施設所管課等の主体的な関与が求められる。既存の予算編成過程の精査も重要で、前述(2)③の一律シーリングの有無、保守管理費・工事請負費・修繕費等の充足度なども確認し、整理していくことが求められる。

　地元事業者との関係整理も検討過程で明確にする必要があり、どこにどれだけ配慮するのか、政治的な関係も含めて見極めるとともに配慮と過保護を混同せずに価値判断をしなければならない。随意契約に対する考え方でも、既存の随意契約による事業者の状況把握・契約関係の整理だけでないこと、プロポーザルコンペも民間の知的財産に配慮しながら実施することが求められる。幹部職の理解も重要であり、自治体経営や「やり方が変わること」に対する庁内共通認識を十分に醸成しておかないと、議会や地元事業者への説明で大混乱に陥るリスクがある。

②庁内の共通認識

　事務コスト・マネジメントフィーに対する庁内の共通認識も必要で、必要に応じて見かけ上のコスト（≒契約額）の上昇と事務コスト軽減・質の向上・LCC（Life Cycle Cost）の改善効果を試算しておくといいだろう。2020年に長野市の包括施設管理業務委託に関するサウンディングでは、コスト削減のメリットが得られないことを理由に導入を見送ることとなった。包括施設管理業務に限ったことではないが、どのようなプロジェクトを検

討するときにも目的をひとつに絞ることが重要である。長野市としての判断は、コスト削減がキーになっているので尊重されるべきだが、包括施設管理業務委託のメリットは管理業務の質の向上による安全性の確保、職員の事務コスト・負担の削減、データの集約と一元管理など多様に存在する。筆者が支援に関わった鴻巣市でも「なんのために包括施設管理業務をするのか」の共通認識化に徹底的に時間を割いて、ブレない軸を定めたうえで詳細の検討やサウンディングに臨んでいる。

　包括施設管理業務では、毎月のビルメンテナンスのプロによる月例報告書や巡回点検の際の対応・小破修繕などを目の当たりにすることにより、自ずと施設所管課のスキルが向上していく。発注・検収・支払だけではない施設管理業務が身についていくことも大きなメリットである。巡回点検とその結果をベースにした施設情報が集約されてくれば、俯瞰的・客観的に適正な優先順位を設定することができ、厳しい財政状況下で限られた財源を有効に活用できる。小破修繕まで契約に組み込むことができれば、更なる効果も発揮される。また、包括施設管理業務では最終的に契約に至る過程での詳細協議で、優先交渉権者を中心として、ときには地元事業者も含めて様々な調整や駆け引きが必要となる。この一連のプロセスを通じて、PPP/PFI の原則である対等と信頼の関係も経験として身につく。

③公共施設マネジメントの基本となる

　包括施設管理業務委託は、手続き的には複数業務の契約を一本化することだけで、債務負担行為の設定などごく一部の手続きを除き、ほぼ執行権の範囲で実施できるものであり、テクニカルな要素もそれほど多くはない。契約に至るまでには、自分のまちの財政・公共施設・意思決定などの現実に向き合い、ときには非合理性や欠陥を認めなければならないこともある。同時に、様々な関係者が入り混じりながら、そのまちの文化・歴史・風土・しきたりなどに沿った形で事業・契約として収斂していく。この経験がそのまちとしての「決め方を決める」ヒントになっていき、プロジェクトを回していくためのコツも見えてくる。包括施設管理業務委託では、マネジメントフィー・職員のフルコストベースでの人件費・リスクコストなど、単年度会計・現金主義では表面化しない、意識しにくいコスト感覚が

醸成され、そのことが民間事業者との共通言語・認識・理解につながっていく。

このように考えてみると、包括施設管理業務委託は安全性の確保・適正な保守管理・フルコストベースでのコスト適正化などの直接的なメリットだけでなく、副次的な効果が数多く存在する。そして、これらは公共施設マネジメントやPPP/PFIを推進するための基礎体力・スキルにつながっていくことから、包括施設管理業務はその第一歩になるものといえる。ほぼ執行権の範囲でできる包括施設管理業務委託すらできないようでは、市民や議員、まちなかの経済、自然や歴史などが錯綜する公共施設マネジメント、PPP/PFI、そして自治体経営の実践には程遠い。(一部のビルメンテナンス業者による仕込みで事業化しただけの自治体は除き、)包括施設管理業務委託を自力で構築し契約に漕ぎ着け、試行錯誤しながら進める自治体の担当者が異口同音に評する言葉は「包括ごとき」である。

6 指定管理者制度は古い仕組みなのか

(1) 指定管理者制度に対する誤解

近年、創意工夫を凝らした多様な形態のPPP/PFI事例が増えてきた一方で、旧来型の使えない制度として揶揄され隅に置かれているのが指定管理者制度である。本当に指定管理者制度は時代遅れなのだろうか。結論から言えば、時代遅れでもないし、役に立たない仕組みでもない。そもそも指定管理者制度は「代理執行・コスト削減」のためのものではない。

桑名市では、2019年度に指定管理者制度を導入していた39施設を一斉に直営に戻すこととなった。ホームページ上では見直しの理由を「指定管理者制度を順次導入し、市民サービス向上や管理運営経費削減において、一定の成果を上げてきました。しかし市民ニーズの変化に対応した施設運営を進めるためには、施設管理運営の定期的な見直し・検証のほか、公共施設そのもののあり方も含めた抜本的な見直しが必要なため」としている。この見直しに関するサウンディングでは「①指定管理者制度以外にも方法があること、②立地による施設の市場性があること、③管理運営方法を工

夫することにより歳出削減が図られる可能性があることなどが把握できた。」と結果を公表した（市公共施設（一部）におけるサウンディング型市場調査結果（桑名市 HP））。更に、見直し対象となったある施設の業務委託の仕様書では「受託者が提案・実施する施設の設置目的に沿った事業に伴う収入は、市の収入とする。なお、当該事業の実施に当たっては、市の事前承認を得ること。」と定められている。これら一連の経緯と資料から垣間見られることは、指定管理者制度を「代理執行・コスト削減」の手法と捉えていることである。これは桑名市に限ったことではなく、PPP入門講座におけるアンケート結果でも多くの自治体が同様の思考回路や運用になってしまっていると感じている。

　では、何が問題でどうすればいいのか。まずは、指定管理者制度そのものから考え直してみよう。総務省の資料（総務省 HP「公の施設の指定管理者制度について①」https://www.soumu.go.jp/main_content/000451041.pdf）では制度の目的を「（1）民間事業者の活力を活用した住民サービスの向上、（2）施設管理における費用対効果の向上、（3）管理主体の選定手続きの透明化」としている。あくまでサービスの向上が主目的で、単純なコスト削減ではなく費用対効果の向上を図るものとされている。つまり、「受付に○人を配置すること」など仕様発注とすること、自主事業が軽視されモニタリングで自主事業の数がゼロにもかかわらずA評価とすること、選定基準の配点で価格点の割合を異常に高くすることなどは、制度の趣旨に反している。このような勘違いは、従前の管理委託から思考回路が変わっていない、あるいは当時からの公共的団体・外郭団体等を馴れあいのまま何となく制度上、指定管理に移行してしまってきたことが一因であろう。総務省も、2010年に「指定管理者制度の運用について」なる通知を都道府県・指定都市に発出した。ここでは指定管理者制度について、「幅広く地方公共団体の自主性に委ねる制度となっていること、単なる価格競争による入札とは異なるものであること、設置目的や実情等を踏まえて指定期間を定めること」など基本的なことが羅列されており、裏を返せば総務省が想定したとおりの運用がされていないことへの危機感の表れといえる。

　そこから約10年が経過しているが、状況は更に悪化し、毎年の根拠のない行政の一方的なご都合主義による一律シーリングやコンプライアンスの

はき違えにより、時間の経過とともにガチガチの仕様でコスト重視の「貸館業務＋ハコモノの保守管理」に成り下がっている。こうした状況下では、民間事業者も創意工夫に溢れた提案をすることができず、要求水準で求められているわけではないし自主事業も評価してもらえないので行政の要求事項に沿っていかに安く人員を調達し、最低限の仕様をクリアするかに重点を置くことになる。結果的にマイナス思考の負のスパイラルに陥ってしまっている。

(2) 意欲的な取り組み

　一方で、大阪城公園では、投資回収を考慮した20年間の指定管理期間を設定し、民間事業者が約5,000m²の大型商業施設 JO-TERRACE OSAKA をはじめとする投資を伴う経営、多様なコンテンツを実装することで、年間2億円以上の基本納付金と収益の7％相当の納付金を市に収めている。広島市では、広島東洋カープが外郭団体を介さず広島市民球場（MAZDA Zoom-Zoom スタジアム広島）を直接指定管理することで同様に4億円近くの納付金（10年間の最低納付額21.1億円）を納めるだけでなく、収益を活用しながら市と連携してハード・ソフトのコンテンツを次々と整備している。吹田市ではガンバ大阪が指定管理を行う市立吹田サッカースタジアム（パナソニックスタジアム吹田）も、50年以上の指定管理期間と大規模修繕を含めた独立採算で行うことを条件に当初から企画・設計・建設されているため、汎用品の活用などによりイニシャル・ランニングコスト、そして収支も計算された指定管理事業が行われている。西東京市の53の都市公園を包括した指定管理業務、（直営に戻ってしまったが）大空町の道路・除雪等を包括管理する指定管理業務、第3章 ⑨ で詳しく紹介する指定管理者によるセルフリノベーションによる中津市の洞門キャンプ場（通称「バルンバルンの森」）など、PPP/PFI 手法として「自治体側にその気があれば」多様な使い方もできる。流山市では中央図書館を直営、地域図書館と子ども図書館を指定管理、集会施設などに付属する分館を業務委託として、施設ごとに制度を使い分けている。制度上は「法人その他の団体」であれば指定管理者になれることから、1施設のなかで直営の部分と指定管理が行う部分を場所・用途・業務内容で区分することも可能である

し、別の自治体が指定管理者となることも可能となっている。

　指定管理者制度は、法的には地方自治法第244条の２第３項〜第11項に定められているだけであり、前述（1）の総務省の通知にあるとおり「幅広く地方公共団体の自主性に委ねられた」制度である。更に言えば、指定管理者制度だけでなく民間と連携することで「行政のノウハウがなくなる」と声高に叫ぶ人たちも未だに多いが、指定管理者制度の目的は「サービスの向上」であり、あくまで施設やサービスの責任は行政が負う。指定管理者とともに当該公の施設のサービスの最大化を検討し、自主事業も必死になってともに創り上げていくことが本来の姿であるはずだ。この１点だけ考えても、指定管理者制度を導入したから「現場にいかない・現場がわからなくなる」ことはないはずだ。

　要は、指定管理者制度が古い・使えない制度なのではない。制度の施行前後に、現場を知らない、管理委託の思考回路が残った学識経験者等が「マニュアル」として記した書籍等に影響され、クリエイティビティとサービス視点が欠如したなかで運用をしてきた自治体の、思考停止のツケと管理制度を丸投げと勘違いしてきたツケが今の状況を生んでいるにすぎない。そして今般指定管理者制度を古い・使えないと思っている担当者・自治体の思考回路・発想では、そのまちに新型コロナを乗り越えて未来を拓いていく力はないだろう。

　指定管理者制度は、議会の議決を経て管理の主体と範囲を指定する行政処分行為であり、詳細なサービス内容等は行政と指定管理者による基本協定・年度協定で自由に定めることが可能な、極めて柔軟で単純な仕組みである。二次元・ノーリアリティの個別施設計画に時間・労力・税金を投入して現実逃避するのではなく、本著で強調しているようにまちに出て地域の様々なプレーヤー、コンテンツとつながっていこう。そして、指定管理者制度をもう一度、ローカルな使いやすいPPP/PFI手法のひとつとして捉え直して、小さなイケてるコンテンツを創出することからはじめてもいいのではないだろうか。この過程のなかで、まちの姿がクリアになってくるし、変えなければいけない自分のまちの風土・しきたりも浮かび上がり、実践できることも見えてくる。

7 財産の貸付等の小さな PPP/PFI

(1) 住民の実感

　あるブログで住んでいるまちについてこんなことが書かれていた。

＝＝以下、引用（改行や記号、固有名詞は筆者により編集）＝＝

　市では『公立保育園再編基本計画』の元に、数年前から各町の公立保育園を毎年のように閉園させています。閉園してしまった建物は一気に傷みだし、園庭や園舎まわりは草ボウボウ状態となりがちです。数年前に閉園した（略）とある保育園も草ボウボウ状態で、近くを通って見た時に、なんだか切なかったです。今年の３月で閉園した保育園も、説明会の時に保護者達や近隣住民から「ほったらかしにしないで欲しい。」「せめて草ボウボウにしないで欲しい。」との要望が、市役所の方々に伝えられました。もちろん職員の方々は「はい。」と、お返事してくださいました。

　閉園してから、２ヶ月半がたとうとしています。草ボウボウです（笑）近隣住民の皆様から「どうなってるの、これ！？」「確か草ボウボウにしないでって言ったよね！？」「１度も草刈りに来ていないじゃない！」「こんなの町の中で困る」等々と、声があがっています。まさかコロナで忙しいとか！？　いやいや、それは言い訳にはならないかと。。。

　市は『公共施設マネジメント』といって、公共の建物を減らして増やさない政策も出していますが、こんな建物が増えるのはさすがに困りますし、市民としても切ないです。

　住民から再度、その都度お願いしないと草ボウボウ状態はキレイにならないのかしら？？？

＝＝引用終わり＝＝

（Ameba「子育てママのブログ」）

(2) 計画策定で終わってはいけない

　2014年に総務省から総合管理計画の策定が要請され、６年以上の時間が経過した。ほとんどの自治体は、「過去５年の投資的経費の平均値が今後も投資できると仮定した場合」など甘すぎる与条件を設定し、公共施設・

インフラの問題が自治体経営にとって絶望的な状況でありながら、（コンサルタントに丸投げして作っただけの総合管理計画かもしれないが）自らのクレジットのついた形で認めることとなった。にもかかわらず現在も大半の自治体は、生真面目に、無垢に絶望的な現実・数値目標を基準にした個別施設計画、再配置計画の策定作業を続けている。しかし、そもそも数多くの公共施設の廃止条例を議会に上程しまくる気概、猛烈な反発を前提に利用者と向き合う真摯さと覚悟、統廃合するための膨大な資金は準備できているのだろうか。不足する要素がある（認識している）としたら、「なんのために」計画づくりを進めているのか。現実逃避しているだけではないか。

　冷静に見れば、それなりに統廃合が進んでいる自治体やハコモノの大半は、残念ながら本来、既に処分すべきであった廃校・合併前の庁舎・老朽化した小規模な集会施設等ではないだろうか。あるいはステークホルダーの意向を無条件に採用し、社会資本整備総合交付金や公共施設等適正管理推進事業債に依存した、キャッシュアウト前提の華美で大規模な新築複合施設の建設ではないだろうか。更に、複合化の対象となった既存公共施設・用地の処分・跡地活用が棚上げ・頓挫している場合も多い。

　その後の都市戦略や周辺地価の動向などを視野に入れた戦略的な「壊す」「再構築する」事例は、大東市の北条まちづくりプロジェクトが有名で、その他には全国的に事例があまりないというのが全国のまちを見て、多くの自治体の方々と関わってきたなかでの筆者の認識である。更に今回の新型コロナによる社会経済への甚大なダメージは、そもそも絶望的だった現実を究極の状況へ突然変異させてしまった。今こそ「総合管理計画の見直し時期」であるし、自治体経営・まちづくりの思考回路・やり方を根底から変える、変えなければいけないときである。そもそも、公共施設等総合管理計画たるものが必要なのか、もっと遡って「なんのために公共資産があるのか」「自分たちのまちにとってどんな必要性・可能性があるのか」から考え直さなければならない場面に直面している。

　なりふり構わず、必死になって這いつくばってでも今日と明日を生き抜くために資金調達して、様々な方々と連携しながら「まち」を守るときが来ている。効果が少なかろうが、少しでも「まちのため」になるプロジェ

クトだったら、なんでも実践する必要があるはずだ。今、この瞬間に100万円のプロジェクトが動かせない・動かしたことのない人・まちが今後、何十億～何千億円というオーダーの自治体経営改革を主体的にできるわけがない。リアリティを持たないオママゴトワークショップ、現場をやらない理想論・形式論の学識経験者を集めた審議会、国や他自治体の事例を劣化コピーするだけのコンサルタント委託、既得権益・議会の顔色だけを窺う幹部職の無責任な体制では、この超絶な現実に対抗することなどできるはずがない。巨大なうねりのなか・先の見通せない今だからこそ、小さなことから見直して実践してみてはどうだろう。下記にいくつか事例をあげる。

(3) できることからはじめた自治体の取り組み

①流山市

　例えば光熱水費は小さな実践の最たるものである。2010年頃の流山市は一般会計約44,000百万円／年だったが、そのうち公共施設の光熱水費はなんと640百万円／年。一般会計の約1.5%が光熱水費に消えていた。違う見方をすれば10%の光熱水費を削減できれば、64百万円／年ものキャッシュが手に入ることと同義である。同時期に東日本大震災が発生し、関東では電力使用制限令が発令され前年ピーク時比15%の節電対策が要請されていた。そこで、公共施設マネジメントのために導入したシステムを活用し、施設所管課の協力も得ながら毎月、全施設の光熱水費の収集・データを分析していった。照度計を活用しての照明の間引き・空調設定温度や使用時間の徹底管理などを実施し、対策前後や類似施設間のエネルギーデータを比較分析、庁内LANで共有するとともにホームページで公表していく「実施の徹底と水平展開」により、17百万円／4か月の光熱水費（電気料金）の削減を達成した。

　その後、このノウハウを活用してガス・上下水道料金も範囲に含めた省エネ推進プロジェクトでは約5,000千円／8か月の光熱水費の削減、小中学校での自主努力による省エネに対し、削減相当額の最大半額を費用還元（環境学習を中心とした使途へ活用）するインスクールエコ事業などによって、キャッシュの捻出を図った。

　光熱水費のほかに、同市の旧水道局跡地は、近接する流山本町の観光客

用の駐車場として利活用を検討したが、市が算定する不動産鑑定をベースにした貸付料では採算が全くあわなかった。そこで当該地を公共的団体である商工会議所に減額貸付して民間事業者に転貸する方式を採用し、利活用と歳入確保を図った。これ以外にも、庁舎内・外や駅の自由通路などで広告代理店を活用した広告事業、自動販売機の設置位置・台数等の見直しによる歳入確保などを積み重ね、これらだけで経常的に数千万円／年のキャッシュフロー改善につなげている。

②取り組みの数々

第5章③でも紹介している南城市や津山市の本庁舎を活用したトライアル・サウンディングも非常に小さな取り組みであるが、地域経済を守るため、創業者支援、地域コンテンツを活用していくうえでの「すぐできること」として貴重な一歩になるだろう。貝塚市・鳥取市・津山市・沼田市等で行われている解体前の施設を活用した消防突入訓練も、やる気さえあればどのまちでもできる。同種の訓練を行う場合との経営的な効果ももちろんだが、「公共資産を最後まで使い倒す」点で非常に心のこもった取り組みといえる。常総市では、「豊田城」（城を模した、地域交流センター）で正月・バレンタイン・クリスマスや新型コロナ対応など、季節・時候にあわせて趣向を凝らした、セルフメイドの画像などでのライトアップを実施し、市民に小さな喜びと驚きを提供している。

③浦添市

浦添市では先行自治体の事例を分析しながら、「①庁舎の敷地内にコンビニを設置、②庁舎の広場を使って何かする、③①と②以外で庁舎の敷地内を活用できる事業」に絞って随意契約保証型の提案制度を実施した。翌年度にはこの取り組みに共感した他の施設所管課を巻き込みながら、文化ホールの省エネ改修や庁用車の集中管理なども組み込んだ提案制度に発展させていった。更にこの動きをキャッチアップした八重瀬町では、浦添市のノウハウを丁寧に学びながら随意契約保証型の提案制度を構築し、まちの課題であった遊休地の利活用や町営プール跡地での民間プール建設につなげている。

④中津市

中津市では、洞門キャンプ場（通称バルンバルンの森）への必要な投資的経費を確保するため、公共施設関連の予算の優先順位づけを丁寧に実施している。更に指定管理者の感性を活かすために公共発注とせず、指定管理委託料に必要経費を上乗せする形で確保している。

⑤前橋市

前橋市では、駅前の市有地にパークアンドライドにも活用できる立体駐車場を整備するにあたり、当該地を定期借地権により民間事業者に貸し付けた。この民間事業者の提案により、立体駐車場を敷地全面に建設するのではなく、需要を見極めたうえで適正な配置を行い、余剰地に販売・レンタルサイクル等を行う自転車店を誘致した。単なる貸付ではなく、そこに民間ノウハウにより事業採算性とコンテンツをビルトインした事例である。

⑥大館市

大館市では、「空き公共施設等（現在使用されていない学校、保育所等）を有効に利活用していただき、地域の活性化および雇用の機会の拡大を図ることを目的」（大館市HP「空き公共施設等の利用促進について」https://www.city.odate.lg.jp/city/koukyoushisetsu/aki/empty 空き公共施設等の有効活用を図るとともに、地域の活性化および雇用機会の拡大を図ることを目的）として、大館市空き公共施設等利活用促進条例を制定している。財産の減額譲渡、公共性の高い場合の減額・無償貸付、増築や改修に関する補助、事業開始における支援金、固定資産税の減免の措置を条例で定めることにより、山芋の皮剥き工場や比内地鶏の加工場として公共資産を活用している。

(4) 小さな取り組みができなければ、大きなプロジェクトは成功しない

これらのまちでは、世の中の厳しい現実を俯瞰的に直視しながら、かつ自分たちの目線で「今できること」を実践することで、現場の実態や実践ノウハウを肌感覚で掴んでいる。自分たちで痛い目に遭いながらも経験を

蓄積していくから、ホンモノの力がつく。一方で、実践をやったこともない人・まちは、コンサルタントに丸投げ委託の綺麗な計画書、責任を取らない有識者委員会での空中戦、市民ワークショップや若いリソースを使った啓発マンガなどで現実逃避しながらお茶を濁し続ける。その結果、計画は全く前には進まないし、まちは時間とともに疲弊していく。やったとしてもキャッシュアウトするだけの「巨大な誰も使わないハコモノ」整備、中途半端なプロジェクトに陥っている。それを誰かのせい、計画のせいにする。悪い場合にはそこからも目を背ける。まさに他人事、責任転嫁でしかない。

　今、担当者個人、そしてそれぞれのまちにおいて自分の守備範囲でできることは無限にあるはずだ。国の通知・報告書やセミナー等の机上のインプットばかりして、お城庁舎に籠城している人・まちは、「計画＝アウトプット」だと思っていないだろうか。そんなものを住民は望んでない。大事なのは多少不細工であっても、小さな不具合や不十分なところがあっても、心のこもった「そのまちらしい」プロジェクトの数々であり、プロジェクトの総体がまちを創っていく。

　「失敗事例を教えてほしい。」——よくある質問だが聞いてどうするのか。第2章 ⑧ で詳細に解説しているが、失敗しない人・まち・企業はない。うまくいかないことを素直に認め、リカバリーを必死に実施し、挽回が困難であれば早い段階で損切、事業として捨てる。つまり、うまくいかないことを「失敗」として認め、そこから学び、次のプロジェクトへつなげるのか、「失敗」をトラウマにして現実逃避し続けるのか、道はどちらかしかない。

　もし、敢えて失敗事例をひとつ上げるとしたら、「失敗事例を教えてほしい」という思考回路で、失敗するリスクすら放棄して、何もしない。これこそが最大の失敗事例であり、まちとして甚大な機会損失である。裏を返せば、いろんなことに手を伸ばして実施する、思いどおりにならないこと・理不尽なことも数多く経験するなかで、いざというときに対応できる力は自然と身についていく。

　プロジェクトの経験がなく文書やセミナー等から得ただけの知識だけの「通信教育の黒帯状態」で、いきなりまちの命運をかけた数十億円〜数百

億円規模の再開発事業やモデル事業としての再配置事業に取り組むことが無謀である。経験知がないから、刻一刻と変わる社会情勢や多様な関係者の思惑に柔軟・合理的・リアルな対応ができないし、失敗したときに取り返しがつかなくなる。そして、その失敗を表層的に繕うために更に公金を投入し続け、様々な理由を並べ言い訳をして、責任転嫁・現実逃避を繰り返す。このスパイラルは最も悪い。そうならないためには、小さなプロジェクトからまずははじめる。数百万円単位のプロジェクトであれば、うまくいかなくても別のプロジェクトで十分にリカバリーしていくことができるし、損切した際に連鎖して被害が及ぶ範囲も最小限にとどめることができる。

　現場をきちんと見て、現実を直視して、関係者の話を聞いて、地域のコンテンツを活かして、身近なプレーヤーと連携して、「今、自分にできること」から小さなプロジェクトをまずは実践、蓄積していこう。その蓄積がいつの日かプロジェクトの総体となり、まちに良い意味でコントールできないほどのポジティブなウネリを生むはずだ。

8 ECIとEOI

(1) 教科書型行政の問題点

　ECIとEOI、見慣れない略語の並ぶ見出しを立てたが、ここでは少し発注に関するテクニカルな話を整理したい。

　教科書型行政では、プロジェクトを検討する際に「①基本構想などでPPP/PFIを検討、②コンサルタントへPPP/PFI導入可能性調査を委託、③概算事業費をVFM（Value For Money）で比較して事業手法を選択」することが王道となっている。また、内閣府のひな形をそのまま劣化コピーしたPPP/PFIの優先的検討規程で検討プロセスをマニュアル化している自治体も多い。

　このような検討プロセスでは、VFMで従来型と比較してPFI法に基づくPFIのほうがどの程度コストが安くなるのか単純な総事業費の比較、定量的評価が主たる評価軸になり、いかにコストを削減できるかが重要視

される。本来は定性的な評価としてサービスのクリエイティビティや質も検討されるはずだが、実務的には定性的な評価は二の次とされたり、悪い場合は評価もされない。これでは民間事業者も企画提案するうえで投資やリスクを負うメリットがなくなり、従来型行政の範囲内で当たり障りのないサービスレベルの提案になってしまう。ビジョン（≒何をしたいのか）とコンテンツ（≒誰が何をどういう頻度・収支・規模でやるのか）が不十分なまま、そのまちのしきたり・スキル・覚悟を考慮しないで与条件も曖昧な状態で、短絡的・表層的な数値基準で事業の意思決定・合意がされてしまう。つまり、教科書型行政では「魅力がない事業」が前提になっているため、どのような手法を選択しようが、公金投入型・総花型の中途半端な結果に陥り、そのような事業（≠プロジェクト）がまちのなかに溢れかえるから、まちは一向に魅力的にならない。

　また、教科書型行政のこの方法論ではVFMを庁内・議会・市民に説明することが求められるが、単年度会計・現金主義の世界では100万円はいつの時点でも100万円の価値しかない。「現在価値に割り戻す」概念や、従来型で発生している職員の人件費・減価償却費・リスクマネーなどの潜在的なコストを理解してもらうことは至難の業であり、本筋ではないところで疑念を持たれ反対されてしまう。更にPFI法に基づくPFIを採用しようとすると（現場を知らない学識者・評論家、古臭いコンサルタントや旧態依然とした業界団体が広めたのか知らないが）、「①時間がかかる、②地元事業者の受注機会を奪う」など、あらぬ疑いの目を持たれてしまう。実際には、PFIでは企画から運営まで包括契約するため、議会の手続きは早い段階での債務負担行為や事業契約に集約される。一方で従来型は「基本構想→基本計画→基本設計→実施設計→工事発注→工事請負契約→運営・保守管理の発注」のそれぞれに説明・予算（・議決）を年4回の議会で決めていく。こうした面でもPFIは従来型と比較してその都度のタイムラグ・否決リスクを抱えるよりも簡略化されており、時間的に早くリスクヘッジにもなりうる。地元事業者の受注機会も、要求水準書において地元事業者に発注する範囲・内容を明記したり、活用状況に多くの加点をすることでフォローアップできる。更に言えばPFI法に規定されている大部分の条項は手続きに関するものであり、PFI法に基づかなくても既存の法

体系のなかで、横浜スタジアムの運営のように類似のプロジェクトを構築することはできる。

　前段が長くなってしまったが、ここからが本題。今日まで蓄積したしがらみ・固定観念が強く残り、「新しいこと」に対するアレルギー反応も強く、非合理的な行政の意思決定プロセスのなかでも、自治体は厳しい社会経済情勢を直視してコロナ時代を生き抜いていかなければならない。そのためには多数のプロジェクトを複数同時展開していく必要がある。このことが理解できれば、既存の仕組みを理解が得られる範囲で「少しだけ」アレンジしてやっていくことが有効な選択肢になるだろう。その一例が ECIと EOI である。

(2) ECI

　ECI は、Early Contractor Involvement の略で、施工予定者技術協議方式と訳される。従来は基本設計→実施設計→工事と進むが、（どの段階で関与するかは事例によるが）早い段階で工事予定業者を選定し、実施設計を発注者（行政）、設計事務所、工事予定業者で協議しながら進める方式である。白井市の2016年度からの庁舎整備では一部減築・増築・新築棟の建設を「いながら施工」で実施するため、基本設計後に工事予定業者を選定し、構造の見直しや安全で効率的な仮設計画などを発注者側に立って支援する CM（コンストラクションマネジメント）業者も交えながら検討していった。芽室町でも庁舎建設にあたって ECI を導入しているが、この事例では設計・工事を地元（と周辺）事業者で固め、町の職員とともに模型を使って三次元で共通認識を持ちながら実施設計を進めていった。ECIではビジネスとして工事を請負う事業者が設計段階から関与することで、全体のコストコントロールを可能とするだけでなく、自社ノウハウや施工上の問題点を事前に設計に反映でき、設計意図伝達業務などの間接コスト・リスクも削減できる。施工段階におけるコストアップや手戻りを抑制し、短期間に高質なものを調達することにも寄与することから、国土交通省も「新たな発注方式」のひとつとして取り上げている。

(3) EOI

　そして、もうひとつが EOI である。Early Operation Involvement、運営事業者先行決定方式である。企画段階で運営事業者を先行決定して、基本設計から工事に至る過程を発注者（行政）とともに検討していく。前述の ECI はハコに着目した手法として効果的であることは間違いないが、LCC（Life Cycle Cost ≒ ハコモノにかかる生涯の総コスト）は、イニシャルコストに対してランニングコストが 4 〜 5 倍にも及ぶ。運営事業者を先行決定して設計・工事に関与してもらうことがいかに有効か、見えてこないだろうか。それ以上に、プロジェクトの目的はハコモノではなく提供されるサービスであり、重視されるべきはどのようなコンテンツをどのような質で提供していくかである。経営的な視点を持った運営事業者が構想段階から関与することで、プロジェクトの質は大きく向上する。

　サウンディングの有効性も疑いの余地はないが、サウンディングはあくまで「市場調査」であり、民間事業者も自社のビジネスにできる確証がなく、多額のコスト・マンパワーを投入する必要・意義・価値がないため大枠での市場性の共有にとどまる。となれば、発注者たる行政がサウンディング等による市場性を確認したうえでビジョン・求めるコンテンツ・与条件を明確にして、運営事業者を先行決定していけば、民間事業者も自社ビジネスとして知的財産・マンパワーを全面投下して積極的に関与することができる。

　箕面市の船場駅前地区まちづくり拠点施設整備運営事業では、まず文化ホールを PFI 法に基づく PFI で整備するにあたり、「集客力の高い様々なコンテンツの誘致、若手アーティストの育成や市民との連携、市民による小ホールの積極的な活用、収支計画の黒字もしくは赤字の抑制、サービスレベルの高さと徹底した安全管理体制」等を期待して、運営事業者を先行公募しキョードーファクトリーを選定した。そして、PFI 事業の事業者公募では「キョードーファクトリーを構成員に含めること」を条件として、経営に主眼を置いたプロジェクトを構築している。別府市では、図書館・美術館の建設にあたり、基本計画でサービス目標を明確化して、運営事業者を先行決定し、基本設計・実施設計を運営計画とリンクしていくこととしている。常総市では、2020年から道の駅建設にあたって基本設計の発注

前に指定管理者の公募を行い、ロードサイド型の「伊豆・村の駅」などを展開する（株）TTCを指定管理候補者として選定し、基本設計から指定管理候補者が関与することとなった。

(4) 道の駅の収支の例

　少し本題から外れるが、全国各地で整備が進む道の駅は一部でゼロ円指定管理の施設もあるが、多くの場合は行政が指定管理委託料を負担しており、造成費から含めた行政の実質的な負担額は数十億円に及ぶ事例もある。冷静に考えてみれば、道の駅は観光・商業施設の側面が強く、同じ路線沿いにはコンビニ・物販店・飲食店などが完全な民間資金により独立採算で経営している。道の駅に求められる機能は24時間無料開放のトイレ・駐車場・道案内なので、これらの役割はコンビニもほぼ果たしている。道の駅がイニシャルコストも含めた独立採算にならないのは、「①RC造や著名建築家による過剰な意匠・規模、関連団体の事務所など本体業務とは関係ない機能の設置等による回収不能なイニシャルコスト、②既得権益や外郭団体など経営能力の低い運営主体による経営」の2つが理由である。つまり、独立採算を前提とした運営事業者を先行決定し、イニシャルコストも含めた投資回収を企画段階から運営事業者とともに検討していけば、全ては回収できない場合もあるかもしれないが、収支構造は大きく変わるはずだ。

(5) 取り組みやすいECIとEOI

　ECIとEOIは既存の事業プロセスにおける発注順序を少し変えるだけであり、現行の行財政システムのなかで十分対応であることから、非常に敷居の低い手法でかつ得られるリターンの大きな手法である。そして、ひとつのプロジェクトでECIとEOIを併用することも物理的に可能であるし、相乗効果も期待できる。明確なビジョンを整理したうえで先行して工事予定業者と運営予定業者を選定し、三者でプロジェクトを構築していけば効率的に質の高いプロジェクトを創出することにつながる。

　ECI＋EOIの発注方式は、契約上、設計業務・工事請負業務・維持管理運営業務などの契約を個々の民間事業者と締結することになる（が、全体

を取りまとめる基本協定もあったほうがよいだろう）。企画から維持管理運営までを網羅した発注方式だと考えると、ECI＋EOIの方式はPFI法に基づくPFIやDBOなどの事業方式と類似しているし、伏魔殿のような行政において比較的合意が得やすい単純な手法として収斂できるのかもしれない。

　短絡的な総事業費の比較による事業手法の選択から入るのではなく、自分たちの立ち位置や課題を冷静に見極めて、自分たちの力でプロジェクトを「できる」ように組み立てることが求められる。そのときの選択肢のひとつとしてECI＋EOIがありうるのではないか。結果を必死に求めれば、行政が持つ高い事務処理能力を活用することでいろんな可能性がみえてくるだろう。

9　公共空間の利活用

　都市公園・河川空間・道路空間などのいわゆる公共空間は、公共施設等総合管理計画の策定要請が出された2014年頃はそれほど注目されていなかったが、近年、にわかに脚光を浴びている。そして、今般の新型コロナ対応で更に公共空間に対する期待は急激に高まっている。

(1) 道路空間、河川空間

　柏市の柏の葉アクアテラスは、三井不動産による大型の土地区画整理事業により調整池を整備した親水空間で、イベント等に活用できる設えがなされ、週末には隣接する柏の葉T-SITEなどと連携して多様なイベントが行われる。ある日のイベントには、水上ステージを活用したコンサート、植生を活用するワークショップ、キッチンカー、斜面を活用した木製ジェットコースターなどが催され、多くの人で賑わっていた。調整池である性質上、ここには常設の電源は設置されていないが、このイベントではトヨタがスポンサーに名を連ね、1台のPHVのプリウスから全ての電源を供給していた。訪れた客のうち1人でも商談が成立すれば、あるいは次期購入の候補としてプリウスが選択肢に入れば、スポンサーとして十分に

ペイする。

　大分市の旧パルコ跡地に整備された「祝祭の広場」は、2019年のラグビーワールドカップのパブリックビューイングの会場となったが、期間が約1か月と長いことや世界的イベントであったことも関連して、この会場もセンス良く設らえられていた。材料は無塗装の角材や構造用合板を用い、イニシャルコストは格安で調達している。地元の飲食店が屋台に軒を連ね、出場国風にアレンジした料理なども並べ、世界各国から訪れたラグビーファンを素敵な空間でもてなしていた。

　港区の新虎通り（通称マッカーサー道路）では、十分な歩道空間を活用して「一般社団法人新虎通りエリアマネジメント」を中心に、道路占有許可の特例制度を活用し道路内建築として全国の逸品を集めたテナントや飲食店を設置し、道路沿い飲食店によるオープンカフェ、各種イベントを展開している。大阪市の北浜テラスは、北浜地域のテナントや建物オーナー、NPO、住民等からなる北浜水辺協議会が2009年、日本ではじめて任意の地域団体として河川占用許可を受け、河川に面する様々なビルの1階テナント部分に常設の川床を設置し、都会での豊かな水辺空間とビジネスを創出している。広島市の京橋川においても河川空間を活用して地元特産の牡蠣料理などの飲食店が整備され、まちなかの憩いの場として親しまれている。これは、2004年以降の特区制度による社会実験にはじまり、占用許可要件の緩和を受け都市・地域再生等利用区域の指定を行い、本格的利活用に漕ぎ着けた10年以上の長期にわたる取り組みであり、その時間軸の重みもあり、まちの景観として溶け込んでいる。

　上記の道路空間・河川空間を活用した後半の3事例は、いずれも民間事業者のニーズとビジネスモデルを行政が制度や規制緩和、基盤整備により支えているものである。姫路市の2019年からの大手前通りにおけるプロジェクト「ミチミチ」もこれに類するものであり、旧来型行政による基盤整備が中心の無機質な「街づくり」から、コンテンツ重視の有機的な「まちづくり」へリンクしていくヒントになるだろう。

(2) 都市公園のスポット活用

　福井市の市役所に隣接する中央公園は、県庁所在地の市街地にありなが

ら音を出せる都市公園として、夏フェスなどにも活用されてきた。こうした単発の利活用だけではなく、現在は日中のキッチンカーに加え、金曜日の夕方になるとテントや屋台が並び、周辺飲食店へつながるゼロ次会の場として利用されている。近接する福井市が所有するビルの１階部分を民間事業者に貸し付けることをきっかけに、借主であるシェアオフィスを展開する事業者が主体となって実施しており、まだはじまって間もない取り組みではあるが、前述の事例のように将来的にまちの風景となりうるものである。

（3）制度のバックアップと現場レベルの視点

　公共空間の利活用やエリアマネジメントはここ数年で急速に広まり、公共施設マネジメントも総合管理計画時代のハコ主体・総量縮減から、まち全体・公共空間の経営的な利活用へと対象が自然と拡大していっている。このような動きを国もフォローアップし、2011年、都市再生特別措置法の一部を改正する法律等に基づく制度では「道路の占用許可は、道路法において、道路の敷地外に余地が無く、やむを得ない場合（無余地性）で一定の基準に適合する場合に許可できることとされていますが、まちのにぎわい創出や道路利用者等の利便の増進に資する施設について、都市再生特別措置法に規定する都市再生整備計画に位置付ける等の一定の条件の下で、無余地性の基準を緩和できること」とした。更に、今般の新型コロナウイルスの影響でオープンカフェ・テイクアウトが飲食店の経営に不可避になったことから、暫定的措置としての市町村や商店街単位による申請などの条件下で、道路占用許可の減免や緩和がなされている。2020年冬現在では、これを恒久的な措置にしていくことも検討されており、ますます公共空間に対する期待は高まっている。

　一方で、エリアマネジメントなどでは、主体的に活動する商店主に負担とリスクも生じているが、利益を享受しつつも費用を負担しないフリーライダーも発生してしまう。このことに対し、国では地域再生エリアマネジメント負担金制度を定め、市町村が２/３以上の事業者の同意を条件に負担金を徴取し、エリアマネジメント事業を行う団体に交付できるようにしている。この仕組みはフリーライダー対策として確実に機能する可能性が

ある一方、本来、民間主体の主体的な経営活動であるエリアマネジメントの活動原資を行政がグリップすることに若干の違和感が残る。今後、こうした面も少しずつ現場での様々な事象をもとに整理されていくだろう。

　コロナ禍により、そのポテンシャルを顕在化するチャンスが巡ってきた公共空間であるが、短絡的に社会資本整備総合交付金等による基盤整備に、若干の歳入とやっている感の得られるナショナルチェーンのカフェを設置すればいいわけではない。それぞれのまちが持つ文化・歴史・風土や地域コンテンツ・プレーヤーと連携して、トライアル・サウンディングや社会実験などを繰り返し、まちに馴染み経営的にも持続可能な形で育てていくことが重要になるだろう。そうした意味で、基本構想・基本計画といった計画行政ではなく、明確なビジョンを共有したうえで現場レベルの柔軟で地道な方法論へ置換していく必要があるだろう。

10 地域コンテンツの活用

(1) ビジョン・コンテンツと地域性

　公共施設等総合管理計画は総務省の策定要請の影響もあり、ほぼ全ての自治体が同じ項目・内容で策定・公表している。筆者も全国の自治体へ職員研修・セミナーや業務委託で出向く際には必ずその自治体の総合管理計画を確認していくが、複数の計画を見ていると、それがどこの自治体の計画なのかわからなくなってしまうことも多い。この漠然と感じていた違和感の正体こそが、自治体の経営が問題の原点であったはずなのに問題を総量縮減にしてしまった論理に加え、地域性・地域コンテンツの不在であろう。

　筆者も公務員時代に、流山市で一体型土地区画整理事業で集約換地した駅前の一等地にPPP/PFIによりホールを建設するプロジェクトの企画に携わった際に、イニシャルコストをゼロにするため当該地の一部を定期借地・売却することでホールと等価交換する手法を採用した。当時は、庁舎の上層部に分譲マンションを配置してイニシャルコストゼロで建設された豊島区役所が脚光を浴びていたこともあり、このスキームをアレンジ・応

用した。豊島区役所庁舎は、市街地再開発事業、定期借地権、地区計画による容積割増等の複雑な事業スキームを組み合わせたテクニカルなプロジェクトであることは間違いない。しかし、流山市においては土地のポテンシャルや民間の進出意向の把握が不十分であっただけでなく、「なんのためのホールなのか、そもそも何を目標としたプロジェクトなのか」といったビジョンが精査されていなかった。これに付随して「何を行うのか、どんな未来をつくるのか」というコンテンツはほとんど検討されず、イニシャルコストゼロだけを目指して進んでしまった。結果的にホールは当初の目論見どおりに建設されたが、ホテルとの配置関係や行われているイベント等は、現在でも十分にまちの魅力を引き出しているとは言い難い。第3章 ⑤ でも記したが、ビジョンとコンテンツがプロジェクトでは重要で、コンテンツは地域の歴史・文化・風土を反映したものであることが価値に直結する。

(2) 地域性を活かした PPP/PFI の事例
①弘前市

弘前市の桜の名所として有名な弘前公園は、外堀の水面が桜の花びらで染まる「花いかだ」が名物となっている。この美しい花いかだは、自然の力だけでできているのではなく、ポンプで細かく掘流量を調整することで形作られる。弘前市では、この高性能ポンプを調達するために、堀を河川として位置付けることで社会資本整備総合交付金を活用している。そして、この花いかだや様々な桜祭りに関連するプロジェクトを展開していくことによって、近年ではバーチャルアイドルの初音ミクとコラボした桜ミクが弘前さくらまつりの公式応援キャラクターに就任することとなった。タクシー・電車等に桜ミクがラッピングされ、従来と異なる客層へのアウトリーチがなされている。桜ミクについては、弘前市観光コンベンション協会が主導しているが、前段にあったのは桜と花いかだという弘前市の地域コンテンツである。

②平戸市

平戸市では、平戸城の懐柔櫓を活用した日本初のキャッスルステイ（城

泊）を百戦錬磨グループ・JAL・アトリエ天工人の三者と協定を締結し、2021年4月にグランドオープンした。このプロジェクトは、2017年に試行的にイベントで宿泊者募集をしたところ約7,500組の応募があったことからスタートしたものである。改修費の一部やマーケティング費は行政が負担し、指定管理者制度による10年間の独立採算による運営スキームとなっている。利用料は民間からの提案に基づき議会で設定すること、最終決定は工事完了後となるが約3,500千円／年の使用料を市に納めることが想定されている。この事例も、平戸城という地域コンテンツを民間ノウハウと行政の決断・覚悟により活用する事例である。

③長崎市

　長崎市では、長崎駅前の工場跡地にジャパネットたかたが、約700億円を投じてV・ファーレン長崎のホームスタジアムとなるサッカースタジアム、ホテル、オフィス、商業施設等からなる2024年開業予定の複合施設を建設・経営することが話題となっている。同社は長崎県佐世保市に本社があり、こうした地域に根ざした民間事業者がエリアに投資をする、これも地域コンテンツのひとつである。単なる民間プロジェクトではない。長崎県・長崎市はこの完全な民間ベースのビッグプロジェクトとどのように連携をしていくのか。やるべきことは補助金を出したり、一部の床を賃借したりという短絡的なことではない。この千載一遇のチャンスをまちのコンテンツとして認識し、一緒になってどのような未来が描けるのか、具体的なプロジェクトとしてひとつずつ具現化していくことが求められる。長崎市に限らず、このようなビッグプロジェクトはもちろんであるが、規模を問わずそのまちで行われるひとつずつの民間プロジェクトをどれだけ把握できているか、そしてまちとリンクしていけるのか、できているのかがまちの未来を左右していくだろう。

④神戸市

　神戸市では、神戸ブランドを活かしてこれまでもアンパンマンミュージアム、グリコ、伊藤ハムなどと様々なコラボ企画を実施してきている。近年、多くの自治体で様々な企業と災害時の包括連携協定やまちづくりに関

する協定を締結することが増えてきた。もちろん災害協定はいざという場合に市民の生命・財産を守るためにも重要であるが、特に成果を求めることもなく、「なんとなく」協定を締結している場合も多いのではないか。一方で神戸市における取り組みでは、同市に本社のあるアシックスがゴムチップを活用したランニングコースを2013年、都市公園に整備し、神戸市がこれを活用したランニング大会を開催するなど、双方がビジネスベースでプロジェクトとして構築している。また、2016年に地域産業であるケミカルシューズとBEAMSをコラボさせて、客単価が高く訴求力のあるBEAMSのタグがついたコラボ商品のケミカルシューズを創出している。

　神戸市のやっていることは、補助金を出すことでもコンサルタントに依存した官製流通経路をつくることでも、カタログギフト方式のふるさと納税の返礼品とすることでもない。行政がカネとしてではなく組織として有する与信を活用して、地場産業であるケミカルシューズとブランディング・マーケティング力を持つBEAMSとマッチングさせているのである。

　PPP/PFIはハコモノ・インフラだけではない。地域の企業・コンテンツの本物の競争力を醸成していくことで、ある程度のタイムラグは生じるが、経営の安定に伴い雇用・設備投資などが発生し、固定資産税・都市計画税・市民税など様々な形で税として回収できる可能性がある。これも広義での資金調達の一種でありPFIである。行政が民間事業者のビジネスを支援すること、公共施設・公共空間を活用して民間事業者がビジネスをすることに懸念を示す職員・議員・市民もまだ多い。人口減少・社会経済情勢の変化や新型コロナの影響で税収が圧倒的に減っていくなかでは、民間事業者がビジネスで利益を出していけなければ税収も先細りする。更に公共施設等を活用して、民間事業者が、行政による様々な制約が課せられるなかで、利益を得ているということは、良いサービスを提供していることと同義である。民間事業者が利益を上げられるまちは、設備投資や新たなビジネスを創出できるチャンスが多いまちでもある。これからの行政には、このように地域コンテンツを活用した民間ビジネスをサポートしていくことも求められるだろう。これもPPPの一種である。

第5章

行政と民間の
立ち位置の変化

1 優先的検討規程とPPP運用ガイドの意義

(1) PPP/PFIをめぐる動き

2016年10月に内閣府・総務省・国土交通省の連名で「PPP事業における官民対話・事業者選定プロセスに関する運用ガイド」(以下「運用ガイド」という。)が、国土交通省のホームページに掲載され、各自治体に通知が出された。2015年12月に内閣府からPPP/PFI優先的検討規程の策定が要請されてからわずか10か月後に、国から新たなPPP/PFI関連の重要な通知が出されたことは、立場によっても異なるだろうが、様々な捉え方をされただろう。

先行して要請された優先的検討規程は、人口20万人以上の自治体を対象としてPFI法に基づくPFIに主眼を置き、大規模な事業を行う際には従来型の発注に先立ってPPP/PFIの導入を検討するルールを策定・運用することを促すものである。これに添付された優先的検討規程のひな形では、10億円以上の総事業費または年間1億円以上の維持管理運営コストが必要となる事業を行う際には、従来手法に優先してPPP/PFIの導入可能性を検討し、可能性のあるものは詳細検討を行い、採用しない場合には理由を公表することとされている。

2017年のPPP/PFI推進アクションプランの改定では、20万人未満の自治体にも拡大していくことが方針に明記され、名目上は全ての自治体が大規模事業を行う際にPPP/PFIを検討することとなる。しかし、内閣府の示したモデルの範囲が大規模事業に限定されていることや、事業手法の選択を行政が基本構想段階で行うことを前提としていることなど、(従来型のサービス購入型を中心とした)PFI法に基づくPFIのプロセスを念頭にしており、柔軟性・実効性はそれほど高いものではない。2020年度現在においても残念ながら、優先的検討規程が自治体経営に大きな影響を与えているとは言い難い状況となっている。

(2) 運用ガイドの注目点

一方で運用ガイドは、ソフト事業も含めた様々な事業を対象に「PPP

はオーダーメイド型である」としたうえで、民間事業者との対話が強調されている。この運用ガイドで特筆すべきは「①事業の発案段階から官民対話がプロセスにビルトインされていること、②優れた民間ノウハウを保護するための柔軟な事業者選択手法が明記されていること」の２点であろう。

「①発案段階からの官民対話」により、構想段階から市場性・事業採算性を考慮したリアリティのある検討が可能になる。行政が庁内・有識者会議・市民ワークショップ・議会からの要望・コンサルタントへの業務委託等を積み上げて策定する従来型の基本構想・基本計画では、「こうあったらいいな、多分こうなるだろう」といった夢物語・総花的・抽象的な内容で、責任の所在も曖昧になってしまうリスクが内包される。夢とリアルでシビアな事業採算性のバランスが検討されず、補助金を含めてなんらかの形で調達したイニシャルコストだけを頼りに莫大な公金投入がなされ、数年後に「こんなはずではなかった」結果になってしまっている事例は本著でもいくつか記しているが、全国に多数存在する。また、このような計画策定を受託したコンサルタントも、リアルな実態を記すと業務として行政に報告書が提出できないから、発注者たる行政の夢物語があたかも叶うような報告書を作成し、夢の残骸を生み出すことに残念ながら加担してしまっている。このような巨大開発の失敗事例は、発案段階でサウンディング型市場調査がされていれば、民間事業者から指摘されることで、あるいは市場が全く反応しないことで市場性がないことが明確になり、立ち止まるチャンスを得られたのではないだろうか。事業発案段階からの官民対話は、「そもそもの失敗」を防ぐための決して充分条件ではないが、必要条件になりうることから、これが運用ガイドに位置付けられた意義は大きい。

「②柔軟な事業者選択手法」では、上記のサウンディング型市場調査（マーケットサウンディング型）のほか、提案インセンティブ付与型、選抜・交渉型が位置付けられている。提案インセンティブ型は、サウンディング型市場調査の段階で優秀な提案をした事業者に、本公募における一定のインセンティブを付与するものであるが、「採用者が確実に有利になり、かつ、その後の事業者選定において他の事業者の参入意欲を削がないもの」という悪い意味で行政らしい二枚舌の文言が配慮事項に記されているため、筆者は当ガイドの検討段階から苦言を呈していたものの、手法のひ

とつとして位置付けられた。このような過程から、本稿では提案インセンティブ型の解説を割愛する。

（3）自治体における事例

　選抜・交渉型は、事例として我孫子市の民間サービス提案制度、流山市のFM施策の事業者提案制度が例示されているとおり、随意契約保証型の民間提案制度を意味する。施設・サービス等を限定せずに民間事業者から幅広い提案を受け付け、採用された提案は詳細協議に付され、諸条件が整った場合に「提案者と随意契約」する。運用ガイドにおいては、様々な経緯があり「随意契約」ではなく「協議が調った者と契約」という表現になっているが、意味するところは完全に随意契約の保証である。随意契約は、地方自治法施行令第167条の2第1項第2号において、「その性質又は目的が競争入札に適しないものをするとき」にできると定められている。未だに、過去のいい加減な選定方法や質の低い事業者を選定したトラウマや先入観により、必要以上に過敏になり随意契約を躊躇してしまう自治体も多い。こうしたなかで、運用ガイドに地方自治法施行令を所管する総務省のクレジットが入っていることは画期的である。

　筆者も多少のアドバイスを行なった事例として、鳥取市では、2017年に「公共施設整備等におけるPPP導入検討指針」（以下 1 内において「PPP指針」という。）を策定・公表した。これは鳥取市の優先的検討規程に相当するが、総事業費などの事業規模を規定せず、あらゆるハコモノ整備を対象とすることが大きな特徴である。ハコモノ整備を検討する場合には、まず全国の類似事例でPPP/PFI手法を適用した事例があるかを調査し、前例があれば鳥取市でも導入できるよう検討すること、必要に応じてサウンディング型市場調査を行うことがフローとして明確に記載されている。もちろん、PPP/PFI手法を導入しない場合の結果公表も位置付けている。これに加えて、ソフト事業を中心に随意契約を保証した民間提案制度もPPP指針に盛り込んでおり、運用ガイドをベースにしながらも、それを超越した実践的なものとなっている。そして、2018年には提案制度を実践に移し、その内容も毎年ブラッシュアップしながらプロジェクトを創出し続けている。鳥取市ではこのPPP指針に至るまでに公共施設マネジメン

トに真摯に取り組み、多角的な実践がなされていること、また、庁舎の再整備の過程では住民投票も経験している。人口減少や少子・高齢化に全国に先駆け直面していることなど、困難な状況のなかでいかに生き残るのか、リアルな「生きる手段」としてPPP指針を整備している。他の自治体が外面だけ真似た指針を整備しても、実務が回らないであろうことは明白であるが、敢えて指摘しておく。

2 サウンディング型市場調査

(1) サウンディングの有効性

　ここ数年で最も大きく変わったのが、事業の構想段階から民間事業者との対話を行うサウンディング型市場調査の一般化であろう。従来のコンサルタントへ委託する可能性調査では、コンサルタントは行政の意向に沿った形のアウトプットを提示しない限り、発注者たる行政が成果物の納品を受けつけない。そのため、コンサルタントは、プロジェクトの結果責任は問われないこと、発注者が満足するアウトプットを提出することだけに特化してビジネスとして割り切る。「こうあったらいいな、たぶんこうなるだろう」が前提となっているため、竣工後に「こんなはずではなかった」となってしまう。このような「そもそもの失敗」を予防するためにサウンディングは有効な手段であり、決して十分条件にはならないが必要条件になりうる。市場性の低い事業は自治体の経営を圧迫するが、行政内部には市場性を読める職員・組織・技術・時間は存在せず、悪い場合にはそれを克服するための覚悟・熱意すら備わっていない。

　サウンディングの一般的・初歩的な方法論は、国土交通省の「地方公共団体のサウンディング型市場調査の手引き」（2018年作成、2020年更新）に記されている。行政が抱えている課題を提示し、民間事業者と対話を繰り返しながら市場を把握していく。行政にとっては事業公募前に市場性、民間事業者の要望、採算性等を的確に把握することが可能で、公式な手続きで対話するので民間ノウハウは保護しつつ、議会・市民に概要も説明することができる。コスト不要で短時間に正確・専門性・客観性の高いデー

タを収集し、公募要綱作成の時間短縮、公募時の不調リスクの低減にもつながる。民間事業者にとっては、公募前の段階で自らのノウハウを行政に伝えることができ、公募条件へ自社ノウハウを反映できる可能性が発生する。また、当該プロジェクトに関する公表文書だけでは把握できない行政の意向を的確に把握し、そのまちのパワーバランス・担当者や組織の力量等の内情を体感することで交渉コスト等も読み取れる。本公募までの期間が相対的に長くなるため、提案に向けてより深い検討を行うことも可能となる。こうした面で、優れた対話を行うことは本公募時の見えないインセンティブにつながっていく。

(2) 取り組みが進む自治体の事例

①流山市

　流山市の総合体育館は10,000m²を超える大型の公共施設に改築されることとなったが、この施設をどのように経営できるのか、指定管理者を公募するための条件をどのように設定すればいいのか、行政内部にはそのノウハウ・経験が全くなかった。そもそも、施設の検討段階で十分にビジョンとコンテンツが整理されていなかったため、この体育館にどのようなポテンシャルがあるのかも不明であった。そこで直接、体育館の指定管理者となりうる民間事業者と直接対話しながら公募条件を精査していくため、2014年、市としてはじめてサウンディングを実施した。

　徹底的な営業の効果や秋葉原から約25分でアクセスできる立地条件の良い新築物件であったこともあり、説明会には20グループが参加、そのうちの6グループと具体的に対話を進めていった。第1回のサウンディングでは、市にとっても重要な案件だったので副市長以下の幹部職が対話に参加し、経営層として必要な市場を自ら把握していった。その結果をもとに要求水準書（案）を作成した段階で、第2回のサウンディングで徹底的に膝を突き合わせて、担当レベルで市場性・公募条件の精査をしていった。当初の方針ではトレーニングルームの設置は不可などの条件が設定されていたが、対話した全てのグループからマシン等の設備は自己資金で調達するので、自主事業としてトレーニングルームをやりたいという要望が出されていた。自動販売機の設置基準や利益の配分方法なども含めて対話のなか

で条件を整理した結果、指定管理に4団体の応募となり選定されたのは東京ドームグループである。東京ドームをはじめ多くの企業の方々に応募をいただけたのは、基本構想で規定されていた行政の一方的な都合による諸条件を対話のなかで変更していけたことに尽きるだろう。サウンディングを実施するうえで重要なことは、基本構想でどう書かれていようが、そのまちの方針やしきたりがどうであろうが、対話を通じてプロジェクトの質が向上する意見があれば、全てを乗り越えて反映することである。逆にいえば、それができないならばサウンディングをしてはならない。民間事業者は行政のアリバイづくりの道具ではない。

②横浜市

　横浜市は、サウンディングを生み出したまちであり、多様な分野で数多くのサウンディングを実施している。保有する2,654か所の都市公園の全てを対象とした2017年のサウンディングでは、民間が使いたい都市公園を具体的に提示するだけでなく、こういうことをやりたいがそれに見合う都市公園はないかといったアイディアも受け付ける裾野の広い形式で実施された。説明会に98社が参加し57団体から80の提案が寄せられることとなった。一見非効率的に見える取り組みであるが、短期間に膨大な数の都市公園のどこにどのようなポテンシャルがあるのか、そして誰がどのようなコンテンツをできうるのかが把握できる。非常に効率的・効果的な方法論であり、千葉市・市川市・那覇市・川崎市でも同様のサウンディングが実施されている。

　また、横浜市の下水道管路のサウンディングでは、説明会終了後に名刺交換の時間を設けたり、参加者名簿への掲載可否を事前に確認したうえで、名簿を作成・配付している。サウンディングでは一般的に参加企業を公表しないことが多いが、近年では大規模なプロジェクト等においてこのようにコンソーシアムの組成を促すような工夫をする事例も出てきている。

③かすみがうら市

　かすみがうら市では、一斉に廃止した6つの廃校の利活用の可能性を探るため、サウンディングを実施している。自然豊かな立地状況の施設が多

かったものの、決して資産としての価値が高い場所ではなかった。市では
バスを1台準備し、1日で6校を巡るバスツアーを企画した。実際に現場
を確認してもらい、そのなかで興味を持った民間事業者は具体的に諸条件
を対話していく方式をとっている。その後に1校を除く5校についてプロ
ポーザルを実施したところ、4校の利活用の方針が決定した。非常に高い
決定率となったが、これは17社の参加者がバスに搭乗したあと、市長が直
接「今、本市は廃校の問題で非常に困っています。自分たちだけではどう
することもできないので、民間事業者の皆さまのお知恵とお力をお貸しく
ださい」と頭を下げてご挨拶されたこと、この本気度が伝わったことも大
きいだろう。残念ながら、その後のコロナ禍で事業者の都合で3校で辞退
があり、市は再公募している。

④別府市

　別府市の海浜砂湯・公園拡張に関するサウンディングでは、ドローンを
活用したPR動画を作成して魅力をアピールするだけでなく、市との詳細
な対話を望む事業者に対してはイメージパースの作成費用を市が負担する
配慮を行なっている。

⑤津山市

　津山市では、指定管理者の公募前にサウンディングを実施することを指
定管理者制度運用ガイドライン（2008年策定・2016年改訂版）で定めてい
る。それ自体は非常に素晴らしいことであるが、意見の収集方法が「電子
メール・文書（郵送・FAX可）等により行うこととし、電話や窓口での
口頭意見は受け付けないものとする。」となっており、意見の取扱いも
「市民等から提出された意見等については、誹謗中傷等を除き公開し、必
要に応じて、当該意見等に対する市（各所管課）の考え方を付するものと
する。」とされている。サウンディング終了後にはすぐに実際の公募がは
じまる点も含め、パブコメの民間事業者版と考えられる。もちろん、それ
ぞれの自治体の生き方であるしなんらかの意図を持ったものであろうから
否定はしないが、サウンディングの重要な要素のひとつは行政が直接、市
場の肌感覚を掴みプロジェクトの質を向上していくことであり、行政のア

リバイづくりや方針の正当性を担保するために実施するものではない。

⑥須崎市

　須崎市では、中心市街地の公共施設群を再整備することを目指して2016年にサウンディングを実施した。事業手法は定期借地権を予定するが他の方法があれば提案を求めたい、必要な支援があれば提案してほしい、東京でも委託先のコンサルタントを通して対話は可能などと案内し、非常にフレキシブルで真摯な行政側の姿勢で実施し5グループが対話に参加した。しかし、幹線道路に面していないため商業的な利用は難しい、南海トラフによる津波を想定して高さ20m以上の建築物にしてしまったら採算が合わないなど対話結果は悲惨なものとなった。厳しい意見も含めて本物の市場に触れられること、立ち止まるチャンスを得られることもサウンディングのメリットのひとつである。

(3) 実施のポイント

　サウンディングが一般化したことは、そもそもの失敗を予防する観点から好ましいことであることは間違いない。同時に実施のための敷居が低いこと、短期間に本物の市場が見えることから安易に実施してしまう事例も散見されるようになり、民間事業者からは「サウンディング疲れ」なる言葉も囁かれるようになってしまっている。サウンディングを実施するうえでは、次のような事項に留意しながら実施することが重要である。

①全体の時間軸・プロセスを明確にしたうえで実施する

　民間事業者にとって、いつ事業化されるかわからないプロジェクトは魅力的ではないし、対応が難しい。情報収集や構想段階での意見交換が主なのか、近い将来のプロジェクトとして確度の高い案件で事業の諸条件を対話したいのか。前者であれば営業職の対応となり、後者であればプロジェクトを企画する社員が参加する必要がある。事業化の可能性が高くスケジュールが見込める案件で行うこと、構想段階であればその旨を事前に明示したうえで実施することが民間事業者に対する礼儀となる。

②反映できる・反映する効果が高い民間事業者の意見は確実に事業に反映する

　サウンディングは市場性を把握し、市場性にあったプロジェクトにブラッシュアップすることが目的である。パブコメとは全く異なるものであることを認識し、先入観・既成概念を捨てて「いかに盛り込めるか」を考えることが求められる。本章 ② （2）②の流山市のように基本計画や市の方針・まちのしきたり・文化がどうなっていようが、事業者の意見を取り入れることで質が向上するのであれば、そうしたものを変更してでも対応することが必要である。逆にいえば、そのような変更をする覚悟・スキルがなければサウンディングを実施する資格も価値もない。

③民間事業者の知的財産に配慮する

　知的財産は、民間事業者にとって最も重要な経営資源であることを認識する必要がある。民間事業者は自らの知的財産を行政に提供していることを意識しなければいけない。同一のプロジェクトで毎日のように様々な企業と対話をしていると、他社が発言した言葉や内容をあたかも自分が知っていたかのように話してしまいそうになる場面が発生する。同業他社に対する気遣いをヒアリングで持つこと、自分の知識の範囲と誰かが発した内容を混同しないよう、常に最新の注意を払うことが重要である。最近はサウンディングの結果概要を事前に各社に内容を確認したうえで公表することが一般的になっているが、知的財産の本質に触れるためこうした配慮も求められる。

④対等・信頼関係を築いて行う

　一方的に民間事業者からの話を聞き出そうとするだけでなく、知りたいことがあるのであれば行政もデータ・内部検討状況等は包み隠さず民間事業者に提供することが対等・信頼の関係の前提となる。ビジネスとしてプロの意見を引き出すためには、「ここだけの話」をどこまで出せるのか考慮しつつ、正直に話すこと、上から目線にならないことである。市場性を把握したいのは行政であることを忘れてはならない。

⑤民間事業者のコストとリスクを理解する

　民間事業者は無報酬で多大なコストと知的財産を投入してサウンディングに参加している。そして、そこでの対話内容は結果的に自社が失注した場合、同業他社の手助けになってしまうリスクを負っている。できるだけ資料作成等の負担を軽減し、気軽に参加・情報収集できる仕掛けをビルトインしていくことが求められる。

⑥コンサルタントに一任またはコンサルタントが代替する旧来型の市場調査ではなく行政が直接対話をすることと理解する

　行政が直接公募・営業して誰でも参加できる形式とすることが大前提である。コンサルティング会社が行うと、その会社が有する限られたネットワーク内での意見交換にとどまってしまう。また、コンサルタントは行政の意向に沿ったサウンディング結果を求められるため、対話内容の都合の良いところを切り取ってしまうリスクも生じる。行政がオフィシャルにフルオープンで行い、民間事業者と直接対話して肌感覚を掴むことがサウンディングの基本である。また、民間事業者等とともにつくりあげる生野区の参画エントリー会議、かすみがうら市のバスツアー、丹後市等での廃校体験などイベント併用型のサウンディングはコンサルタント等のノウハウも活かしつつ、行政が市場の肌感覚を把握できる有効な手法である。

⑦ビジョン・コンテンツ・諸条件を精査する

　近年は、ビジョン・コンテンツや絶対的な与条件の検討が曖昧なまま、民間事業者に「どうすればいいですか」「なんとかなりませんか」と投げてしまうサウンディングも増加している。民間から見たら、何をしたいのか、どこまで本気なのかが読めないなかでは意見を述べることは難しい。そのまちとして、この場所、このプロジェクトで「何をしたいのか」が対話のきっかけになる。同時に行政が自分たちの立ち位置・思い・立ち戻れる位置を明確にしておかないと、サウンディング慣れした民間事業者から発せられる経営リスクを取らない意見に翻弄されてしまうリスクが生じてしまう。

サウンディングを実施していくうえでは、民間事業者が参加したくなる仕掛けをビルトインすること。ビジネスとして魅力的な案件であること、参加することで潜在的インセンティブが発生すること、対話により事業採算性を向上させていくこと、つまり行政が民間事業者の視点に立って「こうあってほしい」と思えるような対話をしていくことがサウンディングのポイントとなる。

3 トライアル・サウンディング

(1) トライアル・サウンディングとは

　「トライアル・サウンディング」とは公共R不動産編・馬場正尊ほか著『公共R不動産のプロジェクトスタディ：公民連携のしくみとデザイン』（学芸出版社、2018年）の馬場氏の論稿（妄想企画）のなかで提案された手法である。一般的なサウンディングは行政と民間事業者が対話を通じてそのプロジェクトの市場性を探っていくもので、その価値は前述のように非常に大きい。ただし、構想段階での想定をベースにした対話なので、本物の市場とマッチングするのかはやってみなければわからない側面を持っている。トライアル・サウンディングは、実際に民間事業者が当該不動産を暫定利用することで本物の市場を探るとともに、そこでの経験をもとにプロジェクトとしてブラッシュアップしていく。

　手続きは行政財産の目的外使用許可のみで実施可能であるが、暫定利用であり関連コストを全て実施事業者が負担することから、使用料を減免することとそこで生じた利益は全て実施事業者に帰属することが基本となる。

(2) 次につながっていった事例

①常総市

　日本初のトライアル・サウンディングを2019年に実施したのは、常総市の農業体験や宿泊ができる施設の水海道あすなろの里と釣り堀施設の吉野公園である。あすなろの里では、以前から常総市の職員が積極的な営業を中心としたサウンディングを実施しており、民間事業者から実際に使って

みたいとの要望が出されていた。そのようなタイミングで前述の書籍が出版されたこともあり、公共R不動産のアドバイスを得ながら市が具体的なスキームを構築していった。

2019年、最初に行われたのは子どものかけっこ教室×キャンプである。10,000円／人で募集したところ定員の15組が即完売し、家族で参加するので1組あたりの客単価が30,000円を超えることとなった。当日の評判も非常に良好で、アンケートでは「また参加したい」が100％という結果を得ている。常総市にとっても、あすなろの里のこれまで十分な利活用が図られていなかったエリアで、このような企画が実施できて暫定的なミライの姿が描けたことは非常に大きかった。その後も公募事業者により手芸や音楽などの多様なトライアル・サウンディングが実施されたが、Wonder Wanderers と（株）日本出版販売が共同で実施したキャンプイベント「森の生活」は象徴的な取り組みとなった。森のなかで本を読みながら素敵なキャンプサイトで過ごし、はじめて出会った参加者が一緒になってお酒を酌み交わしながらシェアバーベキューをする。夜更かし読書会、本にまつわるトークショー、図書館の協力を得て100冊の本を持ち込み自由に読んでいく。夜や朝方にはアコースティックのライブも行われた。本来はオフシーズンの11月に実施したにもかかわらず、当日は全てのキャンプサイト・コテージ等が完売となっている。そして、この一連のトライアル・サウンディングが食堂のリニューアル、翌年以降の音楽イベント、そして本格的な利活用の方針決定にもつながっていった。

②富山市

富山市では、まちなかの一等地に位置する城址公園をPark-PFIを活用して基盤を更に整備し、民間事業者による飲食店などを設置することで活性化を図ろうと模索し、コンサルタントへの業務委託を実施していた。この案件は筆者も委員を務める富山市PPP事業手法検討委員会のテーマとなり、そこで激論が交わされた。城址公園は十分に基盤整備され維持管理状況もしっかりしていたが、立地状況や施設規模を考えるとポテンシャルを活かしきれているとは言い切れず、閑散としていた。基盤整備や飲食店を設置することだけで解決できないことは明確だったので、トライアル・

サウンディングからやり直すことを提案し、2件が実施された。1件目は2019年の城址公園を管理する造園業者等のグループによるFAMILY PICNICである。夜間に芝に4,200個のLEDを並べてライトアップしたり、周辺部でバルを設置して酒類も提供する飲食店などが出店し、コンサート等とともに豊かな公共空間を創出した。翌日には公園内で熱気球の係留フライト体験を行い、告知期間や周知が十分にできなかったにもかかわらず、2,000円／人で設定した300名の枠は事前に売り切れ、約380名に楽しんでいただいた。1,500円／人のツリークライミングや輪投げ、大学生による様々な遊び体験なども含め多様なコンテンツが盛り込まれ、暫定ではあるが人が集いそれぞれの時間を過ごす都市公園の本来の姿が創られた。2件目は同年の北日本新聞社・あまよっと横丁を展開する事業者等によるクリスマスサウナパークである。真冬の城址公園にテント式サウナやフィンランド式のサウナカー、水温8℃の屋外の水風呂、バーベキュー、占いなどがセットアップされ、ホットヨガなど独創的・魅惑的な空間が創出された。バーベキューでは富山出身のプロ野球選手も参加したが、客寄せパンダとしてではなく、前述の主催2者とともに富山でまちづくり会社を興しており、その拠点として城址公園を活用することを意図していたことが動機になっている。

③南城市

　南城市では、2020年から本庁舎の空きスペース活用の大規模なトライアル・サウンディングを実施している。南城市では市でウェルネス事業を掲げていることから、朝にはエントランス前の芝生広場でヨガ教室、ランチタイムにはヴィーガンなど健康に配慮した地域性豊かなキッチンカーが並び、夕方にはカフェが出店し惣菜が販売される。庁舎内でも様々な余剰スペースを活用してスマホの充電器貸出、簡易託児所、法律無料相談所、マッサージ、手作り石鹸販売、エステなどの多様なコンテンツが展開されている。このようにトライアル・サウンディングを通じて行政と民間の境界線を曖昧にしていくことで、「市民が集う」コンセプトを具現化している。

(3) ポイントと留意事項

　トライアル・サウンディングは、行政財産の目的外使用と使用料の減免という簡易な手続きで実施可能であり、利益を実施事業者に帰属させることでビジネスベースのリアルな市場性を把握できることから、今後、爆発的に広まっていくことは間違いない。

　暫定的にミライの姿を具現化することの副次的な効果も大きい。頭で描く将来の姿が三次元の空間で表現されることにより、関係者、市民、議員、懸念を抱く反対勢力までもがイメージを共有できる。また、通常の対話形式のサウンディングとは異なり、他事業者の実施内容を競合他社がオフィシャルに把握することでプロジェクト自体の質の向上や、コンソーシアム組成を促進する可能性もある。実施の過程では、利活用に向けた実務ベースの課題・手続きが明確化する、また、投資・意思決定前の暫定利用なので「やり直し、時間軸の戻し、調整」がしやすいという特徴もある。更に当該資産の利活用を検討していることを広く周知でき、担当者等のモチベーションアップ、スキルの向上、仲間の育成などにもつながる。

　トライアル・サウンディングは本格的な利活用に向けたビジネスベースのプロセスの一環であり、単発・無料貸出イベントとは全く異なる。実施にあたって行政側は公募募集時には決まっている条件・変更不可の事項を明示して行うこと、一瞬の強烈な輝きで「やってる感」に支配されないこと、民間に丸投げではなく、公共サービス・施設の責任者として共に創り上げることが重要である。

　また、既得権益等との連携強要・実施事業者の利益搾取・公募時との大幅な内容変更等、行政のご都合・条件を後付けしてはならないことは当たり前であるが、念のため記しておく。トライアル・サウンディングが実施できた案件だからといって、必ずしも行政の投資なしで本格的・経常的なミライの姿を実現できるわけではないことも理解することが重要である。本格的な利活用をする場合は、条件・内容によって投資が必要となることもある。

　そして、トライアル結果を民間事業者と丁寧に共有して利活用条件を設定することも重要で、得られたデータは行政の独占情報ではない。実務的にはトライアル終了後、速やかに本格的な利活用を検討・公募することで

データ・市場性の鮮度を保つことも重要である。

　通常のサウンディングとは比較にならないほど、民間事業者はリスク・コストをかけてトライアル・サウンディングを実施している。行政はトライアルの結果を本格的利活用の際の公募条件に的確に反映する覚悟・スキルを持って実施する必要性があり、「アリバイづくり、言い訳・その場しのぎの道具」として安易に実施するものではない点も、留意点としてここで記しておく。

4 営業の重要性

(1) 自治体も民間に選別される

　これからの行政は、どれだけ積極的に営業にいけるかが勝負である。日本PFI・PPP協会のデータベースによると、2016年4月から2020年12月までに1,161件のサウンディング型市場調査が行われている。事業構築プロセスにサウンディングが当たり前のように組み込まれるようになったことは、一般的な傾向として好ましいことである。一方で一部の行政やコンサルタントが、実際にプロジェクトを実施する民間事業者から「無料で短期間に市場性について教えてもらえる」と短絡的にサウンディングを曲解し、自分たちの都合の良い部分だけを切り取ってしまう低質なサウンディングも散見されるようになってきた。アリバイづくりのための案件、当初の基本計画等を変更する気もないのに行う案件、「何をしたいのか」ビジョンもコンテンツもなく事業の与条件すら示さない「どうしたらいいですか？」案件なども残念ながらかなりの数で存在する。案件の急増と一部の低質なサウンディングの結果、複数の民間事業者から「サウンディング疲れ」なる言葉も囁かれるようになってきた。民間事業者側もこうした経験を踏まえながら、自らのビジネスに直結しうる良質な案件を選別して対応する時代になっている。

　行政も構想段階できちんとビジョンとコンテンツを整理しておけば、「こういう民間事業者とこのような感じで一緒にやりたい」というイメージが明確になっているはずだ。そうであれば、自分たちの目指すことを実

現してくれそうな民間事業者が偶然に登場してくれることを待っている必要はない。直接、自分たちからコンタクトを取って行くことは、真剣に取り組んでいくなら当たり前の選択肢となる。

(2) 全国初の常総市の取り組み

　常総市では、様々な施設所管課による事業化協議において諸条件が整理されてきた案件から順番にサウンディングを実施し、市場性を確認しながらひとつずつ事業化してきた。既に事業化協議の過程でどのようなことをしたいのか、ビジョンや具体的なコンテンツが整理されているので、それぞれの施設所管課の職員が明確な方針を持って営業することができている。

　旧自動車教習所は閉鎖後10年近くにわたって売却等の処分を試みてきたが、全く市場から見離され不良資産化していた。しかし、常総市の職員は諦めることなく改めてサウンディングを実施し、徹底的に様々な団体・企業等に営業を仕掛けながら、なんとか売却の見込みを掴んだうえで即プロポーザルを実施し、2億円以上で当該地を売却することができた。落札者である（株）センスタイムジャパンは、自動車教習所跡地を AI・自動運転パークとして活用し、AI に自動運転の技術をディープラーニングにより習得させている。これに加え常総市と協定を締結し、将来的に公道を使った社会実験、更には地域公共交通に結び付けスマートシティの第一歩としていくこととしている。常総市にとって負債でしかなかった自動車教習所跡地が、まちの未来を創るかもしれないところまで高まってきたのである。営業の過程で直接、センスタイムジャパンにアプローチできたわけではなかったので、運の要素が非常に強かったことは否定できないが、この運を引き寄せたのは常総市の職員が必死になって営業を繰り返したからであり、その情報がどこからか回り回って偶然にも先進技術企業に辿り着いたのである。

　③の事例では、常総市の農業体験や宿泊ができる施設の水海道あすなろの里でも、今後の利活用の方向性を検討するためサウンディングを実施したが、ここでも担当者が自ら調査して様々なアウトドア用品のメーカーや関連するベンチャー等に営業を行い、対話を繰り返した。この対話のなかで民間事業者から「実際にあすなろの里を暫定利用して市場性を確認し

たい」との意見が出され、全国初のトライアル・サウンディングの実施に
至っている。

(3) 担当者の熱意

　南城市の本庁舎におけるトライアル・サウンディングでも、担当者が
様々な地域のプレーヤーのもとに積極的な営業をかけているからこそ、多
様なコンテンツが実施されているのであり、この営業のムーブメントが更
なるプレーヤーを呼び込むという好循環が生まれている。

　ビジョンや与条件が十分に整理されていない段階で、かつプロジェクト
への投資額や制約事項にも柔軟性があるのであれば、そのことと事業化の
時期を明示したうえで片っ端から営業していくこともありだろう。実際に
筆者も公務員時代に流山市の総合体育館の改築に際し、新規の指定管理者
選定の条件整理のためにサウンディングを実施した（第4章 ⑥ も参照）。
インターネット検索で「体育館　指定管理者」のキーワードでヒットする
上位30社に直接電話し、状況を説明したうえでまずは説明会に参加いただ
くことを打診した。結果的に新築物件だったこともあり20社が説明会に参
加、その後6グループとの対話を行っていくこととなった。広報・プレ
ス・各種業界団体・業界紙などに加え、これだけの数に直接アプローチす
れば、公平性・透明性等について十分に確保できるので、万が一、別の民
間事業者から「知らなかった」と言われても、十分に説明できるだろう。

(4) 行政も営業する時代に

　「行政が特定の企業に営業に行くのは問題があるのでは」という意見を
持つ人も現実に存在する。しかしサウンディングという行政として意思決
定した公式・公的な行為のなかで積極的に営業に行くことは、他の民間事
業者にとっての参入の機会を奪うものでもなく、そこで業者選考時におけ
る直接のインセンティブが働くわけでもない。最終的な選考は別の過程に
セットアップされている。それに、PPP/PFIに限らず企業誘致などで特
定の企業にアプローチすることはあるだろうし、これまでは知り合いの業
者に仕様書等を作成してもらったりしていないだろうか。営業に行くこと
への苦言など中途半端で上辺だけの理論を振りかざすようなまちは、残念

ながらイケてる民間事業者に振り向いてもらえず、結果的に魅力的なプロジェクトを創出するチャンスを逸し、取り残されていく。

　アカルイミライをつくっていくためには、行政が自らまちへ出て営業し、必死になって様々な「生きる力」を持った民間事業者、地域コンテンツとリンクしていく以外の選択肢は残っていない。商工業者は商工会議所だけではないし、民間事業者は○○団体に加盟している事業者だけではない。富山市のトライアル・サウンディングでは、筆者が富山に行くときには必ず寄っているあまよっと横丁の方々に、最初は筆者自身がアプローチし、その後に富山市の職員の方にアプローチを依頼し、クリスマス・サウナパークの実現に至った。それだけでなく、そこでの関係者によるまちづくり会社、TOYAMAT の誕生にもつながっている。

　そして、特に地域のプレーヤーのところに営業に行くときには当然だが、いきなり名刺を持っていくのではなく、まずは客として自腹でその店のものを食べたり買ったりしながら魅力を共有し、信頼関係を築いていくことが前提である。そうしたなかではじめてビジネスの話ができる。まずは、まちに出て自分のお金を使ってみよう。まちの本当の姿が見えてくるはずだから。

5　行政と民間の立ち位置の変化

(1) 民間からの提案

　ここ数年、行政と民間の立ち位置が大きく変わってきている。

　これまでは行政から「この学校跡地を活用できる民間事業者さん、いませんか？」とプロポーザル等で問うことが一般的だったが、これがどのように変わってきたのだろうか。いくつかの事例を見ながら考えていきたい。

　1つ目は公共R不動産が主催する「公共空間逆プロポーザル」。民間事業者から「私たち、このようなプロジェクトができるのですが、これを実現するために土地・建物・場を提供してくれる自治体はいませんか？」と参加した自治体に問いかけていく。筆者も毎回、この場に様々な立場で参加しているが、驚いたのはプレゼンする民間事業者の方々から異口同音に

「良い資産である必要はない、使えない資産に興味がある」といった発言がなされ、良好な条件であったはずの基盤整備された大規模な都市公園には、ほとんど興味が示されなかったことである。また、この場でプレゼンした民間事業者は非常に独創的・魅力的な提案をされる一方で、これまでほとんど行政とビジネスをしたことがない企業が多い。つまり、これまでの行政のしきたり・やり方ではこのような民間事業者と連携、ビジネスをすることはできないが、しきたり・やり方を変えることができれば、これまでと全く異なるミライが手に入る可能性が見えてくる。

　2つ目は川崎市の「等々力緑地再編整備事業」。川崎市は2018年、サウンディング型市場調査で19団体と対話を実施し、この結果を受けて具体的な事業スキームをじっくり検討しようとしていたところ、対話に参加していた東急電鉄（株）からPFI法第6条第1項に基づく民間提案が提出された。PFI法に基づく民間提案を行政が受理すると、法律上「当該提案について検討を加え、遅滞なく、その結果を当該民間事業者に通知しなければならない」（同条第2項）こととされている。多くの場合は、この一連の経緯と行政としての見解がホームページ等で公表される。川崎市では、6条提案の重みを十分に理解し、東急電鉄と協定を締結して今後の再整備について連携していくこととなったわけである。この6条提案も数年前まではほとんど用いられることがなかったが、近年は民間事業者から積極的に行政を動かす手段のひとつとして、比較的頻繁に用いられるようになってきた。また、苫小牧市の市民ホール建設や御所市の市有地活用事業では、行政から民間事業者に対し6条提案の提出を促すことも行われている。

　3つ目はジャパネットたかたの「V・ファーレン長崎の練習場移転プロジェクト」。ジャパネットたかたは、メインスポンサーとなっているサッカーJ2のV・ファーレン長崎の諫早市にある練習場の移転に際し、長崎県内の自治体を対象に10ha程度の土地を20年間、無償貸与してくれる自治体を2017年から公募した。対象となる土地は自治体所有である必要はなく、転貸でも構わないという条件となっていた。つまり、ここで企画提案書を書かなければいけないのは行政であり、自己所有である必要もないことから、それぞれの自治体の本気度が試されることとなった。この公募に手を挙げることができた唯一の自治体が大村市であり、その後、筆者も少

しだけ直接関係者と協議する機会があり、紆余曲折を経ながら移転について両者で検討が進められたが、残念ながら、事実上断念となってしまった。

4つ目はコナミスポーツやセントラルスポーツが展開する「学校水泳授業受託」。近年、学校プールの老朽化が深刻化するなかで更新費用の確保が困難となっていることや、プール授業の質を向上するため、佐倉市での学校プール再編事例をきっかけに民間のスポーツクラブ等でプール授業を代替することが増えてきた。しかし、これまでと場所・指導方法・教師の関わり方などが変わることに対する反発や不安から、合意形成に時間がかかる事例が全国的にはまだまだ多い。そこで、これらの民間企業は事前に自治体ごとの事情に応じた幾つかのビジネスメニューを準備し、行政が自分たちの状況に応じたメニューを選択する方式をとった。行政の発注を待つことなく民間事業者がスキーム・ソリューションを先行して提示し、ビジネスベースで連携できる行政を探しているのである。民間事業者にとっては、営業コスト・失注リスクなどを限りなくゼロに近づけられるため、このコスト削減分を価格に反映して低価格で高サービスを提供でき、行政も民間事業者の創意工夫を活かしたプロジェクトを手に入れやすくなる。今後は、このように民間事業者が先行してビジネスメニューを提示し、行政がそのメニューを購入する動きが様々な分野で加速していくだろう。行政には、一般競争入札、プロポーザルだけではなく、民間のビジネスモデルに柔軟に対応できる体制・仕組みの構築が求められる。

これらの事例を通じて見えてくるのは、行政と民間の立ち位置の急激な変化である。これまでは、公共資産の利活用や行政サービスの提供に民間ノウハウを活用することがPPP/PFIだと考えられてきた。行政運営の範疇で行政の抱える課題に民間事業者が参画する形式であり、非常に視野が狭く行政と民間の位置関係は行政が上であった。公共施設マネジメントも、行政が保有する資産とそこで展開されるサービスをどうするかが対象となっているため、第3章 8 でも指摘したとおり、公共施設等総合管理計画では民間類似施設が位置図にプロットされていないし、そのまちの歴史・文化・風土はもとより、地域コンテンツ・地域プレーヤーも考慮されない。

(2) 変化している PPP/PFI

　一方で現在、公共空間を活用して民間がビジネスを展開し、その利益の一部をまちに再投資していくエリアマネジメントや、全国各地で急速に進むリノベーションまちづくりなど、民間事業者が主導してまちを魅力的なものにしつつ、行政が補助金ではなく制度や規制緩和等で下支えしていく事例が急増している。

　また、マイクロライブラリーも1万冊を超える大規模なものから古民家をリノベーションした100冊程度の小規模なものまで多様な展開を全国で見せている。図書館法に基づく図書館でなくとも、決してフルスペックの図書館ができるわけでも公共図書館の役割を100％代替できるわけでもないが、完全な民間ベースで類似のサービスが行われている。CCC（株）が展開するT-SITE、蔦谷家電なども書籍を中心に多様なコンテンツを提供しており図書館類似施設として位置付けられるかもしれない。更に言えば、近年は多様な形式のスポーツジム、クラブやフィットネスなども広まっている。音楽・アリーナであればZeppなどのライブハウス、仙台市のゼビオアリーナなど、民間が充実したコンテンツをベースに経営している事例も広まってきている。

　こうしたなかで、これからは「まち全体として捉え、地域コンテンツと連携しながら、民間事業者のしきたり・スピードと合わせて」自治体を経営していくことが必要となる。サウンディング型市場調査、包括連携協定、地域プラットフォームなどは、こうした流れについていくための最低限の手法のひとつにはなるかもしれない。同時に、随意契約保証型の民間提案制度が標準装備になってきている。ただし、これらの手法もこれまでの形では不十分で、例えばサウンディングでは将来のプロセスを明示したうえでのトライアル・サウンディング、随意契約保証型の民間提案制度であれば公共R不動産の逆プロポーザルなど民間提案に積極的に応募できる規定を盛り込むなどの実務的な工夫が求められる。

　前述（1）の公共R不動産の逆プロポーザルでは多くの自治体が物件を持ち寄ったが、随意契約保証型の民間提案制度がなければ、民間提案を受け入れて確実に事業化することはできない。更に言えば形式論だけの問題ではなく、自治体ごとの覚悟・本気度が同時に問われている。第1回から

逆プロポーザルに参加する常総市は、第2回の開催にあたり「民間提案を受け入れる仕組み」をビルトインした随意契約保証型の提案制度を整備しただけでなく、市長が自ら参加し民間事業者へ猛アピールを繰り返した。このようなこともあり、この場に参加の複数の民間事業者とプロジェクトベースで検討が進むこととなった。オンライン開催となった第3回では、同様に南城市長が直接参加し、その後、プレゼンターの企業とビジネスベースでの連携を模索している。

　このような行政と民間の立ち位置の変化に柔軟に対応し、真剣に自分たちのまちに向き合い、トップも含めて地域コンテンツ・地域のプレーヤーと連携していけるまちが、新型コロナで社会経済情勢が大打撃を受け、否が応でも大きな社会構造・自治体経営の転換を迫られるなかで、新しい生き方を見つけながら生き残るまちになるだろう。

第6章

随意契約保証型の
民間提案制度

1 公共施設マネジメントと随意契約保証型の民間提案制度

(1) 随意契約保証型の民間提案制度

　随意契約保証型の民間提案制度がここ1〜2年で急速に広まっている。筆者の知りうる範囲では2020年12月現在で32自治体がこの制度を実施しており、常総市・津山市・鳥取市などでは第2回以降の提案制度において、それぞれの経験知にあわせて制度そのものをブラッシュアップしている。

　筆者が公務員時代、2012年に流山市で実施した際には、制度の公表以降に、随意契約をわかっていない、こんなメチャクチャな制度はありえない、公平性・透明性・競争性が担保されていない等、本当に様々な方面から丁寧な指摘を毎日のように多数いただいていた。現在もごく稀に随意契約の本質を誤っているとの批判の声を聞くことがある。随意契約自体は、地方自治法施行令第167条の2第1項第2号で「不動産の買入れ又は借入れ、普通地方公共団体が必要とする物品の製造、修理、加工又は納入に使用させるため必要な物品の売払いその他の契約でその性質又は目的が競争入札に適しないものをするとき。」として認められている。

　そもそも民間事業者と連携していくためには性能発注が前提で、「どのようなサービスを提供するか」は民間ノウハウによるため、自ずと質の評価が必要となるため発注形態はプロポーザル方式になり、契約方式は随意契約になる。逆に言えば、一般競争入札に付すことができるのは民間ノウハウ・裁量の余地がゼロのもの、金抜きの内訳書を詳細に組み上げることができる品番を指定した物品購入等に限定されるはずである。少しでも民間事業者の裁量があるものは入札で行うことができないし、企業によって捉え方・コストの掛け方が異なる一式計上の表記方法などもありえない。未だに基本計画等の業務委託を一般競争入札で行っている事例も多数存在するが、やり方も行政との関わり方も投下する人員の専門性・単価・総数も業者によって千差万別なのに、なぜ公平な競争が金額だけの一般競争入札でできると考えるのか、不思議である。

　指名競争入札でも、どのように多数ある登録業者のなかから数社を、たった数人の（それぞれの会社のスキルや姿勢等を見たこともない）幹部

職が公平に選定することができるのだろうか、なぜ選定基準や選定経過の議事録は公表しなくていいのだろうか。談合や安かろう悪かろう問題も、一般競争入札であるが故に発生するわけで、決して万能で清廉潔白な仕組みではない。

(2) 随意契約への誤解

随意契約を悪と信じている人たちは、過去に不透明な経緯で随意契約をしたことがあるか、あるいは随意契約で選定した業者のパフォーマンスが著しく低かったトラウマを抱えているか、そうした話を聞いたことがあるという先入観があるのではないだろうか。そして、これらは随意契約が悪いのではなく、選考プロセスが悪かったり適切な相手方の選定ができなかった・しなかっただけであり、仕組みと使い方を混同しているにすぎない。

(3) 合理的な制度とは

一方で随意契約保証型の提案制度では、自らの知的財産で資金調達からできる人なら「世界中の誰でも」自分で考えたプロジェクトを自由に提案でき、きちんとした審査を経て、更に歳入歳出予算の必要なものや財産処分等の議決事件にあたる場合は、議会の議決後に契約する。公平性・平等性・透明性・公正性は公募段階で担保しており、行政が思いつかない、あるいはその時点でなんらかの理由で事業化できていないものを事業化するために、民間事業者の知的財産を購入する手法として非常に合理的である。また、随意契約を保証しない民間提案制度も未だに多数存在するが、民間事業者にとって最も重要な知的財産を行政が古臭い既成概念・しきたり・自己都合により「お上意識でむしり取る」ようでは、対等と信頼の関係など得られるはずもない。このようなまちに限って、「うちのまちはPPP/PFIの先進自治体だ」と自称していることが多いからタチが悪い。

2 知的財産の価値

(1) 知的財産に目を向ける

　随意契約保証型の民間提案制度と関連して、少し重いテーマだが重要な問題としてテクニカルな要素も含めて「知的財産の価値」について考えてみたい。

　第5章5でも記しているように、ここ数年で行政と民間の立ち位置は大きく変化している。従前はコンサルタントに委託していた可能性調査が、サウンディング型市場調査で代替されることが一般的になってきた。また、公共R不動産の公共空間逆プロポーザルなどに見られるように、民間から公共空間・サービスに対して発案するムーブメントも顕在化してきた。数年前では考えられなかったが、ここ1〜2年はサウンディングのもう一歩先の仕組みとして、あるいは民間の多様なコンテンツを受け止める仕組みとして、随意契約保証型の民間提案制度を実施する自治体も急増している。

　こうしたなかで改めてクローズアップされてくるのが「知的財産」である。サウンディング型市場調査では行政やコンサルタントが安易に、一部では経験不足や知的財産に関する認識不足から、「民間のアイディアを、予算を使うことなく、短期間に、役所に居ながらにして入手する方法」と自己都合で曲解し、サウンディングで出された民間の意見・知的財産をパッチワークして要求水準としてしまう事例も散見される。また、随意契約を保証しない旧来型の民間提案制度では、採用した民間提案を「(1) 提案者でなければ履行できないと認められる場合、提案者を契約の相手方として選定、(2) 競争性があり、主として価格以外の要素における競争が適当と認められる場合、公募型プロポーザル等で選定、(3) 上記以外の場合は、一般競争入札により契約の相手方を選定」することが標準的である。この方式の大きな問題は、随意契約をチラつかせることにより民間事業者が100％の知的財産を振り絞った提案を求められる一方、決定権が行政に委ねられており、その基準も客観的な指標ではなく、感覚の問題で決められてしまうことである。随意契約に至らずプロポーザル等に付され失注した場合、提案者は同業他社にビジネスを横取りされるだけでなく、知的財

産も根こそぎ流出し、同業他社の知的財産に塗り替えられてしまう。この
ありえないリスクを包含した制度が未だに多くの自治体、しかも「自称
PPPの先進自治体」の多くで採用されているのは、「知的財産」があまり
にも軽視されている証拠であろう。

(2) 民間事業者に誠実に対応を

　随意契約保障型の民間提案制度において、民間事業者の提案を協議対象
案件とすることは、企画提案書を受け付けた段階で、少なくともその自治
体にそのプロジェクトを実施する力はなかったわけである。それにもかか
わらず、民間事業者の企画提案書を片手に「もっと安くできる、ここに＋
aのサービスをつけられる他の民間事業者がいるかもしれない」と、謎の
希望と期待と正義感を胸に悪気もなく市民のためだからと大手を振って公
募手続きに入ってしまう。しかし、そのプロジェクトは、そのまちのあな
たが思いついたわけでもないし、対価を払って買ったものでもなく、行政
がお上意識で、民間事業者からむしり取ってしまった他人の知的財産であ
る。行政と民間が連携していくうえでは、対等と信頼の関係が不可欠であ
ると認識し、誠実に対応しなくてはならない。

　ある自治体では、都市公園の指定管理者公募時に価格点を420点配点
（他にサービス実施、経営能力の２項目の配点を含めて計1,400点）に設定
してプロポーザルコンペを実施した。「土木部専門部会において第一次審
査、第二次審査を実施した結果は、A法人793点、B法人969点、C法人
963点となった。C法人とB法人の点数が僅差であることから、選定評価
委員会において総合的な観点から審査を行ったところ、いずれの法人も
サービス実施については一定の水準にある一方、価格面ではC法人が大き
くリードしていることから、C法人を指定管理者候補者として選定した。」
と採点表及び採点結果と異なる判断を行い、そのまま議会でも議決された。
もちろん、それぞれの自治体の生き方であるし法的な問題はないわけだが、
民間事業者はこのような恣意的・感覚的・短絡的な判断をする自治体を信
じることができるだろうか。420/1400を意識して、質と価格のバランスを
最高点が取れるようギリギリまで調整したものが各社の企画提案書である
し提案価格である。民間事業者からしたら寝耳に水で、最初に公表した採

点基準以外に選定に関するプロセス・基準があれば、それも必ず先に公表してもらいたい事項である。笑い話では済まない。失注がどれほどの経営的ダメージになるのか、しかも選定に関する採点表以外の基準がこのようなものだったら、精神的にも被る損害は計り知れない。

(3) 情報公開との関係

　また、情報公開は非常に重要な事項であるが、これを拡大解釈して情報公開条例に基づく開示請求があった際に、各種プロポーザル等における企画提案書をそのまま公開してしまう自治体も残念ながら多い。受け取った段階で知的財産の塊である企画提案書が、行政の100％コントロール下に置かれてしまっている。筆者のもとにも複数の民間事業者から「なんとか非開示とできる方法、少なくとも企画提案の肝となる部分だけでも非開示とする方法はありますか？」という相談が寄せられる。民間事業者は、一般市民への公開を渋っているのではなく、開示請求者が同業他社でありうることに懸念を示しているのである。更に、一部の現場感覚を持たない学識経験者・評論家も自分のビジネスのため、同様に企画提案書を片っ端から情報公開請求し、非開示の部分があると隠蔽だと騒ぎ立てる。このような自分でビジネスをやらない、競争環境に晒されない方々に対しては、行政に開示請求するのではなく、それぞれの企画提案書を作成した民間事業者に直接、開示請求を本人でしてもらうように案内すればいい。そうすれば、本人が民間事業者に請求を一蹴されるか、開示に対し膨大な金額を要求されるだろう。なぜなら、企画提案書は知的財産の塊だからである。

　民間事業者の生業の根源は、各社が有する知的財産である。行政は、この民間事業者にとって最も重要な財産である知的財産を提供してもらうためには、知的財産の価値を理解することに加え、それに応える仕組み・姿勢・覚悟を持つことが必要である。

　この仕組みのひとつとして、冒頭に掲げた随意契約保証型の民間提案制度があげられる。全国で急速に広まりを見せ、現在準備中の自治体も数多いことから、近い将来、自治体の標準装備となることは間違いない。前述の情報公開条例に基づく企画提案書流出問題への対策方法は、企画提案の段階で民間事業者から企画提案書とは別に、優先交渉権者に選定された場

合の公表資料として A4用紙１枚程度の概要版を提出してもらい、これを優先交渉権者の決定時に審査結果と合わせて公表することである。この概要版なら、提案者の知的財産を保護しつつ、市民等の知る権利にも応えること、議会への説明資料として用いることもできる。同時に、プロポーザルの実施要領等で「企画提案書は本事業の実現に向けた優先交渉権者との協議資料としてのみ活用することとし、提案内容は提案者の知的財産として捉え、○○市情報公開条例等に基づく開示請求等、いかなる事情においても開示しません。」と明記しておけば、民間事業者も安心して応募できるし、行政としても毅然とした対応ができるはずである。

(4) 民間事業者への対応方法

あわせて、随意契約保証型の提案制度に限らずプロポーザル案件は全て、審査結果の公表時に項目ごとの採点結果と審査講評を作成・公表する。民間事業者は自らの知的財産をフル活用し、企画提案書の作成に膨大な労力を割いている。それを行政がどのように受け止めて判断したのか、真摯に明示することが礼儀である。優先交渉権者として選定されなかった場合でも、これらが示されれば反省材料として次回以降の類似プロジェクトの際に活用できるし、自らの知的財産をバージョンアップしていける。行政にとっても結果的に、この蓄積がいつの日か、自分のまちにもフィードバックされることになる。サウンディングの結果公表では、それぞれの民間事業者に対して事前に公表内容を確認してから行うことがだいぶ一般化してきたが、このくらいの配慮は最低限のマナーである。

様々なリスクを背負いながらもパートナーとなる民間事業者の立場にたてば、自ずと知的財産の価値や対応方法は見えてくるだろう。過去の前例や習慣・議会や市民への顔色伺いは表層的な自己保身でしかない。そのような対応で民間事業者を一度でも裏切ってしまったまちは、民間事業者から「一緒にできないまち」とレッテルを貼られ、そのレッテルを剥がすためには何百万倍もの時間と労力が必要となる。

何度も記すが、新型コロナで大打撃を受け様々なモノ・コト・発想等に大変革が求められる時代を生き抜くためには、民間事業者との連携は不可避であり、その根幹となるのが信頼関係である。第一歩としてまずは「知

的財産」を大切にしよう。そして、それは今すぐにできるはずだ。決して
テクニカルな問題ではなく、マインドの問題なのだから。

3 随意契約保証型の民間提案制度の事例

①流山市

　流山市では、ESCO事業や包括施設管理業務委託などにおいて、最低限
の与条件だけを明示したプロポーザルコンペを実施し、事業の詳細は民間
事業者との協議により構築していく独自のデザインビルド方式（設計施工
の一括発注とは異なる）を採用していた。一般競争入札はもとより、通常
のプロポーザルと比較しても非常に効率的で、民間事業者にとっても提案
の自由度が高くなり独自提案がしやすくなる。企画提案書作成コストや失
注コストなどの軽減にもつながり、官民双方の協議で詳細を決定していく
ことからプロジェクトの質も向上する。しかし、この方法論ではまだ取り
逃がしてしまう民間ノウハウ、最終的に1グループしか採用できないこと、
そもそも行政が自分たちで課題認識できないものは事業化できないなどの
課題も内包していた。また、世間では行政がムダ・ムラ・ムリの宝庫と揶
揄されていたことを鑑み、民間事業者がより効率的に、行政の担当者と同
じ与条件で、事業を構築できるのかを試す意味でも提案制度を構築した。
流山市の保有する土地・建物を活用して、民間事業者ができることを自由
に提案してもらい、協議対象案件に選定されたものは提案者と詳細協議を
行い、諸条件が整った時点で随意契約する。条件は原則として行政の新し
い財政負担が生じないことのみである。

②我孫子市

　我孫子市では、行政が所掌する約1,000の全ての事務事業を対象に、民
間事業者のノウハウで質の向上・コスト削減が図れる提案を募集する提案
型公共サービス民営化制度を2012年に構築した。毎年、ルーティンのよう
に実施していることと、第2回までは随意契約を保証していなかったが提
案者がプロポーザルで負ける事態が発生し、以降は随意契約保証型に切り

替えたことが特徴である。

③浦添市

　浦添市では、庁舎の敷地内を対象にコンビニを設置、広場を活用、これ以外で何かできることに絞って第1回を実施した。2018年度にはホールの省エネ改修、庁用車の包括管理などに対象を広げて実施している。

④苫小牧市

　苫小牧市では2017年度11の事務事業（翌年度は5事業）を対象に我孫子市型の提案制度を実施している。この2事例のように、自分たちの守備範囲や喫緊の課題、確度の高い案件に絞り、ある程度範囲を限定して実施することも現実的な選択肢であろう。

⑤鳥取市

　鳥取市の2018年の第1回では、全ての土地・建物を対象に実施しているが、そのなかでも特に積極的な活用を求める案件については、写真や利活用の可能性など具体的なイメージの湧く物件調書を添えて実施している。

⑥犬山市

　2018年度に実施された犬山市の制度では、国際観光センターフロイデの駐車場の利活用に限定して実施している。ほとんど通常のプロポーザルと変わらない形式であるが、実施要項は二段構成になっていて、前半は随意契約保証型の民間提案制度、後半に対象案件が1件であることを明記している。プロポーザルと同様に見えるのでスムーズな庁内の意思決定が可能であり、同時に随意契約保証型の民間提案制度がオーソライズされたことになる（2020年度に実施した第2回では対象を6件に拡大している）。随意契約保証型の民間提案制度は、仕組みがプロポーザルコンペの案件の幅を広くして条件を緩めたものであり、プロポーザルの一種であることから、このような二段ロケット方式も制度化のための手法として有効な手段である。

⑦福井市

　福井市は2017年度決算で実質単年度収支が赤字となり財政再建計画を策定するなかで、公共資産についても抜本的に見直しを図ることとなった。この一環で実施した事業のひとつが随意契約保証型の民間提案制度である。2018年度第1回から未利用財産等の活用と広告事業にフォーカスを当てている。更に2020年度の第3回の制度では、無償・減額貸付に関する条例を事前に改正し、「中山間地域の財産を活用し『地域振興に資する』事業を行う場合において、当該財産を無償又は減額により貸付を行うことができる」こととしたうえで実施している。このことにより、民間事業者は通常、個別に議会案件となる減額・無償貸付に関する議会リスクを回避でき、圧倒的に提案がしやすい環境が整備されている。

⑧津山市

　津山市では2018年、提案制度に先立ち実施要領等に関するサウンディングを実施し、民間事業者の声を反映した形で制度をスタートさせている。結果的に、このサウンディングが制度の周知や事前相談ともリンクすることとなり、質の高いものとなっていった。更に2020年度の第2回では、「将来的な事業効果や財政負担低減が示されたうえでサービス向上や業務改善につながる提案は、新たな財政支出を排除しない」「条例等で貸付・手数料等が定められている場合は、原則、現行基準に基づくが、基準の改訂等を妨げるものではない」と実施要領を改正している。経験に基づく覚悟・制度の高度化であり、自治体経営・まちづくりとの本格的なリンクが図られている。

⑨常総市

　常総市は提案制度においても2019年度の第1回では同市が積極的に参加・連携を図る公共R不動産の逆プロポーザルなどの民間発意の提案へ対応できる項目を明記している。2020年度の第2回では、同市が全国ではじめて実施したトライアル・サウンディングを、提案制度での提案を想定する場合にはどの施設でも実施可能にし、ほぼ全ての施設でのトライアル・サウンディングを常設化している。

⑩沼田市

　沼田市では、テーマ型とフリー型の併用型で2019年度の第1回の提案制度を実施した。テーマ型では本庁舎跡地の利活用という難しいテーマを掲げ、迅速に市場とあった形でまちの経営課題をプロジェクトとして整理している。2020年度の第2回では政治的・喫緊のテーマがなかったことからフリー型のみにして実施するとともに、丁寧に利活用の方向を考えることとしたサラダパークぬまた、天狗プラザ（仮称）は別途、トライアル・サウンディングを並行する棲み分けをしている。このように、地に足のついた形で戦略的・策略的に提案制度を自治体経営の手法として活用する事例も出てきている。

⑪東村山市

　東村山市では、2018年度、土地・建物や事務事業などを包含した東村山市に関連すること全てを対象に提案制度を実施し、提出された34提案のうち27提案を協議対象案件に選定し、随時事業化を図っている。地元事業者が小さなPPP/PFIプロジェクトを提案・実施できるようにするため、地元のお米屋さんなどだれでも参加できる公民連携地域プラットフォームを組成・運営し、地域の民間事業者が自分たちのビジネスチャンスを感じ取れる工夫をしている。

⑫その他の取り組み

　この他にも未利用資産の処分に特化したむつ市、環境負荷の低減に特化した木更津市、対象案件・条件を具体的に記した島田市、民間事業者へのリスペクトを盛り込んだ市原市など、自治体ごとに個性豊かな提案制度が形作られ広まってきている。

　神戸市では、地域・行政課題をスタートアップ企業と市職員が協働して解決する2018年からのプロジェクト「Urban Innovation KOBE（UIK）」の一環として、UIKによって新たに開発されたアプリやシステムを、神戸市が随意契約できる調達制度を2020年に創設した。他の提案制度と立法根拠が異なり、地方自治法施行令第167条の2第1項第4号の「新商品の生産により新たな事業分野の開拓を図る者として総務省令で定めるところ

により普通地方公共団体の長の認定を受けた者」の規定を活用していることが特徴である。この仕組みはシステム開発に限らす、今後、多様な方面で実績のないベンチャー企業等と行政がリスクを共有しながら連携、ビジネス、プロジェクトとして昇華していく方法として有効であろう。

4 一般化と留意事項

(1) 広がる随意契約保証型の民間提案制度

　なぜ現在、随意契約保証型の民間提案制度が注目され広まっているのか。単なるブームではなく必然であろう。公共施設等総合管理計画、個別施設計画などによる施設総量縮減を主とした「教科書型」の公共施設マネジメントは、さいたま市のハコモノ3原則の見直しに代表されるようにリアリティが欠如していることが、この数年で明確になってきた。それなりに統廃合を進めている自治体でも、児童生徒数と全くマッチングしていない学校、使用に耐えないほど老朽化した施設、人口減少で利用者が激減した施設などの統廃合は進めてきたかもしれないが、多くは頭打ちになっていて本丸たる巨大公共施設の再編には至っていない場合がほとんどだろう。膨大に抱える公共施設・インフラの老朽化は日々進行し、財政状況も悪化していくなかでは一刻の猶予もなく、新型コロナの影響でほぼ全ての自治体は財政的にトドメを刺されたような状況に陥っている。手を拱いていてもまちなかは衰退し、イケてる・金を持っている・他のまちでもビジネスができる・若くてゼロからやり直せる人から順にまちから去っていくなかで、旧態依然としたコスト・総量削減一辺倒の行財政改革の色彩が濃厚な教科書型公共施設マネジメントでは、負のスパイラルに拍車を掛けるだけである。

　一方で、このような状況下においてもオガールプロジェクト、沼津市の旧少年自然の家をリノベーションしたINN THE PARK、ONOMICHI U2、バルンバルンの森などの個性豊かで魅力的な公共資産の利活用の事例が各地で生まれている。南城市の庁舎駐車場でのドライブインシアター、富山市の城址公園での熱気球やサウナ体験、常総市の水海道あすなろの里での

読書×キャンプなど暫定的な未来像ではあるものの、トライアル・サウンディングでも公共資産の可能性も示唆されてきた。まちなかではリノベーションまちづくりやエリアマネジメントなど、民間ストックや公共空間を活用した取り組みも徐々に広がりを見せ、都市公園では天王寺公園（てんしば）や南池袋公園などに代表されるように、旧来型の発想では禁止とされていた事項をニーズと捉え、民間事業者と連携することで魅力的なサービスに昇華させている事例も増えてきた。

　これらのポジティブな要素は、残念ながら教科書型公共施設マネジメントの「短絡的な総量縮減」、機能性や社会性（とそれに伴う改修コストの増加）を無視した「お気楽な長寿命化」、ビジョンや経営的な制約条件も明確にしないなかでの「市民意見を寄せ集めただけの複合化」（大概の場合は今までより大きな施設になってしまう）では、三次元として顕在化させることはできない。必死になって公共施設マネジメントに向き合ってきた自治体は、このような現実に直面しリアルな解決策を探るなかで、随意契約保証型の民間提案制度に活路を見出そうとしている。

　随意契約保証型の民間提案制度は作り込み方にもよるが、そのまちのなかで市場性があるもの、民間にとって魅力的な資産、民間が課題解決のための具体的なノウハウを持っているものから順に提案がなされ、事業化されていく。つまり、公共施設等総合管理計画や個別施設計画とは全く違ったベクトル・パワーバランス・順序で「まちの課題」に向き合いプロジェクトを創出していく選択肢となる。「随意契約保証型の民間提案制度で事業化されていく公共資産」と「公共施設等総合管理計画に基づき整理されていく公共施設」は一部で方向性がマッチングすることもありうるかもしれないが、基本的には共存しない。少なくとも、どちらに比重を置いていくのか、主従関係を明確にしていくことが求められる。

　随意契約保証型の提案制度は流山市、我孫子市の公共施設マネジメントの一環としての公共資産の有効活用や行財政改革のツールとしての役割をプロトタイプとして、東村山市のようにまち全体をターゲットとしつつ地域プラットフォームとリンクさせる形式や常総市のようにトライアル・サウンディングと連動する形など、そのまちごとに独自に進化を遂げている。

（2）制度の定着の先を見据えて

　まちは旧来の行政的で二次元・無機質な○○計画ではなく、三次元・有機的な様々な主体によるプロジェクトの総体で構成されている。そして、このようなプロジェクトを同時多発的に、かつ魅力的なものとして創出し続けることが生き残るための手段になっていく。そのためには、随意契約保証型の民間提案制度は標準装備として備えるものになるだろうし、単なる形としてだけでなく質が問われる時代になっている。

　計画全てがムダであるとは言わないが、ビジョンも意思もコンテンツもセットアップされていない計画は、どんなに苦労して策定しようが、着飾っていようが、行政的な理論武装がされていようが、まちを変えることはできない。しかし、そこに費やしてしまった時間や労力は、実践的な自治体経営に切り替わるためのプロセスと考えれば、決して意味のないものではなくなる。そして、新型コロナウイルスで価値観が激変した世界では、そもそも計画行政たる旧来型思想は全く通じない。

　施設白書や公共施設等総合管理計画からはじまる教科書型公共施設マネジメントの価値、無垢にそれを信じてきたまちの真価は、そこからどう脱却してまちにフィードバックしていけるかにかかっている。失敗をしない、しようともしない人とまちに未来はないし、現実から目を背けて二次元の世界に閉じこもっているだけでは、三次元の世界は見えない。オママゴトワークショップや啓発マンガなどでお茶を濁し続けることから卒業して、泥臭いけれど想像もしなかったような魅力的なプロジェクト、旧来型の行政では対応できないような難解なプロジェクトに舵を切るまちが確実に増えてきた。そんな意味で、これを体現するための手法の一つとしての随意契約保証型の民間提案制度の急増は必然であり、教科書型公共施設マネジメントのジレンマから脱却するための羅針盤になりうるだろう。

　随意契約保証型の民間提案制度は仕組みとして持つだけでなく、どれだけ多くのクリエイティブな民間提案を誘発し、かつプロジェクトとして創出できるのかが勝負であり、世の中のトレンドはもはや随意契約が云々ではなく、もっと先のフェーズに入っていると考えられる。

　随意契約保証型の民間提案制度を仕組みとして持っている自治体のうち、沼田市・常総市・津山市・鳥取市などは、提案制度を構築する以前からま

ちの経営課題を直視して様々なプロジェクトを実践し、ノウハウや経験、自分たちのまちの「受け止める力」も考慮した形で構築・運用している。東村山市では対象を「東村山市に関連したこと」と非常に幅広く定義しただけでなく、地域の民間企業も提案制度で提案できるようにするため、別途プラットフォームを組成して連携させていること、更には物理的に実施できる準備が整っていたものの、「もう少し民間と連携できる力をつけてから」という市長の英断のもと、時機を見て2018年の公表としている。

第7章

PPP/PFI を
進めるために

1 担当者、担当課を孤独にさせない

（1）担当課、担当者だけの問題ではない

　様々な自治体を見ているとプロジェクトの過程で度々、所管課・担当者が窮地に追い込まれる場面に遭遇する。庁内の検討委員会で「どうなっているんだ」「いつまでにできるんだ」「これ以上のコストはかけられないって言っているだろ」「地元と調整したのか」「そんなやり方で議会に説明できるのか」など怒号が飛び交い、たった数人の担当が吊し上げられる。更に場面を変えれば市民説明会の場で、もちろん一部で賛同の声も寄せられるかもしれないが、特に廃止を伴う公共施設の再編では「廃止は反対だ」「住民の声を聞いていない」「自分たちの楽しみを奪うのか」。新しい施設を整備するにしても「税金の無駄遣いだ」「利用料は安くしろ」「いろんな要素をもっと盛り込んで地域に還元しろ」と、説明会に出席した数人の職員だけが責め立てられる。議会では「住民の合意を得たのか」「財政的に大丈夫なのか」「地元事業者への配慮が足りない」「執行部の独断で議会軽視だ」などと所管課の幹部職が糾弾される。これらの場面で共通するのは、そのまちの行政職員のうち、ごくごく一部の職員・担当課だけが標的になってしまっていることである。

　では、なぜこのようなことになってしまうのだろうか、責任は一部の職員・担当課だけにあるのだろうか。大概、このようなプロジェクトではビジョンもコンテンツも十分に精査されることなく、「誰かが」思いついたこと、知り合いの業者からの提案、過去に作った計画等で記載されていたこと、議会の一般質問等を発端に他自治体の事例の劣化コピーで「やろう」となんとなく決めてしまっていることが多い。そして、その「なんとなく」はコンサルタントへの業務委託などでそれらしい総花的・抽象的な基本計画に取りまとめられ、「なんとなく」が「こんな感じに」「いつの間にか」既成事実化されていく。

　こうした「なんとなく・こんな感じに・いつの間にか」が事務事業に変換され、所管課へ業務として降り注ぐ。その時点では時間・予算・場所・実施団体など様々な諸条件が、なぜかリアリティが欠如したまま課せられ

ている。恐ろしいことに最悪の場合は、この問題を引き起こした張本人が炎上の起爆装置のボタンを押してしまうこともある。

(2) 自治体の良い例・悪い例

　東北地方のある自治体では、廃校になった中学校の利活用にあたり、地元の一般社団法人が校舎の無償貸付を受けることになっていた。貸し付けるために町では国の交付金を含めて約100百万円のコストを投じて、宿泊機能などを持つ研修等に活用できる施設に改修した。この無償貸付に関する議案を議会へ提案するにあたり、担当課は「どのように対応すればいいのか」「無償貸付に合理性はあるのか」「収益が見込める可能性もあるが、その場合に無償貸付で良かったのか」「大規模改修等のコストやリスクが町に残り続ける」等、多くの悩みを抱えていた。「これがこの町のスタンダードになった場合、今後も発生する廃校だけでなく不要となった公共施設は、行政が事前に莫大な費用をかけて特定の民間事業者のために改修し、更に長期にわたって無償貸付となってしまう」という根幹的な課題も認識していた。

　幸いなことにこの町では、所管課だけでなくいろんな課が参加するワーキンググループにおいて、この問題が提案されたことで様々な立場の職員から多様なアイディアが出された。「本来の貸付料を算出し、それを貸付先の社団法人とも共有したうえで、そこで提供されるサービスの価値が行政から見て貸付料と同等であると示すことが前段で必要だろう」などのクリエイティブなディスカッションが交わされた。更に「うちの課でも似たような案件が将来的に出そうなので、すごく勉強になった」といった共感の声も出されている。

　同町の山の中にあるスケート場・体育館・グラウンド等の複合施設では、補助金を活用してスケート場を再整備することが決定しているが、現行でも7,000～8,000千円／年以上のキャッシュアウトが生じているうえ、改修後の収支予測では利用者数を2倍以上に見積もっても10,000千円／年以上がキャッシュアウトするとの試算が出された。担当者は「損益分岐点以前にやらない方が良い」との認識を持っているが、この時点では担当だけで抱えられる・時間軸を戻せるレベルではない。そこで、前述のワーキン

ググループを活用して「再整備・再開は既定路線となってしまっているが、できる抵抗・可能性の模索としてトライアル・サウンディングを必死になって仕掛けてみたい」という提案がなされ、どのようなアクティビティが考えられるか、前向きに徹底的なディスカッションが行われた。

　関東のある自治体では、PFI 法に基づく PFI で SPC（特別目的会社）により整備した斎場のモニタリングが思ったように機能しておらず、一部は要求水準にも抵触する項目も存在しているが、SPC 内部の情報・認識の共有も不十分でこの是正もままならない状況であった。担当者は他自治体の事例やヒアリングなどを通じて、非常に専門性の高い詳細なモニタリングシートの案などを独自に作成したが、運用が時間的・技術的に困難なことや SPC との関係もあるので、実効性や課題解決に向けた悩みを抱えていた。この件についても今後、インフラの包括を検討する部署なども参加しながら現状の分析、これからできそうなことの項目の洗い出しなどを丁寧に実施した。「議事録を徹底・共有すること」「市が職員として雇っている弁護士にも協議に参加してもらうこと」「抱えている課題が大きいので経営層とも適宜情報共有すること」「内閣府の PPP/PFI 推進室とも相談すること」など、現実的でかつ実務的な今すべきことを検討した。このような選択肢が見えてきたことで、SPC 側にも課題意識が芽生えて交渉の素地がつくられてきた。

　これらの事例の問題の発端は「意思決定に関わることができる誰か」が「いろんな方面にいい顔をして約束してしまったこと」「軽い気持ちで口にしたこと」「深く考えずに計画等に記載したこと」にある。そして、「まちと真剣に向き合わない」ままに、実現するための具体的な「ビジョンやコンテンツを精査することもなかった」ことが原因、つまりプロ意識の欠如した旧来型行政が抱える問題である。そして、そうしたことに関わった人たちは、実現に向けた段階で実務から離れ評論家になり「どうなっているんだ！　しっかりやれ！」と丸投げ・責任回避してしまう構図が繰り返される。そして、ごく少数の担当課・担当者だけが孤立し難問に向き合うのである。

(3) 担当を孤立させないためのポイント

この問題を防ぐためには、3つのポイントがある。

①まわりの課・人を巻き込む

1つ目は前述の2自治体のように、場合によってはそのプロジェクトに直接関わらない職員も含めて車座になって、そのまちのプロとして「様々な視点から徹底的にディスカッションしていくこと」である。三人寄れば文殊の知恵ではないが、所管課は余計なものも含めてその問題についての様々な情報・バックボーン・関連法令などを知りすぎていて、どうしても既存の行政・自分たちで作ってきたしきたりの範囲内での発想・意見・結論に陥りやすい。しかし、いろんな課の人たちが集まれば、素朴な疑問やピュアな発想、別の課の知見を加えることができる。一見、ディスカッションが発散してしまうように見えるが、結果的には論点や解決すべきポイント、解決への道筋がだんだんと見えてくる。これは、常総市・南城市・姫路市等での経験からみても、行政的な事情を斟酌しながら必要な交通整理さえできれば間違いなく機能する。そして、このディスカッションの経過は随時、それぞれの課で共有して「私は知らない・聞いていない」と、時には原因者でありながら言い逃れする職員を発生させないことが重要である。国土交通省が実施しているハンズオン支援はこうしたことを意図しているようであるが、そこで派遣される一般のコンサルタントには非合理的な行政の社会が理解できず、またその経験も十分に備わっていないことから、残念ながらこれまでも自治体の期待に沿う結果は出ていないのが現実である。

②ビジョンとコンテンツを明確に

2つ目のポイントは本著で強調しているように「ビジョンとコンテンツ」を先に整理する文化を身につけることとである。ひとつずつのプロジェクトを構想する際に、事業手法の選択から入るのではなく、「なんのためにするのか」、そのプロジェクトによって「どんな夢を叶えたいのか」を曖昧な言葉を排除し、庁内で共有することである。この過程でも検討過程は幅広く情報共有し、特に経営層がきちんと当事者意識を持つこと

ができるようにすること、経営層に責任を負う立場にいることを認識させることが重要である。

　鴻巣市では包括施設管理業務の検討にあたり、現在の施設管理の課題などをワーキンググループで抽出し、叶えたい目標を五月雨式に抽出しながら、そのなかで最大の目標を「事務（管理体制）の軽減・効率化」に定めた。それ以外の「管理水準（仕様）の統一化」「修繕の予算確保・計画性」は2番目、3番目の優先順位として、それ以外の地元事業者の活用やコスト削減などは4番目以降とした。ここで定めた優先順位をベースにそれ以降のサウンディングの実施要領、採点表（案）なども作成したことから、非常に論点のわかりやすい形になり結果的に多くの民間事業者が興味を示し、執行部としての意思決定も的確に行われた。

③決め方を決めておく

　3つ目のポイントは「決め方を決める」ことである。これは、上記2つのポイントを踏まえながら、うまくいかないことも含めて様々な経験を蓄積したなかで構築するものなので、焦る必要はない。うまくいかない場合は、「誰か」が「どこか」で「言い訳をしたり、嘘をついたり、知らん顔をしたり、裏切ったり、責任転嫁したり」することが大半であり、テクニカルな理由でプロジェクトが頓挫することはないと言っても過言ではない。行政の職員は圧倒的に高い事務処理能力を持っている。「やれ」と言われれば、必ず期限内に結果を出すことができる。逆に言えば、きちんと決めることができれば、様々なプロジェクトを実践することができる。この「決め方」はまちの文化・風土・しきたり・経験等によって、そしてそのときの人事配置・政治的な風向き等によっても大きく異なる。だからこそ、いろんな経験を蓄積しながら「誰が・どうやって」決めるのかを決める必要がある。そして、決めるべきことは「どういうプロジェクト」を「どのような体制で」「いつまでに」「どんな与条件で」「アウトプットはどうするのか」である。そして、この場で決定されたことは、その後の予算編成過程や事業の詳細構築などでブレてはならない。常総市でも様々なプロジェクトを経験したなかで、取り組みから約2年を経てFM戦略会議やワーキンググループを位置付けることとなった。

上記の3つは決して担当者・担当課が孤独になってしまう問題を解決する十分条件ではないが、必要条件にはなるだろう。そして、これら3つの要素は本気になりさえすれば担当レベルから発信して醸成・構築していくことができる。自分たちでやり方・風土を変えていくしかない。「上司が」、「まちとしての閉鎖性が」と嘆いているだけでは、何も変わらない。そもそもポジティブに自分たちのまちのポテンシャルを信じて、職員一人一人がプロとしての言動をしていれば、このような問題などは存在しない。今、問われているのは個々の職員の意識・覚悟・行動である。

2 担当者の情熱・スキルを組織として活用するために

(1) 公務員の意識の高まり

　公共施設やインフラ等に必要な改修・更新コストと投資可能な財源の乖離を埋めるため、公共施設等総合管理計画で「30年間で施設総量30％削減」などの総量削減目標を掲げる自治体が多いが、経済学だけでこの問題はケリがつくのだろうか。離島や山間部を抱える自治体では、地域単位で診療所が必要かもしれない。一方で大都市では民間施設の一部を間借りする、あるいは公共サービスそのものを民間代替できるかもしれない。結果的に市民一人当たりの必要な公共施設面積には、自治体によって大きな違いが生じうる。総量削減はファシリティコストをはじめとする様々なコスト削減に直結する側面もあることから、全ての自治体が避けて通れない道である。ただし、これはあくまで手段・途中経過であり、本来の目的は公共不動産をどのように自治体経営・まちづくりに活かしていくかである。

　そのようななかで現在、PPP/PFI・公共施設マネジメント・ファシリティマネジメントに主体的に取り組む熱意・スキルのある自治体職員が急増しており、日々、暗中模索しながら何十年にわたって蓄積してきた巨大な課題と立ち向かっている。しかし、「個」としての担当者の情熱が実践に結びついている事例は、残念ながら現時点ではあまり多くない。高度な政治的・経営的な判断で反対される場合もあるだろうが、筆者が体験、あるいは多くの自治体職員との交流で学んだ主な阻害要因について、ここで

は考えてみたい。

(2) 担当者の熱意・スキルが活きない阻害要因
①単年度会計と現金主義
　1点目に、単年度会計・現金主義に起因する課題意識の欠如である。この財政システムでは直近の市民生活さえ安定していれば改修・更新を含む必要な事業を先送りしていようが、あるいは財政調整基金の取り崩しや起債によって収支バランスを保っていようが特に問題は発生しない。「去年と同じこと」ができれば、わざわざ＋αの業務量、議会や市民への説明などの手間とリスクを負担して新しいことをする必要はない。

②縦割り組織
　2点目が、縦割り組織の問題である。民間企業では定款等による事業範囲が明確であり、かつ「売上」という共通で単一指標による目標が存在し、社員の生活もこれに左右されるため、意思疎通が比較的容易である。これに対し自治体は、市民生活全般にかかる広範で曖昧な業務範囲を持っている。行政評価で見られるように、成果指標は事業により全く異なるため、しかも必ずしも経営的視点・実質的な意義に立脚したものではないため、統一した尺度での成果測定が不可能である。また職員の生活は業績によらず安定している。縦割り行政では、自らの守備範囲を超えて組織横断的な課題に対応する意識の醸成と意思決定が困難になっている。

③人事異動
　3点目が人事異動の周期の短さである。自治体では2～3年周期で異動となることが多く、担当者が所管する業務の本質を理解し、実践に移ろうとした段階で異動となってしまう。本人だけでなく関係者も同じ周期での異動となるため、人事異動のたびに後戻りが発生して前に進みにくい状況が発生している。

④過去の成功体験
　4点目が成功体験の亡霊である。上記3点と密接にリンクし、かつ根本

的な課題だと思われるが、多くの自治体の幹部職は右肩上がりの社会で実践を積み、バブル崩壊以降の失われた30年を行財政改革とともに過ごしてきた世代がこの亡霊にとらわれやすい。人員削減・事業の先送り等を主導し、一定の成果をあげてきた。上り下りの両方を経験した貴重な世代であるが、地域コンテンツ・プレーヤーによるまちとリンクしたプロジェクト、行政と民間の立ち位置の変化、統一基準による財務諸表をはじめとする行政的な変革の潮流についていけず、悪い場合にはそのことに気づかずに担当者の熱意を受け止めきれない場合も多い。

　この「成功体験の亡霊」をどのぐらい風土・文化・しきたりとして残しているか、あるいは払拭できているかが自治体の実践力、担当者の想いを組織としてどこまで活かせるかを左右する。成功体験の亡霊は、「ふつうは……しないぞ」「自分たちは違うやり方でやってきた」「近隣自治体でやっているのか」「議会に説明できるのか」「今やる必要があるのか」「……だと指摘されるのでは」「……のリスクはどうするのか」「事務分掌に書いてあるのか」「予算が厳しい」「計画に位置付けられていない」「国の方針はどうなっているのか」と豊富な経験をもとに担当者をけしかける。会議では課題らしきことは指摘するが、対案を全く示さない多数の評論家 vs 担当者という不毛で変則的、生産性のないデスマッチが繰り広げられる。そして担当者が疲弊する。

　担当者の情熱が成功体験の亡霊により奪われていくことで負のスパイラルが伝播・増長し、幹部職員も議会の顔色を伺うことに終始することとなる。成功体験の亡霊は、悪気はないかもしれないが、知らず知らずのうちに最前線で粉骨砕身する担当者の心身を疲弊させている。裏を返すと、幹部職員・経営層が担当者の熱意を正確に受け止め、前を向くことができ、プロとして覚悟と決断ができれば自治体は良い方向に回り出すはずである。

　公共施設やインフラをはじめとする現在の行政課題は、議会対応のための表面的な知識や計画行政では対応できない。幹部職員には、担当者の想いや悩みを共有するために、まずは成功体験や価値観をフラットにしたうえで担当者とともに現場を訪れ実態を知り、これまでの商工会議所や各種組合だけではなくまちのプレーヤーを客として訪れ対話するなど、少しで

も手を動かしてほしい。そのうえで徹底的に議論しても理解できなければ、最低限、反対したり評論家になることだけは避けていただきたい。担当者を信じ、その力を最大限に発揮させる環境を構築することが、幹部職員の役割・度量であり、このまちを良くする第一歩になっていく。そして、成功体験の亡霊を除霊することで多少時間はかかるかもしれないが、解決すれば前段の3つの阻害要因は連鎖的に解消されていくはずである。現場で実務を担当していた者として、そして多くの自治体で支援をさせていただいている者として、様々なプロジェクトに民間事業者とともに関わる者として筆者が言えるのは、担当者は上司、幹部職員に大きな期待と信頼をしていることは間違いない。

3 自治体を蝕むウイルス──アリバイづくり

(1) 定着しつつあるサウンディング型市場調査

　近年、公共施設やインフラに関連する様々なプロジェクトの構想段階で、自治体が自ら民間事業者の意向と市場性を把握するサウンディング型市場調査を行う事例が急増している。サウンディングの詳細は第5章③で記すが、行政や一部有識者らによる「こうあったらいいな」で、あるいは国の各種補助金・交付金・起債制度に依存してイニシャルコストだけを調達したプロジェクトが日本各地で窮地に追い込まれ自治体経営を脅かすなか、自治体が市場性を意識しはじめたことには非常に大きな価値があるだろう。民間事業者にとっても、より早い段階で行政と対話する機会を「公式」に得ることは、ビジネスチャンスを拡大するとともに、自らのノウハウをプロジェクトに反映するうえでも好ましい流れであるといえる。

　実際に、筆者が公務員時代に実施した総合体育館の指定管理者の公募条件を検討するためのサウンディング型市場調査では20グループが説明会に参加、うち6グループと個別に対話した。トレーニングルームの設置を認める条件変更を行うなど民間事業者にとって魅力的な事業スキームを構築することで、民間施設も含めた体育施設の経営実績を多数有する事業者の指定に成功している。また、内閣府から要請されている「PPP/PFI導入

の優先的検討規程」では、PFI法に基づくPFIが主眼に置かれているため、行政が自ら事業手法の選択を行ったうえで簡易な検討、詳細な検討を行うフローが例示されている。事業手法や様々な与条件（つまり事業の構想段階）で事業の大半の要素は確定され、事業採算性も大きく左右されるので重要である。そのため、行政が「自らの経験と勘」を頼りにこの部分を決めてしまうのではなく、サウンディング型市場調査により「客観的な市場性」を把握することで事業の可能性はより広がるものと考えられる。だからこそ、優先的検討規程の策定に取り組む自治体は是非この段階でのサウンディング型市場調査を盛り込んでいただきたい。

(2) 言い訳のためのサウンディングは害でしかない

　しかし、サウンディング型市場調査が急速に広まる一方、じわじわと行政を蝕む「アリバイづくり」という名のウイルスが増殖しはじめている。先日、相談を受けたある自治体では、数十年にわたり塩漬けになっている未利用市有地の活用を考えるため、サウンディング型市場調査を検討していた。ただし、先行して市民アンケートや文化人を中心とした有識者会議で土地利用のコンセプトが検討されており、政治的な理由から時間の制約も課せられているという。有識者会議で提言された「癒し、食、……」といった行政ならではの優等生的コンセプトが与条件になってしまうと、他との差別化が図れなくなり民間の進出意向が減退する（あるいは数年で経営破綻するようなプロジェクトになってしまう）。できるだけ最初はフラットな状態で当該地の潜在的なポテンシャルを確認してはどうかとのアドバイスをしたが、担当者の反応は鈍かった。後日、改めて関係者と再会する機会があったので本音を聞いていくと「①全体のスケジュール感は崩したくない、②有識者会議の意向は尊重したい、③サウンディング型市場調査では内容よりも参加事業者数を確保したい」との考えを持っていたようだ。公務員経験者としてその本音はわからなくもないが、経営的な視点があまりにも希薄であろう。民間事業者であれば、高いポテンシャルを有す土地があれば、事業採算性の最も高い活用の方向性を必死に模索するはずである。

　前述の本音の中で「③内容よりも参加事業者数を確保したい」は、サウ

ンディング型市場調査の勘違い、民間事業者のノウハウ・労力に対する冒涜であり、「やってます行政」の典型である。むしろ、日頃から付き合いのある民間事業者に「お付き合いで参加してもらう」ようなアリバイづくりの市場調査では、客観的なデータ・市場性が見えるはずもない。結果的に、少数の民間事業者が収益確保と失敗した場合のリスクを最小限に抑える提案しか出さず、リアルな市場性が把握されないまま、あるいは偏向した思惑を反映しながらプロジェクトが進行してしまう。そして将来、「市民・有識者・民間の声を聞いたにもかかわらず残念ながら……」という行政の失敗の言い訳に使われ、コンサルタントに丸投げしてきた可能性調査や経営責任を伴わない有識者会議・市民ワークショップと同じ道を辿るだけである。最近は、民間事業者から「サウンディング疲れ」なる言葉も聞かれるようになってきたが、こうしたことが原因の一端になっていることは間違いない。

　こうした問題は今にはじまったわけではなく、数年前に都道府県を中心に進められた ESCO 導入指針でも発生していた。最初に指針を作成した自治体では、どの施設で ESCO が導入できるか、どのような優先順位でやっていくことが効率的なのか、前向きなものとして整備したはずだったが、追随する他の自治体の検討過程では徐々にやらないための裾切りの基準として指針が整備され、導入可能性のある施設をゼロ回答とした自治体まで現れてしまった。最近では、公共施設の再配置計画や内閣府から要請されている PPP/PFI 導入のための優先的検討規程でも残念ながら同様の問題が発生してしまった。「①総事業費10億円以上または年間の維持管理費１億円以上の事業で PFI 法を前提するもの、②VFM10%以上、③従来手法・直営による施設管理で支障が生じているもの、④市内事業者の受注機会に影響を及ぼさないもの」など、対象案件が生じないようにそれらしい理論的な高いハードルを幾重にも設定することは、悪い意味で百戦錬磨の行政では、他愛もない。これが、自治体を蝕むウイルスとも言える。

　非常に皮肉めいた表現をしているわけだが、重要なのは自治体が生きるためにいかにして資金・ノウハウ・マンパワーを調達し、アカルイミライを切り拓くかである。やらない理由・アリバイづくりをして得をするのは誰なのか、その選択によって将来がどうなるのか、行政は真剣に自らの行

き方を考え、自分たちが発生源となってしまっているウィルスを駆除して
ほしい。

4 PPP/PFI はつらいのか

(1) 熱意のある職員は多い

　これまで多くの PPP/PFI や公共施設マネジメントに携わる自治体の担
当者と接するなかで感じるのは、一部にやらされてる感のある職員がいる
ものの、多くの職員は面白がって仕事をしていることである。PPP/PFI
や公共施設マネジメントはその自治体で歴代、誰もやったことがない課題
であり、効率的・効果的なやり方も確立されていないし、オーダーメイド
型でひとつずつ丁寧に組み上げていかなければいけない。自治体内部には
ノウハウ・経験もなく、下手をすると最初は理解者を見つけることすら難
しい。少しでも進めようとすれば必然的に「既得権益・前例踏襲・事なか
れ・縦割り」といった行政らしい組織文化に直面し、上司・関係部署との
軋轢や市民・議会との困難な調整にも向き合わなければならない。

　公務員の制度上、このような嫌な思いをせずに誰かに委ね、先送りして
目を背け事務分掌で規定された公務を粛々とこなせば、市民の生命・財産
に直結する重大事故が発生しない限りは給料が減ることもないし罰せられ
ることもない。たぶん、平穏無事な日常を送りたいと志向する公務員に
とっては最悪の辛い業務であろう。

　しかし、冒頭に述べたとおり、なぜか PPP/PFI や公共施設マネジメン
トの分野では生き生きと、そして無茶をし続ける職員が全国に多く存在し
ている。筆者が NPO 法人日本 PFI・PPP 協会時代に実施した PPP 入門
講座では毎回、満員札止めになる盛況で懇親会も含めて受講者同士も前向
きに様々なディスカッションを繰り返していた。また、SNS 上のグルー
プでも毎日のように新しい投稿がなされ、多くのレスがついていく状況に
なっている。2010 年 2 月に発足した自治体等 FM 連絡会議は地方開催を
含めて年に 2 回開催されてきたが、毎回、会議そのものが夏フェスのよう
な状態となっており、全国から猛者たちがなかには有休を使って自費で集

結している。更に都道府県ごとや東京多摩地域での地域会、女性の担当者によるFM女性会という分科会も設置され、それぞれ年に数度の会議を開催している。この連絡会議のポイントは、一般財団法人建築保全センターが事務局機能を担っているものの、5〜6の幹事自治体による自主企画・自主運営がなされていることである。生の声が行き交い、懇親会を含めてまさに寝る間も惜しむ場となっている。

　こうした場を通じて有機的なネットワークを形成した担当者たちは、自らの組織では前述の様々な障壁と戦うこととなる。このような担当者たちは青臭いかもしれないが、辛い戦いの中でも明るい未来と自分の力を信じている。公共施設等総合管理計画では、総務省の策定要請に従い、民間の類似施設・サービスはそもそも視野に入れずに行政が保有する公共施設のみにターゲットを絞り、「○○年間で総量○○％削減」という経済学的な数値目標がクローズアップされている。数値目標を達成するためにいかに施設総量やコストを削減するのかといった、「市民生活の一部を削ること」が最重要視され、ほぼ唯一の手段とされている。一昔前の行財政改革と同様に、資産を負債と捉えたネガティブな発想が蔓延するなか、リアリティや実績は別として体裁の良い計画を公表した自治体がもてはやされてきた。しかし一連の行財政改革における各種事業の先送りや人員削減が、現在の行政の内向き志向・活力の低下の遠因になっていること、行政の一方的な都合と経営感覚の欠如で市民生活の一部を切り取ることが禁じ手であることは自治体の職員が身をもって体験し、できればすべきではないことは認識しているはずである。これと同様の流れを持つ総量削減（≒短絡的な公共施設マネジメント）は、担当者、経営層、議会からネガティブな業務として捉えられても仕方ない。

(2) 小さな成果を励みに

　少しだけ発想を変えて、PPP/PFIを、コロナ時代でも自治体が自分たちの力で資金・ノウハウ・マンパワーを調達する手法として、公共施設をファシリティ≒資産・財産としてポジティブに捉えれば、道のりは険しいが自治体経営・まちづくりに活用できる方法が見つかるかもしれない。担当となった職員は、何十万m²もの不動産を自治体経営・まちづくりに活

用するチャンスを手にしている。民間企業でこれだけの不動産を自由に扱える機会は、そう簡単に訪れることはない。行政という与信を活用して様々な民間事業者へのアプローチもできる。日々の業務で感じている疑問やムダ・ムラ・ムリを、わずかな工夫で改善できる方法は無限にあるはずだ。自動販売機の貸付で数百万円の歳入確保、照明の間引き等のエネルギー管理の徹底で数千万円のコスト削減、未利用地の売却で数千万円の歳入確保、エントランスにキッズスペースを設置し利便性の向上など「今すぐにできるPPP/PFI」も、大量に抱えている経営資源を使えば山のようにある。もちろん、総量の縮減がほぼ全ての自治体で避けて通れない道であることは間違いない。公共施設やインフラの課題は「今すぐにできるPPP/PFI」の蓄積だけで解決できるほど甘いものではないし、全体に及ぼす影響も小さいかもしれない。

　そうしたことを承知しながらも、ポジティブな担当者は小さな成功体験のなかに喜びを感じ、未来に向けての道筋を見出そうとしている。こうした一般的な公務員の発想では奇人・変人扱いされてしまうかもしれないが、公務員以外から見たら、それは公務員としてあるべき姿である。そして、当事者も特別なことをしているのではなく、「当たり前に自分ができることを一生懸命やっているだけ」であろう。一部は当初から安定を求めていたかもしれないが、やらない理由を延々と探す、新しいことを敬遠して昨日と同じ今日を過ごすために公務員になったわけではないはずだ。少しだけ発想をピュアに戻して、自分たちの可能性を信じることができれば、そして、組織が少しずつ前を向いていくことができれば、様々なプロジェクトを創出することができ、まちのミライが見えてくるだろう。

　だからこそ、そうした希望の芽を周囲はつまないであげてほしい。

5 「自分ごと」として考える

(1) 教科書どおり、他人事では進まない

　社会問題となっている公共施設・インフラの老朽化については、公共施設等総合管理計画・個別施設計画などを策定し、あるいはPPP/PFIの優

先的検討規程を策定して全国一斉に取り組んでいるはずだが、実はどこか「他人事」となっていることがないだろうか。

　総合管理計画や個別施設計画を30～60年などの超ロングスパンで設定し、あたかも遥か未来に更新問題が発生するような錯覚をしていないだろうか。コンサルタントが策定した案を加除修正しただけの計画は、自分の言葉で説明できるだろうか。PPP/PFIの優先的検討規程は内閣府が記したモデルをコピペし、総事業費10億円以上または年間の維持管理費1億円以上のものだけがPPP/PFIの検討対象になっていないだろうか。あるいはPFI法に基づくPFI、しかもイニシャルコスト割賦払い型のサービス購入型だけがPFIだと錯覚していないだろうか。不可避の統廃合、外郭団体など既得権益からの経営分離、歳入確保に特化した本格的な資産経営が進まないのは、こうした「誰か（あるいは計画）のせいにする他人事」の側面が内在するからではないだろうか。まちのプレーヤーや地域コンテンツとリンクしたプロジェクトが創出できないのは、お城庁舎に籠ってやらない（≠できない）言い訳を並べているだけではないだろうか。

　一方で、筆者が支援させていただいた自治体では、社会・組織・上司等に責任を転嫁することなく、「自分ごと」として考えながら前に進んでいる。

(2)「自分ごと」として取り組む自治体の事例
①小田原市
　小田原市では、副市長が中心となって庁内でPPP/PFIを用いれば解決できそうな課題を抽出し、7つの課題に対して関係者が徹底的にできる方法を模索していった。この過程では、関係者が自ら7社のコンストラクションマネジメントの会社にヒアリングを実施したり、給食の現場職員が内閣府のPFI手続きの簡易化の資料を読み込んで期間の短縮を検討するなど、自発的で高質な検討が繰り広げられた。筆者がこのプログラムに関わったのは短期間であったが、その後も関係者が自ら課題解決に向けて動き、支所跡地の活用などが次々と具現化している。更に、2020年度には随意契約保証型の民間提案制度の構築、3支所や歴史的建造物の利活用、認定こども園の整備、ESCO、斎場PFIに関するモニタリングなど更に多様

な案件を職員が車座になって検討している。毎回、プログラム・運営方法・会場のレイアウトに至るまで、担当課の職員が工夫しながら運営している。

②廿日市市

廿日市市では、宮島地域の浄水センター・下水道ポンプ場などのインフラ系施設の保守管理業務の包括委託を検討するに際し、将来的なエリアとしてのリスクマネジメントも視野に入れた公募関連資料を作成することとなった。廿日市市からは、様々なPPP/PFIを行ううえでのスキルを身につけたいという要望も受けていたため、施設所管課をはじめとする関係者が自ら関連資料を作り上げる方式を採用した。延べ数日にわたる集中作業では、前向きな議論が展開され資料に反映された。結果として、民間事業者からは要求水準を大きく上回る提案が寄せられることとなった。

③武蔵野市

武蔵野市では、武蔵境駅前の市有地での定期借地権による市有地活動事業を巡る炎上の経験などを踏まえつつ、市民や議会の理解を得ながらPPP/PFIを活用していく方針を策定することとなった。企画・管財などの関係課と若手職員によるワーキンググループを組織し、内閣府の優先的検討規程に当たる「公民連携（PPP）に関する基本的な考えかた及び運用ガイドライン」を自分たちらしい形で取りまとめていった。この検討過程では、鳥取市の先進的な事例や内閣府の優先的検討規程のモデルも事例として示したが、今の自分たちにできることを突き詰めて考えていくなかで敢えて財産の貸付にターゲットを絞り、今後、実践を通じて経験が蓄積されてきた段階でPFIやリースなどの他の手法については徐々に追加し、指針を充実させていくこととなった。

④高知市

高知市では、桂浜公園の再整備を検討していたが、筆者が高知市で実施した職員研修に触発された担当課長が、基本構想で示したハコモノ整備を中心とした再整備から「ユルクトンガル」ような公園に方針転換すること

を決心した。当時筆者が所属していた日本PFI・PPP協会と連携してサウンディング型市場調査を実施しながら、市場性・事業採算性を中心に据えた検討を進めることとなった。このサウンディング型市場調査では、担当課長が東京で開催したサウンディングセミナーでPRするだけでなく、その後、自ら関心の高そうな民間企業に出向いて営業活動を行うなど、旧来型の行政では考えられないような積極的な仕掛けを行なっている。最終的には既存売店の整理を行った後、浜を活用した社会実験や空き店舗の活用などを試行しながら、市場に見合った形で徐々に桂浜公園の魅力を高めていく魅力的な方向性を見出した。2020年度には事業化に向けたサウンディングに辿り着いている。

⑤東村山市

東村山市では、2017年度に日本PFI・PPP協会とともに随意契約保証型の民間提案制度を全国の先進事例のヒアリング調査などを基に検討していたが、事業化には至らなかった。当時の報告書は我孫子市・流山市・福岡市などの先進自治体の要素を精緻に分析して作成した理想的なものであったが、東村山市の背景を反映したものではなかった。そこで、改めて東村山市としてどのような工夫をすれば運用可能な制度となるのか、要素をひとつずつ検証しながら実践可能な提案制度、そしてこれに付随する地域プラットフォームを検討していった。

⑥常総市

アドバイザーとして筆者が関わった常総市では、職員研修、他自治体の先進事例（紫波町「オガール」）の市長を先頭にした視察、小田原市と同様の課題検討など、積極的でフットワークの軽い議論を繰り返した。包括施設管理業務、旧自動車教習所を活用したAI自動運転パーク、随意契約保証型の民間提案制度、小学校への保育所複合化、全国初のトライアル・サウンディングなど独自性の極めて高い実践特化型のプロジェクトを展開している。

⑦その他の自治体

　湖西市や鴻巣市では包括施設管理業務を検討するため、企画・財政・管財・法務・施設所管課などからなるワーキンググループを組織して、現在の公共施設管理や財政状況などの問題を徹底的に洗い出し、自分たちのまちに相応しい形を検討していった。湖西市では副市長以下幹部職からなるプロポーザルの審査員としてワーキンググループから3名が名を連ね、的確かつ鋭い質問を投げかけ、採点を行っていった。鴻巣市では何のために包括をするのか、叶えたいことにも全て優先順位をつけながらシビアな検討を実施し、16社が参加したサウンディングでも本音で徹底的にディスカッションしていった。

　いずれの事例も、支援業務を受託した筆者が行政に案を示すのではなく、行政が公共施設等を取り巻く環境を正確に把握・理解したうえで、自らのまちの実態に即した形で、自らの問題として考えて自分たちらしい、実践できる形を自分たちで決めていっていることである。

　これらの過程で共通しているのは、全ての文言を行政の職員が自ら書いていることである。契約前に徹底的な支援は行うが、こちらでは字を一文字も書かないことを約束してもらったうえで契約し、作業に取り掛かるからこそ、誰かに依存したり人のせいにすることはない。武蔵野市では議会説明を全て自分たちで実施し、廿日市では優先交渉権者との交渉も全て自分たちで行なっている。高知市では、長い時間をかけながら売店の関係者とのシビアな調整も自分たちで整理してきた。姫路市では、なかなかプロジェクトが形にならない期間が長かったが、徐々に自分たちでサウンディング等を行うなど、民間と向き合う姿勢が醸成されてきた。2020年度の市場の余剰地活用では担当課が自主的に100社以上に営業をかけたり、姫路城の利活用では当初の市の方針から見直し、まち全体を視野に入れたプロジェクトへ昇華しようとしている。

　本来であれば当たり前のこのプロセス、「自分ごと」として現在進行形の公共施設・インフラの問題を捉えて解決に向かうベクトルこそ、今、改めて見つめ直してみるべきではないだろうか。

6 決め方を決める

(1) 非合理的な行政だからこそ「決め方」が重要

　自治体では PPP/PFI や公共施設マネジメントに限らず、様々な政策が なかなか形にならない、実施したとしても中途半端になってしまうことが 多い。経営という統一した軸を有し結果責任も負う民間企業と異なり、行 政は市民満足度なども含めて市長・議員・職員・市民・地元事業者などの 様々な思惑が渦巻くなかで、単年度会計・現金主義という特殊なルールで 行政運営をしている。

　例えば、ある公民館の耐用年数が迫っている場合、改築の必要性・財 源・周辺施設との複合化・時期・庁内体制・事業手法・関係者との調整・ 必要機能など、本著で提示しているビジョンとコンテンツの精査からはじ める検討プロセスではもちろんだが、一般的なプロジェクトでも、決める べきことは多い。そして、これらの事業の実施可否判断、事業スキーム、 質の確保等が将来の自治体経営・まちづくりに大きな影響を及ぼす。企 画・財政・総務・都市計画・施設所管課などの庁内だけでなく市民、議会 など多様な立場のステークホルダーが存在するが、非合理的な行政の世界 では建設的な意見・責任感を持ってステークホルダーが関与するとは限ら ず、多数の評論家の他人事の意見、反対のための反対などに晒される場合 もある。事務分掌で細分化したからといって単独の部署、形式的に設置し たプロジェクトチームやタスクフォースだけでは円滑にプロジェクトを行 えないし、高質なものにはなりえない。

　一方で、行政の性質として決まったことは余程のことがない限り、質や 内容の良し悪しの問題は別として必ず実施する。つまり、「決め方」が決 まっていれば物事は進み、現実を直視した課題認識とリアルな対応策を ベースにしたプロジェクトを決め方のレールに乗せれば、魅力的なプロ ジェクトが構築できるはずである。このような話をすると「庁議（や政策 調整会議など）で意思決定している」という反論を受けることも多い。し かし、現実的には意思決定機関で決めたはずのことが、予算編成や議会・ 市民との調整、あるいはなんらかのプロセスによって変質したり、いつの

間にか決定事項すら曖昧になってしまうことが多い。だからこそ、「決め方を決める」ことがPPP/PFI（だけでなく自治体経営全般）を推進するための必要条件となる。

(2) 決め方の事例

①流山市

流山市では、公共施設マネジメントの専門部署となるFM推進室の設置にあわせてFM戦略会議、FM推進委員会とプロジェクトごとに設置する各種部会という三段構成の意思決定体制を構築した。FM戦略会議は市長・副市長・教育長と企画・総務・財政・都市計画・環境の各部長の計8名で構成され、実施したいプロジェクトの意思決定を行う。会議のルールとして細かいことは議論しない、結論は○×の二択、実施が決定した場合の詳細なスキームは提案した部署に委ね別途決裁、会議時間は最大1時間と定めた。この会議に提案する資料は原則A4用紙1枚で、プロジェクト概要、予算、スケジュール、実施体制などを記載し、以降はこの提案の枠内でプロジェクトを構築していく。課長級で構成したFM推進委員会は、指定管理などの業務を司る公共施設検討委員会の代替として準備したものの、実務レベルでは意思決定機関のFM戦略会議と実働部隊の各種部会があれば十分で、筆者が同市の公務員時代には1回も開催されることはなかった。

更に1,300千円以上の工事を行う場合には、全てFM推進室の意見書を添付しないと予算要求できないルールを同時に構築した。予算の編成権限は事務分掌上、企画・財政部門が有することになっていたので、この予算編成の参考資料として試行的に実施するという立て付けで庁内の合意形成を図った。施設所管課から提出されるシートに記載された改修・更新・新築希望の全てをFM推進室の職員が現地調査・関係者ヒアリングなど行い、所管課からの約50〜60のシートに見解をつけて順位付けする。これを予算編成の参考資料として企画・財政部門へ提出するとともに、庁内LANで全庁共有していく。予算編成の最終プロセスである市長・副市長査定においてもこのシートは市長・副市長の手元に置かれ、政治判断の材料のひとつとして活用された。このように、統一した軸でかつ透明なプロセスを

全庁的に共有していくことも、後戻りを抑制しつつ効率的に進めるために有効な手段である。当初、FM推進室の上記意見書は試行的・参考資料という位置付けでしかなかったが、実質的には自治体経営に非常に大きな影響を与えている。

②武蔵野市

武蔵野市では、前述⑤でも記したとおり武蔵境駅前の市有地活用の経験を基に財産の貸付事務フローを中心とした「公民連携（PPP）に関する基本的な考えかた及び運用ガイドライン」を策定した。歴史的に市民と行政の信頼関係が強いことをベースに、財産の貸付に至るプロセスで何度も繰り返し丁寧に市民・議会と情報共有・意見交換を行うことが規定されている。この検討プロセスでは丁寧さの裏返しとして合意形成リスクが高すぎることや、もう少し効率的な方向性について筆者もアドバイスしたが、武蔵野市はこうしたリスクを承知したうえでガイドラインを公表した。PFI法に基づくPFIなど優先的検討規程で一般的に記される手法には言及せず、現段階での武蔵野市としての知見や方針を踏まえて、対象を敢えて財産の貸付に絞っている。将来的に様々な手法が身近になってきた段階でガイドラインに付加していく。このように、自分たちのまちの文化・風土・スキル等に合わせて策定し、状況に合わせて改正していくこともリアルな決め方のひとつである。

③鳥取市

鳥取市では、ハコモノ関連のプロジェクトを検討する場合、全国の類似事例で民間と連携している事例を調査し、そのような事例があればどうすれば鳥取市でできるかを徹底的に検討して必要に応じてサウンディングを実施する。ここまでのプロセスを経たうえで従来型を選択する場合にはなぜ民間事業者と連携できなかったのか、その理由を公表することを義務付けている。更に、随意契約保証型の民間提案制度もPPPの一環として実施することを「公共施設整備等におけるPPP導入検討指針」で記している。

④東村山市

　東村山市では、「民間事業者との公民連携によるまちづくりに関する基本方針」で従来の発想にとらわれず、あらゆる分野において公民連携を積極的に進めることとし、「実現のための積極的な検討、市民・行政・民間事業者の『三方良し』、対等な関係」を3原則とした。更に民間事業者の提案の積極的な受入れの手法としてサウンディング、民間提案制度、連携協定や実証実験等を位置付けた。これに沿って多様なPPP/PFIプロジェクトを展開している。

(3) 意思決定機関と実践部隊

　「決め方を決める」うえで重要なのは意思決定機関と実践部隊である。上記で記した自治体や常総市では、自分たちのまちに合った意思決定機関・意思決定ルールと自分たちで動く体制・姿勢が備わっている。

　意思決定機関とは、意思決定のための委員会であり、ハコモノ・インフラに関する意思決定はそのまちの将来を大きく左右することから、市長・副市長（・教育長）の参加は必須である。この委員会は責任を明確化するために、既存の意思決定機関のように全部長を委員とするのではなく、ある程度絞って責任の重さを実感できる人数とすることが効果的である。また、権限はプロジェクトの実施可否の判断が主で、実施期限・財源等の与条件を設定すること、議論を曖昧にせず迅速化な意思決定をするために細部の議論はしないことをルール化することも有効である。

　実践部隊の組織は、人事的な配慮を含むプロジェクトに必要な体制とすること、スキル・やる気・的確な課題認識を持つスタッフを配置すること、実践のために十分な権限を付与することが重要である。また、この実践部隊が民間事業者との総合窓口として一本化されていることも大切な要素となる。

　また、意思決定機関と実践部隊に共通する事項として、決定事項・会議概要をホームページ等で公表していくことが有効である。意思決定機関の会議概要は発言者名を含めて公表することで責任を持った発言になり、実践部隊はビジョン、実施期限やプロジェクトの与条件が公表されることでブレずに動くことができる。会議ルールとして全体の時間やひとつずつの

発言時間を明確にすること、ネガティブ発言を禁止することなども小さいことのようだが重要で、評論家然とした人の発生を予防することができる。

筆者も公務員時代に公共施設等総合管理計画を副市長以下、企画・財政・管財や各施設所管の部課長による委員会で喧々囂々の議論をしながら策定した。やっと総合管理計画がまとまった際には企画部長から「内容はこれでいいけれど、市全体の総合計画とどう整合を取るのか」、追い討ちをかけて財政課長から「状況は理解したけど、財政フレームと乖離している点はどうするのか」とプロとしてのプライド、それぞれの職責を放棄したような他人事の発言が相次いだ。周囲を見渡しても他の職員も心ここに在らずといった雰囲気であったが、これを反面教師としていくこと、その素地を日常的につくっていくことが地道だが重要なことになるだろう。

7 組織・体制・プラットフォーム

(1) 総括兼実践部隊

2018年に総務省が発出した「公共施設等の適正管理の更なる推進について」では、総合管理計画の推進体制等について「総合管理計画の策定・改訂の検討の際の情報の洗い出しの段階から、全庁的な体制を構築して取り組むこと。具体的には、公共施設等の情報を管理・集約するとともに、各部局において進められる個別施設計画策定の進捗を管理し、総合管理計画の進捗状況の評価等を集約する部署を定めるとともに、部局横断的な施設の適正管理の取り組みを検討する場を設けるなどが想定されること。」とされている。

PPP/PFIや公共施設マネジメントを推進するためには、組織・体制が整備されていた方が良いのは間違いないし、全庁的な体制も必要不可欠である。しかし、全国の事例をみると組織・体制を先行して整備した自治体よりも、多くのプロジェクトの実践を先行して組織・体制を後追いで、自分たちのまちにあった形で構成する方が好ましいことは間違いない。

自治体によって、企画部門・財政部門・行革部門・管財部門・営繕部門・都市計画部門などPPP/PFIの総括部署を設定する部局は異なるし、

佐倉市のように市長直轄とする事例もある。企画部門であれば政策と連携しやすい、財政部門であれば予算と連動しやすい、管財部門であれば資産経営的な側面が強くなるなど、設置する部局によってある程度の特色は出るだろう。

　しかし、実務的に推進しているまちと机上の計画論でとどまっているまちの決定的な違いは、総括部署が自ら施設所管課等と手を携えて動くかどうかである。前述の総務省の文書にあるように「進捗を管理し、評価等を集約」するだけでは、旧来型の行財政改革と変わらず、施設所管課等から煙たがられるだけである。何度も繰り返しなるが、行政は合理的な世界ではない。現場の実態を施設所管課・利用者等と共有して一緒になって汗をかき、悩み、自分たちのまちらしい解決策を模索していける組織・体制であることが求められる。

　流山市では総括部署となる財産活用課FM推進室が、あらゆるプロジェクトの総括部署として庁内調整、起案、議会対応、民間事業者との調整、プロジェクトの進捗管理などの手続きを一括して担っていた。施設所管課にはデータ収集、利用者調整、現場の不具合等の把握などの所管課にしかわからないことに注力してもらう役割分担として、できるだけ所管課に負担がかからないよう配慮していった。

　常総市では資産活用課が総括部署となり、流山市と同様にあらゆるプロジェクトの全体総括を実施している。様々な施設所管課が集まりプロジェクトを検討する場が設けられ、そこである程度の共通認識やポイントが整理されること、施設所管課のモチベーションや課題認識力、行動力が高いことから、それぞれのプロジェクトは施設所管課が中心となり資産活用課が丁寧にサポートしている。小田原市でも同様に公共施設マネジメント課を中核として、プロジェクトごとに関連部署が集まり課題解決に向けた道筋を検討している。いずれの事例も総括部署は大上段に構えて現場に「やらせる」のではなく、一緒になって考え、手を動かしていることが重要である。

(2) ワンストップ窓口

　民間事業者と実務レベルで連携していくためには、行政側にワンストッ

プ窓口があると非常に効率的である。行政は市民サービスの総合デパートなので、民間事業者が行政と連携しようと思ってもどの部署に行けばいいのかわからない。例えば福祉部門での連携を模索して訪れても、ルーティンワークと日々の市民対応に忙殺されているなかでは、（本来は全く違うが）新しい負担と勘違いしてしまいまともな協議もできない状態になってしまう。

　だからこそ、行政として正式に民間との連携窓口を設置し、民間事業者が気軽にかつビジネスベースで話をできる環境を構築しておく。近年、こうした環境が徐々に整備されつつあり、その代表が横浜市の共創推進室である。民間事業者の窓口としてだけではなく、行政内部のワンストップとしても位置付けられ、庁内の様々な行政課題を集約することで民間事業者からの提案があったときに、素早く連携を図れる仕組みとなっている。他の自治体でも類似の仕組みが構築されており、こうした連携のきっかけが広まっていることは好ましいことであるが、一部には組織先行型で協働窓口が設置されている。企業とのざっくりとした包括連携協定の協定数がKPI（重要成果指標）になってしまい、まちのみらいを創るプロジェクトの実現まで辿り着いていないものも多い。ワンストップ窓口においても担当職員が既成概念を振り払い、どれだけ真剣にプロジェクト化へ取り組めるのか、その本気度が問われている。そして、案件ごとの担当者を決めておくことと組織内での情報共有も重要で、人によって言っていることや見解が異なってしまっていては、民間事業者との信頼関係は構築できない。情報も庁内で共有し、必要な整理を速やかに実施しておくことでプロジェクトが円滑に進むことになる。

(3) プラットフォーム

　近年、国土交通省や内閣府、地域金融機関、コンサルタントなどが地域プラットフォームを開催することが増えてきた。これを契機として創出されるネットワーク、プロジェクトなどもあり、PPP/PFI の普及啓発の面でも好ましいことである。しかし、この場で多く行われているオープンタイプのサウンディングは、第5章の②に記しているサウンディングの項を参考にしてもらいたいが、同業他社と隣り合わせの場で民間事業者は意見

を求められ、時間も限られている。知的財産を同業他社の面前で話すわけにもいかず、そのための時間的・物理的条件も備わっていないため、単純な与条件のすり合わせにしかならず、本来の意味でのサウンディングにはなり得ない。このようなオープン方式のサウンディングをサウンディング型市場調査と勘違いする風潮が、経験不足の行政・コンサルタント・地域金融機関の一部に広まりつつあることには懸念を抱いている。同時に、この場で発表される基調講演が旧来型の制度解説にとどまったり、サウンディングのテーマとなる案件も量産型 PPP/PFI の事例が多いなどの面で、プラットフォーム自体の質の問題にも改めて踏み込んでいく必要がある。

　プラットフォームの意義を考えたときに原点になるのが、福岡市のプラットフォームである。福岡市では多くの PFI 法に基づく PFI 事業を実施してきたが、東京資本の事業者が案件を受注する事例が多いことが議会等でも問題になった。そこで、福岡市に本店を置く企業を対象に PPP/PFI の基礎的な勉強会や、福岡市の検討している案件情報を先行して提供するために組成したのがプラットフォームである。更に、このプラットフォームの勉強会を繰り返しているうちに、参加者からは「勉強ではなく企画提案書の書き方を教えてほしい」という要望が出されるようになってきた。発注者たる行政がアンサーとなる企画提案書の書き方を教えることはできないので、プラットフォームを二段構成として、上位の実戦レベルは外部組織の九州 PPP センターが対応し、勉強会レベルを福岡市が受け持つ形となった。つまり、福岡市のプラットフォームは「外に開く」ものではなく、福岡市に本店を構える企業への受注機会拡大を目的とした「内に閉じた」福岡ファーストの仕組みである。決して悪いわけではなく、福岡市としての経験と知見に基づき設定されたものである。そのため現在、全国に普及している「外に開く」ことを目的としたプラットフォームが志向を全く異にする福岡市を表面的・形式上だけ真似すると機能しないのである。

　東村山市では、随意契約保証型の民間提案制度とリンクして地域プラットフォームを組成した。地域金融機関の支援も受けながら職員が地元企業に対して営業し、工務店などだけでなく米屋なども参加する本物の地域プラットフォームとなった。勉強会においても「PPP/PFI は大きなプロジェ

クトだけでなく、地域の民間企業が公共資産を活用しながら自らのビジネスと地域を盛り上げていく手法だ」という点を共有して、自分たちにもできそうなプロジェクトを検討していく契機となった。

　横浜市では、横浜市役所の移転に伴い6,000人の就労人口が流出する旧市役所跡地の利活用を検討するため、プラットフォームを組成した。ディベロッパー、進出を考えるテナントや大学、地権者などが集い、ビジネスベースで跡地活用を検討していった。このように具体的な案件で、かつ複数業種の民間事業者や地権者等が関わりプロジェクトを組成する必要がある場合、プラットフォームはコンソーシアムの促進も含めて有効な手段になるだろう。

　今後は、実施していくうえで地元事業者の理解と協力が不可欠な包括施設管理業務でのプラットフォームにおいても、場合によっては大手ビルメンテナンス業者などとともに組成し、相互理解やビジネスベースでの協業の可能性を探っていく方法なども現れてくるだろう。

8 担当者の心構えと上司の役割

(1) 高い志だけでもいけない担当者の心構え

　PPP/PFIや公共施設等のマネジメントを実務的に進めていくうえで、担当者は既存の行政システム・思考回路・関係者と時には対峙しながらも明確なビジョンとコンテンツを持ち、冷静にデータの把握・分析していくことが求められる。理想主義・合理主義的な発想・思考回路と覚悟を両立させていかなければならない。

　実際の自治体における意思決定過程では、法制度との関係・様々な利害関係者との調整・他の施策との整合性・財政状況・政治的な配慮等により、担当者が想定した理想的なアウトプットどおりに導くことは不可能に近い。時には経営的な視点から見ると合理性が低い判断となるかもしれないが、それが非合理的な行政のリアルな姿である。担当者はやればやるほど、日常的にこのような理想と現実のジレンマに直面する。そのようジレンマを抱えつつも、譲れないラインは死守しながら結果に拘っていかなければい

けない。経営全般を考えた担当者の意見・意思は、事なかれが蔓延する行政のなかで貴重な価値観であることは間違いないが、ごり押ししても結果が出なければ全く意味がない。「落としどころ」にできるだけ近いところでまとめる心構えが重要であり、プロジェクトレベルのもので満額回答の結果が出せることはないことを理解しておく必要がある。

　近年、PPP/PFIなどに関わる自治体職員のなかには、自腹で様々な勉強を行い自らの資金を投下してまちでリノベーションなどのプロジェクトに個人として関わる職員も増えてきている。それ自体は本当に頭が下がるほど素晴らしいことであるが、だからといって本業で成果を出せないことのエクスキューズにはならない。「自分はこんなに頑張ってまちのプレーヤーとつながっているのに、上司を含めて周囲の理解がないから行政で結果が出せない」と嘆く意見をよく耳にする。筆者も公務員時代に庁内でなかなか理解が得られず苦労したことがあるが、周囲のレベルが低いと思うのは、そのレベルの低い人をイエスと言わせられない自分も同等のレベルでしかないわけなので、あれこれ策を練りながらプロジェクトを実現していった。

　高い志を持っていても、PPP/PFIの担当者や総括部署は、正義の味方・ヒーローではなく特別な権限が与えられているわけでもない。困難で、自治体経営上の重要なミッションを与えられていることは間違いないが、庁内全体を敵に回して正論を振りかざし続けても、結果が出なければ価値がない。福祉・教育・環境等との関係や政治的要因が錯綜する行政にあっては、PPP/PFIや公共施設マネジメントの観点だけで意思決定はできない。庁内全体を敵に回して尖鋭化すると、できることまでできなくなる。政治との適度な間合いをとり、政治は政治家の役割でPPP/PFIは実務だとドライな割り切りをしながら、結果を出し続けられる状態・ポジションを確立していくことが求められる。ポジティブに結果を出していけば庁内、まちに味方やサポートしてくれる人は必ず出てくる。逆にいえば、どんなに努力しようが結果に結びつかず孤立している場合は、どこかに孤立につながる原因がある。

　高い志を持ちつつリアリティを追求していく、それが担当者に求められる事項である。筆者もいろいろと教えていただいた中津元次氏が言われて

いた「行政職員の顧客は市民ではなく市長。市長が誤った経営判断を行わないよう支え、手を動かすのが職員の役割」だということ。この意味が理解できれば、現場レベルで実践的に動くことができるだろう。

(2) 上司の役割

　PPP/PFIの担当者は実務・研修等を通じ、担当業務の問題の重要性と深刻さを徐々に認識していけるが、自治体経営・まちづくりの根幹に関わることなので、担当者レベルで解決できることは限られている。組織・体制や担当者の心構えに加えてポイントになるのは市長・副市長・関係部長等の経営層と直属の上司の理解・認識・覚悟である。

　経営層や上司は、これまでの右肩上がりの時代・中央集権護送船団方式の成功体験は通じない時代・課題であることを認識することが大前提になる。戦後の焼け野原からわずか数十年で日本が先進国になった原動力が従来の方法論であったことは間違いないし、全否定している訳ではない。しかし、パラダイムシフトが起こっているなかで新型コロナまで経験している現代では、「普通は、今までは」といった主観論・感覚論・経験論が通じず、データ・客観性・未来への想像力が必要となっている。長い公務員生活で積み上げた知識と経験が、このような変化への対応を妨害・阻害していないか、冷静に考えてみてほしい。

　また、経営的な判断基準を各々が確立することも重要である。首長、議会、ごく一部の市民や既得権益者の意向を自分の判断指標とせず、そして「みんなが言っている」や曖昧な「賑わい」「市民満足度」等を理由にして責任を見えない誰かに転嫁せず、一人称のプロとしての判断が求められる。更に、こうして決定した事項を、それ以降のブラックボックスとなるプロセスで「誰か」のひとつの意見で変えてしまうことなく、ブレずに責任を持った意思決定をしていこう。実際に筆者も公務員時代に市長まで決裁をとって公募していたプロポーザル案件が、庁内の非常に非合理的な理由で中止にさせられた苦い経験がある。このようなことをしてしまっては、職員のモチベーションが下がるだけでなく、民間事業者からの信頼も大きく失墜してしまう。

　このような事態を発生させないためにも、本質を理解したうえで建設的

な意見・議論を行うことが経営層・上司には求められる。平時は関心を示さず、一般質問等が寄せられた場合などの議会対応に限って、急に表面的な付け焼き刃の知識で対応しようなどとしてはならないし、そんなことで通用する問題ではない。企画〜実践までのプロセスを担当者任せにせず、自らも関与してみることはこの問題の本質を知るヒントになるし、担当者も信頼を増すであろう。また、会議等で異論を唱えるのであれば、データを示しつつそれ以上の代替案を提示すること、評論家・傍観者にならないことも重要なポイントとなる。そして、自らの所掌する事務をPPP/PFIの総括部署に転嫁して思考停止せず、まちの問題として捉えて解決を図る姿勢を持つことが上司・経営層としての役割となる。

更に、これからの時代の行政はリアルなまちとリンクすることが求められている。市民は有識者会議や自治会長だけではないし、民間事業者も商工会議所だけではない。地域コンテンツは観光パンフレットや市のホームページに掲載された名産品だけではない。自ら担当者とともにまちに出て、これまでと異なる人・コンテンツ等に接していくこと、そのときには名刺を持っていくのではなく、まずは客・市民として自分のお金で消費して、まちとリンクしていくことが第一歩になる。このように、プライベートとパブリックの境界を曖昧にしていくことで、はじめてまちとリンクできるようになるし、これは今すぐできることでもある。

経営層・上司が「気づかない・本質を理解しない・問題から目を逸らす」状態を続け、これまでと変わらないモノの考え方・仕事の仕方をしてしまうと、最前線で心と体を擦り減らして、膨大で輻輳的で難儀な課題に対応している担当者・担当課を疲弊させることに直結する。違和感があるかもしれないが、これまでの価値観をフラットにして担当者・担当課と一緒に学び、まずは手と足を動かしてみよう。担当者・担当課は経営層・上司の理解と協力を期待しているし、それが叶うまちには可能性が詰まっている。

9 事業手法は勝手に決まる

（1）手法ありきではうまくいかない

市担当者「PFIで○○を整備したいんですけど」

寺沢「PFI法に基づくPFIですか？」

市担当者「はい。PFI法に基づかないPFIってあるんですか？」

寺沢「PFIはPrivate Finance Initiative、民間からの資金調達です。PFI法は手続きが規定されていますけれど、似たようなことはPFI法を使わなくてもできますよ。ところで何故PFI法に基づくPFIでやりたいんですか？」

市担当者「（黙る）」or「○○計画で決まっているので」or「市長から指示があるので」or「財政の平準化ができるので」or「コスト削減したいので」

寺沢「そもそも、何をしたいんですか？　どんな未来をそのプロジェクトで創りたいんですか？」

市担当者「（黙る）」

　これは相談者とのよくある日常の風景である。そこでここでは、事業手法の選択に固執する・事業手法の選択からスタートする問題点について考えてみたい。

　筆者もPPP事業手法検討委員会の委員として関わっている富山市は、これまでに学校の集約化など多数のプロジェクトをPFI法に基づくPFIやDBOなどで整備している。そんな富山市の委員会でも、経験の裏返し・弊害と言えるかもしれないがコンサルタントと行政の担当者による事業説明ではビジョンやどんな成果を求めるのかではなく、いきなり従来手法・PFI（BTO）・PFI（BOT）・リース・DBOなどの事業手法の比較表が登場してしまう。資料には「VFMで○％の削減、リースでは所有権の問題があるため」等の理由が並び、今回はPFI（BTO）のサービス購入型でやっていきたいといった説明がなされることが多い。

　なぜ、すぐに事業手法の選択に走ってしまうのだろうか。ビジョンも曖昧でコンテンツもセットアップされていない、十分に精査されていない中途半端な与条件のもとで事業手法を検討することは、駄目な事業に対して

どれだけマシになるのかを比較しているだけである。結果的に魅力的なプロジェクトに昇華しうる要素はなく、単なるハコモノ、悪い場合には墓標への道を歩むことになってしまう。

このメカニズムとして、一般的な行政の政策決定に至るプロセスに問題がある。基本構想を①既存のシステムや他自治体の事例を前提にした一部の職員、②プロジェクトの結果責任を負わない有識者委員会、③与条件を知らされないまま「こうあったらいいな」の市民ワークショップ、④コンサルタントへの丸投げ等により策定してしまう。次に多少、コンサルタントの関わり度合いが大きくなる基本計画を、同様の思考回路・手法で策定していくこととなるが、この基本計画、PFI可能性調査、優先的検討規程に基づく事業手法の検討またはその後の実施計画の段階で事業手法の選定も行われていく。ここにほぼ100％登場するのが、前述の事業手法の検討比較表である。2018年の千葉県の図書館・文書館の優先的検討規程に基づく検討結果では「県立図書館と文書館の合築に関しては、運営面で民間事業者が創意工夫する余地があまりなくサービスの向上が見込めないこと、また簡易なVFM検討の結果も1.1％しかなくコスト面でのメリットも見込めないこと等から、従来手法を採用することが妥当である。なお、都道府県レベルでのPFI（BTO方式）の導入実績はない。」とされ、機械的・無機質で淡々とした事業手法の評価でかつ恣意的な要素が加えられてしまっている。この傾向は2015年の内閣府・総務省による優先的検討規程の策定要請が「従来型とPFI法に基づくPFIの比較」のみを対象にしてしまったことも影響しているだろうが、これを鵜呑みにしてPPP/PFIを単なる事務上の手続き論としてしまった自治体、コンサルタントにも責任はあるし、結局、被害を受けているのはそれぞれのまちである。

高額な業務委託料をもらいながらコンサルタントが、このような短絡的な手法に走ってしまう理由はビジネスとして割り切っているからであるし、それが発注者たる行政からの要求事項だからである。コンサルタントへの業務委託では「何をしたいのか？」という根源的なテーマを検討することなく、上位計画や前述のプロセスで策定した各種計画などからパッチワークしていく。「みんな」「賑わい」「地域活性化」などの曖昧なキーワードを羅列した方向性とし、事業手法の比較表を作成し、行政のチェックを受

ければ業務は完了する。サウンディングもこの旧来型のプロセスではほとんどの場合、自治体側の担当者が同席しないのでコンサルタントが知り合いの業者に声掛けをして、発注者たる行政の望む意見を中心にピックアップしておけば丸く収まる。この一連のプロセスは、合理的なようで実は「行政が最初から想定していたレールにそれらしいデータ・根拠となりうるパーツを当てはめているだけ」であり、「コンサルタントはビジネスとしてレールに乗っていただけ」である。まちやプロジェクトに対して真剣に向き合えば、こんなことにはならないはずだ。

(2) ビジョン・コンセプトを整理していけば、自ずと手法は決まる

　筆者が支援する事例では、契約前に「こちら（筆者）では字を一文字も書かない」ことを約束してもらい、プロジェクトごとにビジョンとコンテンツを整理することからはじめる。この作業も職員の方々に三密対策は徹底したうえで缶詰作業により行ってもらう。このやり方は圧倒的に時間と労力を要するし、方向性を収斂していくためにはそれなりの経験とスキルも必要となる。ビジネス面だけを考えたら、こちらで案を作成して行政職員に加除修正だけしてもらうほうが遥かに効率的であることは間違いない。また、ビジョンの策定作業を例にしても、関係者がワークショップ形式で徹底的に意見を出し合い、曖昧なワードを全て削除しながら主たる目的をひとつに絞るとともに、優先順位を３位くらいまで関係者が納得いくまで議論し明確にしていく。以降の検討過程で判断に迷った際には全てここで設定した主たる目的が基準になる。判断指標となることを事前に共有することで、後の検討は後戻りなくスムーズに進むが、この過程ひとつとってもかなりの労力が必要となることがわかるだろう。

　続いて、そのビジョンを実現するためのコンテンツを整理していく。「こうあったらいいな」「多分こうなるだろう」ではなく、具体的に「誰が」行うのか、「どういう条件なら協力してもらえるのか」等を同様にひとつずつ精査していく。職員の方々には積極的にまちに出て地域コンテンツを発掘しプレーヤーとの距離を縮めてもらうことも必要となるので、意識啓発も含めて、時には一緒に自分のお金で消費しながらまちとリンクしていく。同時に重要な事項として、プロジェクトの与条件を整理していく。

そのプロジェクトにイニシャル・ランニングでいくら投資するのか、どの部分をどういう範囲で民間と連携するのか。関連法令等の規制で整理が必要な事項は何か、規制緩和等をどこまで行うのか、成否判断の基準をどうするか、事業全体及び実施までのスケジュール、庁内や議会等の手続き・空気感など、計画論ではなく実務ベースでリアルに整理する。この過程では行政ならではの非合理的な要素も、そのことを一番よく知る職員の方々と腹を割って向き合い、現実的な落としどころを探らなければならない。

　ビジョンとコンテンツ、与条件がある程度見えてきた時点、行政としての方向性が定まった時点でサウンディングに移る。サウンディングでも当然に待っているのではなく、積極的に自分たちのやりたいことを携えて営業しながら市場の肌感覚を探っていく。そして、この市場の反応と自分たちのやりたいことをひとつずつ丁寧に突合しながら、事業としてのカタチを整えていく。

　このように少しずつプロジェクトの本質的な論点を整理していけば、事業手法は自ずと収斂されてくる。つまり、旧来型プロセスで最初に行う事業手法の比較表が登場する余地はどこにもない。事業手法は、真摯にまち・プロジェクトに向き合えば勝手に決まる。少し違う見方をすれば、行政としての覚悟・方向性・与条件さえ明確になっていれば、民間事業者の提案自由度を高くして、高浜市のように「20年間、保守関連コストも含めて33億円で庁舎を調達」、大東市のように「複数候補地のなかから民間事業者が敷地を選択し、事業手法・コストも含めて庁舎を調達」、沼田市のように「庁舎跡地の活用を随意契約保証型の提案制度のテーマ型として公募」することなども選択肢になりうる。流山市ではビジョンとコンテンツの検討は不十分であったが、駅前市有地に等価交換でホールを整備するプロジェクトのプロポーザルコンペで民間事業者が、事業手法として、土地の一部売却による等価交換または定期借地権を自由に選択できる形で実施している。

　利用者・市民にとっては、そのプロジェクトがどんな事業手法を採用したのかはどうでもよい。大切なのは、「オモロさ・楽しさ・満足感」である。「賑わい」「みんな」などの曖昧なものではなく、そのプロジェクトから生み出されるコンテンツの質、周辺地価の上昇、派生した地域コンテン

ツの創出・地元雇用などの直接的で具体的な効果、そしてそこから生まれる・期待されるアカルイミライが望まれている。そのためには、検討プロセスもリアルであるべきだろう。

10 理想のパートナーとプロジェクトをするために

（1）誰がパートナーを決めるのか

①何を重視するのか

「ホントはＢ社が良かったのに、幹部職による審査委員会でＡ社になってしまった」

民間と連携して質の高いプロジェクトを創出するためには、理想のパートナーと巡り合う、契約することが重要である。パートナー選定過程ではプロポーザルの手続きを経ることになるが、まちとしての明確な意思も持たず、コンサルタントに基本構想や公募関連資料の策定を丸投げしているようでは、良いパートナーに出会える可能性は限りなく低くなってしまう。「何をしたいのか≒ビジョン」と「具現化するために何をするのか≒コンテンツ」を明確にし、それを実現するための法的制約・時間的制約・コスト・まちのスキルなどの与条件を提示することが大前提になる。これらを示しながら、サウンディングで徹底的に営業を繰り広げ、場合によってはトライアル・サウンディングで暫定的な将来像を民間事業者の方々とともに描いていくことが有効な手段になる。

事業のパートナー選定過程は、人生における選択に例えればわかりやすいはずだ。人生の選択をしていく際に、大切なことは金額だけで決めないはずだ。このまちの未来を左右しうるプロジェクトに関する業務委託・事業者選定を、一般競争入札で行うことは論外である。逆に考えれば、一目惚れしたパートナーがいるのであれば、覚悟を決めて随意契約することも合理的なのかもしれない。どんな生き方をするのかは自己責任の範疇であるし、その選択が問われている。ここでは、プロポーザルを前提に「理想のパートナー」と手を組む方法を考えてみたい。

②民間からの疑念

　最近、民間サイドではPPP/PFIの業者選考において「官の決定権問題」、「誰が決めるか問題」というワードが囁かれるようになってきた。

　1つ目の「官の決定権問題」は、本来は対等・信頼の関係に基づく契約行為であるにもかかわらず、民間事業者が知的財産をフル活用してどれだけ魅力的な提案をしても、実際の事業の決定権はあらゆるところで行政（や議会）が握っていることである。民間サイドからみたら絶対に譲れない事業の根幹たる部分であっても、行政が交渉相手のときには非合理的な理由で変更や決断がされてしまい、結果的にプロジェクトの質が著しく低下してしまう。同時に、民間事業者にとっては、自社が携わればまちに多大な貢献もしつつ利益にも直結するのに、行政サイドからの一方的な判断により「失注」することは、ビジネスチャンスを物理的に失う大問題である。ある区の都市公園の指定管理者選定のプロポーザル（第6章②参照）では、審査委員会において最高得点を獲得したA社が指定管理候補者となるはずであった。しかし、そもそもなぜ存在するのか不思議だが、審査委員会の上部に位置する庁内の会議において、「A, B社ともにサービスの質は高いが、B社の提案価格が安い」との「総合的な判断」を理由としてB社が指定管理候補者となり、この設置管理条例も議決された。公募時に公表した採点表では「総合得点1,400点、うち価格点420点」と明確に記されていたのにもかかわらずである。民間事業者は当然に自分が選定されるために、質と価格のバランスを見ながら最高得点を獲得できるよう提案を徹底的に精査する。A社は事前に記されたルールに則って、このバランスの最適化を図ることができたわけであり、ルール上は勝っていたのである。四万十町の道の駅とおわの2017年の指定管理者選定においても、従前の指定管理者だった地域商社の四万十ドラマがプロポーザルで選定されたが、議会では「四万十ドラマのプレゼン時に社員以外のメンバーが参加していた」「審査員が職員のみで公平な審査に疑義がある」「他の事業者が参加したので新たな人材育成のチャンスである」との理由で否決されてしまった。

　いずれの事例も「安いから」「なんか違うんじゃないか」という感覚による判断指標が、民間サイドが全くコントロール・検討・反映できないタイミングで後出し、設定されたわけである。一般的に非合理的・非論理的

にみえる意思決定プロセスではあるが、行政の世界では残念ながら法にも一切抵触せず合法的なものになっている。

　2つ目の「誰が決めるか問題」は、要は審査員の質である。内閣府・総務省・国土交通省の連名による「PPP事業における官民対話・事業者選定プロセスに関する運用ガイド」（2016年）では、「高い公平性及び競争性を確保する観点から（略）第三者機関（略）の設置など審査における厳格な仕組みの導入が必要であることに留意すべき」とされている。四万十町の道の駅とおわの指定管理者選定議案では、否決の理由のひとつとして「審査員が町職員のみで公平性が担保されていない」ことが挙げられている。

③まちの職員が決めてはいけないのか

　では、本当に職員だけでは公平な審査ができないのであろうか。本来は、そのまちのミライに係るプロジェクトのパートナーは、そのまちの人たち≒職員で決めるべきではないだろうか。こうした理由から筆者自身も多くの自治体から様々な審査員の依頼をいただくが、審査員については原則として一切お断りをさせていただいている。実際に公務員時代も小学校の設計コンペで高い専門性が要求された案件を除き、筆者が関わった案件は全て幹部職の職員を審査員としてきた。確かに、事前に企画提案書を読み込んでこない審査員、「それぞれの提案書のポイントを教えろ」「質問項目を考えてこい」「どの業者がいいか教えろ」、挙げ句の果てには「お前が点数つけてこい」と、プロとして完全に欠格の部長職・審査員がいたことも事実である。しかし、それがそのまちの実力であることも否定できない。意識とスキルのないまちでは良いプロジェクトはできないし、納税者の方々には申し訳ないが、職員の技量は自己責任の世界である。また、過去に1度だけ廿日市市の包括施設管理業務委託の際に審査員をさせていただいたことがあるが、この際には筆者一人だけB社を優先交渉権者とする採点を行なったが、他の6人の市の幹部職による審査員はA社を最高得点としていた。結果的に市の職員が推すA社が選定されたが、仮に筆者のA社とB社の点数差により、B社が優先交渉権者となってしまっていたら、廿日市市の職員は自信を持って詳細協議、そしてその後の業務に取り組めただろ

うか。

　なぜ民間事業者の方々は「そのまちの職員だけで決める」ことに懸念を示すのだろうか。民間事業者にとってはプロジェクトの1本1本が生活の糧であり、企業の生存をかけた熾烈な競争である。だからこそ、真剣に審査してもらいたいのである。そのプロジェクトのことを熟知し、かつ関連する方面で高い専門性を持つそれぞれの審査員が経営的な観点から審査することで公正性が担保される。我孫子市の公共サービス民間提案制度では3名の審査員が全員外部の有識者で構成されているが、おそらくこの観点から考えられたものであろう。しかし、現状では多くの自治体の審査委員会は「○○大学名誉教授」などそのまちのお抱え学識経験者、「○○株式会社○○部長」など当該業務を受託したコンサルタントからの推薦、広報での公募や自治会等からの「住民代表」から成る。全てのまち・全員とは言わないが、残念ながら自分でプロジェクトを動かしたことない、もちろん当該審査に基づくプロジェクトに責任を有さない方々で構成されていないだろうか。だからこそ、話は戻るができる限り審査員はそのまちの職員を中心に構成し、どうしても専門性が必要な部分は、徹底的に「誰に頼むか」を見極めて選定することが必要である。

(2) 採点表の問題

　そして、もうひとつのポイントが採点表である。極端に言えば、審査員の構成や質に依存することなく、理想のパートナーを選定するためには採点項目・配点をつくることが有効である。鴻巣市の包括施設管理業務委託の検討過程では、「何のためにやるのか」「対象施設・設備の抽出」「求める質」「行政としてのリアルな与条件」などを整理したのちに、サウンディングの実施要領作成と合わせて採点表（案）をワーキングメンバーで徹底的にディスカッションして作成している。内容と価格点の割合の議論では、マネジメントフィーや現在の施設管理の質を考慮すると、提案上の価格差はそれほど発生しそうもないし、「管理業務の効率化」を最優先事項に定めたことから、価格点をゼロにすることも選択肢になりうるのではという意見も出された。一方で、市で別に定めた一般的なプロポーザル実施要領では価格点の割合を原則25〜40％と定めていることから、このあ

たりも含めて整理するとともに、サウンディングで民間事業者との対話を経て決定していくこととなった。

　採点表で重視すべきは、当該業務で求めたいことを3つ程度定め、その順に配点を割り当てていくことである。民間事業者は企画提案書作成にあたり、「良い提案」とすることも重要だが、最重要項目は「勝つ提案」である。そのために要求水準書等も徹底的に読み込むわけだが、「勝つ提案」とするために最も重要な資料は採点表である。例えば100点中配点が30点ある項目にはコストをかけて良い提案を作り込むが、2〜3点程度で他社との差がつきにくい、あるいは捨てても全体に影響が小さい項目は提案内容を抑えて価格を抑えるなど、戦略的に提案を練り上げていく。こうした民間事業者側の思考回路も理解しながら採点表を作っていけば、項目が異常に多くてかつ配点が全部均一といった採点表が、いかにナンセンスか見えてこないだろうか。逆に言えば、採点表は行政から民間側に発出できる大きなメッセージなので、理想のパートナーに巡り会うためには、丁寧に作り込んでいくことが求められる。

　湖西市の包括施設管理業務委託の策定過程では、鴻巣市と同様に丁寧に採点表を作り込むのと同時に、プロポーザルの審査委員会には、公募関連資料の策定に関わったワーキンググループのメンバーの3名が副市長以下6名の幹部職とともに委員に名を連ね、鋭い質問を連発しながらパートナーを選定した。実務に携わり、公募関連資料も自ら策定しているので的確な質問ができるだけでなく、自分たちにふさわしいパートナーを選定するための採点もできる。更に付け加えれば、自治体の職員が目の前にある課題を直視し、自分たちでゼロからきちんと民間事業者とどう連携していくかを考えて公募関連資料も作り上げていけば、自ずと要求水準書の質は向上し、独自性の高いものとなるはずだ。そうなれば、過去の類似事例を劣化コピーして安易にビジネスとして対応しようとしていたような民間事業者は、企画提案書の作成に難儀して手を挙げることが難しくなるし、もし無理に提案しても自ずと低評価になっていくはずだ。

　このように考えてくると、事業のパートナーの選定は多くの関係者がいろいろなプロセスで関与する行政の仕組み上、なかなかうまくいかないこ

ともあるかもしれないが、ここで述べたような工夫・配慮をしていけば、どうにもならないコンサルタントや民間事業者に遭遇してしまうリスクは激減するのではないか。

第8章

生きる手段としての
PPP/PFI

1 自治体の未来を拓く PPP/PFI プロジェクト

　本著で述べているように、PPP/PFI は夢と魔法の手法ではなく、自治体が生き残るための手段のひとつである。金がないのなら必死になって税金以外の方法で資金を調達する、その時に必要なノウハウとマンパワーが不足するなら、そのようなものを持つ民間事業者とビジネスベースで手を組む。それが PPP/PFI である。同時に PPP/PFI はオーダーメイド型であること、自由度が非常に高いこと、民間ノウハウ、資金と連携することによって従来の行政サービスの枠、質を大きく向上できる可能性を有することから、地域プレーヤー・地域コンテンツとリンクできたときに、まちのミライを創りうる可能性を持っている。

(1) 紫波町

　全国で最も有名な PPP/PFI プロジェクトである紫波町のオガールプロジェクトは、既に多方面で紹介されているので詳細は省くが、10年以上塩漬けとなっていた紫波中央駅前の町有地に図書館を中心とした公共施設を建設することだけが決まっていた。一般的な自治体であれば社会資本整備総合交付金等を活用してハコモノ図書館を建設して終わりだが、紫波町では一連のエリアの開発の権限を 1 人の民間事業者に委ねた。その民間事業者が町内の物販店・飲食店・居酒屋等を回り、何坪をいくらで借りるのか、テナントの客付を先に全てした後に利回りを計算して、建てられる図書館の面積とグレードを算出し、これを町に売却した。この PPP エージェント方式の逆算開発のスキームで民間資金により図書館を建設するとともに、この一連のエリアから捻出される貸付料等をベースに図書館を含む維持管理運営費を賄っている。調整池を活用した岩手県のフットボールセンター、PFI 法に基づく PFI で建設した庁舎、高断熱性能を有する地元事業者と連携した分譲住宅等、魅力的な空間が広がっている。これにも増して日々、新しいコンテンツが生まれ多様なプレーヤーが行き交う場としての力、時間と共に向上するエリア価値、地価の上昇や人口の流入といった形で、まさに PPP/PFI プロジェクトがまちのミライを創り続けている。

(2) 橿原市

　奈良県は全国有数の観光地でありながら宿泊者数が全国最下位で客単価が伸びず、まちとしての経営が難しい状況にある。橿原市では、なんとかして宿泊観光の文化を根付かせようと駅前の市有地に過去2度にわたってホテルを誘致しようとしたが、いずれも途中で頓挫してしまった。そこで、改めて当該街区に地区計画をかけて絶対高さ制限を45mまで引き上げるとともに、PFI法に基づくPFIで庁舎との複合施設という形で2018年にホテルを整備した。更に当該ホテル部分の賃料に配慮することで民間事業者の進出意欲を向上させた。このプロジェクトの過程では監査請求や住民訴訟なども提起された。監査請求では「なぜ行政がホテルをやるのか、なぜ安くホテルに貸すのか」といったそもそも論も出されたが、そのことは橿原市も十分に承知している。こうしたリスクや理論があることを知りながらでも、宿泊観光をこのまちに根付かせたい。その一心でまちのミライをかけたのがこのプロジェクトである。現在は、近接する同市今井町の伝統的建造物群保存地区での多様な活動の影響もあり、まちの空気感は徐々に変わりはじめている。

(3) 長門市

　長門市では、老舗温泉街の長門湯本温泉のピーク時390千人／年の宿泊者数が190千人／年に半減し、有名な二つの共同浴場、恩湯・礼湯の利用者数は10年間で30％減、150年続いた老舗旅館の廃業などが重なり、厳しい状況となっていた。このことに対し、「過度の行政依存、住民・商店・旅館の溝、行政のビジョン提示の不足にもかかわらず、打破するだけの意欲的な取り組みがなされていない」と厳しく自己分析した。そこで再生に向けたマスタープランを作成することとなったが、その委託先はコンサルタントではなく星野リゾートであった。星野リゾートとともに長門市が掲げた目標は全国トップ10に入る温泉地とすることであり、「自然を活かしながら魅力的な温泉街で人を集める」ことを戦略とした。2019年度までの具体的なロードマップ、2,100百万円の投資事業費の設定、持続的投資スキームの提案等を計画に明記した。計画を作るだけでなく、星野リゾートも自分たちの高級旅館ブランド「界」を進出することを誓約し、基盤整備

とともに河床を活用した社会実験等からはじめ、「界」のオープンや恩湯の再整備、おしゃれなテナント誘致などによりまちは確実に変わりはじめている。

(4) 山陽小野田市

　山陽小野田市では、商工センターを PPP 手法で改築することを検討していたところ、近接する山口銀行も改築を検討していたため、両者が連携するとともに施設内に事務所を構えていた山口商工会議所も含めて三者で連携することとなった。この三者で「単なる拠点開発にとどめることなく、エリアの視点に立ち地域課題を解決」するビジョンを共有し、2020年、LABV 方式を採用することとなった。LABV とは Local Asset Backed Vehicle の略で、行政が現物出資する公有地の資産価値を基礎に、民間事業者は資金を拠出して事業体・第三セクターを設立し、公共施設や民間収益施設を複合的に整備する手法である。リーディングプロジェクトとして施設整備を行い、公共施設として出張所・交流スペース等、民間施設として商工会議所・銀行・飲食・医療テナント等を配置する。更に周辺の候補地にもホテル・住宅・サテライトキャンパス等を整備していくことを検討している。単年度会計・現金主義の行政にキャッシュを出す余力はほとんど残っていないが、ほぼ全ての自治体では行政がそのまち最大の不動産所有者であり、将来の公共施設用地として駅前などに確保した塩漬けの一等地も多数存在する。LABV では当該地は出資するだけであり、それを原資にどこでどのような開発をするのか、公共サービスを提供するのかも選択可能である。第三セクターという形式なので、一定程度の行政からの独立性を持ち、発注の自由度を高めつつ正しく経営すれば経営状況の透明化・マネジメントも担保することができる。今後、LABV は爆発的に広まっていく可能性を秘めている。

(5) 盛岡市

　盛岡市の木伏緑地は、市としての事業名称は木伏緑地公衆用トイレ整備事業と非常に味気ない。検討当時の市の方針としては、ラグビーワールドカップの試合会場との関係もあり、盛岡市から程近くに位置する木伏緑地

に公衆用トイレを整備することであった。担当者は、事業費として提示された予算額よりも低価格でトイレを調達する条件として、木伏緑地を活用することを庁内で認めてもらい事業化を図った。盛岡駅から北上川までのエリアは賃料が高く東京資本・ナショナルチェーン等が大半を占め、地元資本の店舗は北上川を渡った駅から離れた地価の低いエリアに位置する状況であった。そこで、駅に近接する木伏緑地に、地元資本を対象に設置管理許可でテナント進出してもらうことで、まちに活力を与えつつ、将来的に駅近辺にも出店できる力を醸成してもらうことを考えた。これを実現するために担当者は地域のプレーヤーを自力で探し、信頼関係を構築しながらプロジェクトを形にしていった。庁内では残念ながらこのようなビジョンを共有することが難しかったので、事業名は行政的であるが、そこから生み出されたプロジェクトの質は本物である。盛岡市ではバスセンター、動物園なども含めてまちのミライを創るプロジェクトが目白押しであるが、注目すべきはこれらのプロジェクトは公共施設マネジメントによる物理的なハコモノ総量の縮減とは全く異なる文脈で、リアルなまちの課題を直視し、それを現場レベルで具体的に解決する方法として行われていることである。

2 リアルな生き方

PPP/PFI、公共施設マネジメントに限らず、これからの自治体は自分たちの力で地域コンテンツ・地域プレーヤーと連携しながら生きていくしかない。新型コロナでほとんどの自治体の財政がトドメを刺された状況では、資金調達から含めてどう生きていくのか、首長だけでなく職員、議員、民間事業者がそれぞれの立場で考え行動していくしかない。

ここでは、本著でも様々な場面で取り上げている常総市・南城市の生き方を改めてまとめながら見ていきたい。

(1) 常総市

①市の概要

　常総市は茨城県南西部に位置し、人口約6万人のまちである。2015年の関東・東北豪雨で市域の1/3が水没し、ここ数年は約1,000人／年の主に社会減による人口減少が進んでいる。こうした厳しい状況のなかで公共施設等総合管理計画では公共資産の保有量を20％縮減することを掲げていた。

②事業のスタート

　2017年度からは施設所管課が集まり、それぞれの部署が抱えている課題とそれに対してどうやって解決していくかをプレゼンし、徹底的にディスカッションしながら具体的な方法論を検討している。形になりそうなものから順に民間事業者との対話、サウンディングを実施しひとつずつ丁寧に事業化を図ってきた。常総市の素晴らしかったのは、筆者は約3年半にわたるアドバイザー業務を通じて約600人の職員のうち延べ約100名と協議の場等で交流を持ってきたが、少なくとも筆者の前では誰一人として一回も言い訳をしなかったことである。常総市の財政状況やまちの状況を考えれば、いつでもどんな理由でも言い訳は簡単にできたはずである。彼らの口癖は「やってから考える」（筆者から見たら「やってからも考えない」ぐらい）のメンタルで、常に明るく前向きにやってきた。

③未利用資産の売却

　常総市はエリア全体の資産価値が低く、未利用資産等の売却もなかなか進まない状況であった。そのひとつが旧自動車教習所であったが、第5章④でも記したとおり積極的な営業によって2億円以上で売却するとともに、AI自動運転パークとして常総市のスマートシティの第一歩になりうるところまで昇華している。

④生涯学習センター

　生涯学習センター、通称「豊田城」は、田んぼのど真ん中に平成に入ってから建設した城を模した公共施設である。この施設についても案件協議の場で徹底的に議論を繰り返したものの、なかなか良いアイディアが見つ

からず、サウンディングでも全く相手にされない状況であった。そんなな
かで豊田城が常総市で最も高い建築物で周囲には遮るものがないことから、
お酒を飲みながらスーパームーンの鑑賞会をしようというアイディアが出
された。この企画を実現するか否か判断するための動画を市長主演で作成
し、YouTubeにアップして「いいね！」が100集まったら実施することと
した。欧米で流行していたUnique Venueを模した試みで、当日はあいに
くの悪天候となってしまったが市長も参加してのコンサート、物販やキッ
チンカーなどで素敵な場を創出した。この試みも経営的に全く貢献するも
のではないが、それぞれのまちでここまで必死になって愛着を持って公共
資産を使い倒すことをしているだろうか。逆に言えば、ここまでやっても
ダメだったら諦めることができる。常総市の姿勢が非常によく現れたプロ
ジェクトである。豊田城では、ライトアップのための照明装置が設置され
ているが、これに担当課長がアルミ製のフィルターを加工してはめること
によって、クリスマス・正月・バレンタインなど時季に応じたシンボリッ
クな形にライティングしている。これも地道に繰り返し続けることで徐々
に認知度が高まり、常総市としての名物のひとつになりつつある。

⑤市営住宅

　市営住宅では入居者数の減少と空室の増加が進行していることから、普
通の自治体であれば機械的に統廃合から考えるだろうが、常総市ではまず
市営住宅内のコミュニティの活性化、市営住宅と外部のコミュニティの連
携から考え直すこととなった。筑波大学と公共R不動産の公共空間逆プロ
ポーザルを機に連携協定が2020年にはじまった（株）良品計画と一緒に、
無印良品の製品を活用した表札づくりのワークショップ、料理などからス
タートした。前述のようにコミュニティに特化したことを続けながら、良
品計画とビジネスベースでの連携可能性が見えた段階で協定を締結し、現
在は市営住宅のリフォームを無印良品の製品を活用して行うなど、徐々に
市営住宅のあり方・方向性をリアルなかたちで創りつつある。

⑥宿泊施設

　農業体験や宿泊のできる水海道あすなろの里は、当初、担当者が「ここ

は教育財産なので60,000千円／年のキャッシュアウトをしても問題はない」という認識であったが、その後、案件協議を積み重ねるうちに「そもそもビジョンがないことがおかしい」と発想がガラリと変わった。従前400円の入園料を市長が認めた場合に減免できるという規定を活用して暫定的に無料化し、翌年度には条例改正により入園料を無料化した。代わりに実施する多様なコンテンツのサービス対価として利用者からいただくようにして経営の転換を行なった。その後は本著でも記しているように全国初のトライアル・サウンディング、完全民間資金による食堂のリニューアルが行われ、キャンプサイトエリアの本格的な利活用の検討まで至っている。

⑦道の駅

　高速道路インター周辺に計画されている道の駅も、紆余曲折はあったものの、民間ベースで道の駅類似施設を経営している民間事業者を運営事業者として先行決定することで、できるだけ独立採算に近い経営を図ることとなった。

⑧保育所の耐震問題

　耐震診断の結果、複数の保育所の耐震性能が不足することが明らかになったが、常総市にこれらをまとめて対応する財政的な余裕はない。しかし、このまちの未来を担う子どもたちを危険に晒しておくことはできないので、どこかに緊急避難するしかない。児童数が減少している小学校を現実的な避難先として選定し、必要な改修工事を実施して緊急避難をまずは2校でスタートし、別の保育所についても同様な方法論で対応することとなった。公共施設マネジメントの視点では、「小学校に保育所を複合化」という管轄をまたぐ難しい文脈になるが、こういったこともポジティブに変換して実行できるのが常総市の凄みである。小学校に保育所が入ることによる小一ギャップの解消、児童が園児と接することでの教育的効果、小学校の施設を使用することで広く充実した環境で子どもたちが過ごせるなど、そのメリットを前面に推し出して進めている。広報でも保育所の複合化が特集されているが、そこにはこのようなメリットが羅列され、行政的な公共施設マネジメントの文脈は存在しない。

⑨随意契約保証型の民間提案制度

　随意契約保証型の民間提案制度では、第1回から乳酸菌の活用といった土地・建物とは直接リンクしない提案を採用している。第2回ではトライアル・サウンディングの経験を活かし提案を検討する場合はほぼ全ての施設でのトライアル・サウンディングを可能として、トライアル・サウンディングの常設化にもつなげている。更に音環境といったテーマも協議対象案件として採用するなど、懐の深さは他自治体の追随を許さない。

⑩首長・職員の熱意

　常総市は、このように他自治体と比較しても非常に厳しい財政状況にありながらも、今、目の前にある課題に対して直線的・ポジティブに試行錯誤しながら自分たちのできる形で解決していることが大きな特徴である。資産管理課はもちろんだが、様々な施設所管課の担当者のモチベーション・行動力が非常に高く、前向きに本音ベースでのディスカッションが実施できること、更には神達岳志市長のリーダーシップ・行動力・人望も大きな推進力であろう。

(2) 南城市

①市の概要

　南城市は沖縄本島南東部に位置し、人口約45,000人の自然環境豊かなまちである。市内にはおしゃれなカフェや物販店が点在し、斎場御嶽や玉泉洞などのスポットも含めて好きな人には堪らない地域コンテンツ豊かなまちである。平成の大合併で4町村が合併し、旧大里庁舎はソニービジネスオペレーションズ（株）、旧玉城庁舎は（株）オキナワインターナショナルスクール、旧給食センターは島酒屋にそれぞれ貸し付け、計約95,000千円／年の貸付料が市の歳入となっている。これに伴い56名の市内雇用も創出するなど、エリアの高いポテンシャルを活用した資産経営を既に行なっていた。

②事業のスタート

　このまちでも常総市と同様に、2019年度から施設所管課等からなる公共

施設検討ワーキンググループで多様な案件を同時並行で検討、実践している。一般行政事務に伴う補助業務及び各種施設運営に係る業務等として、窓口対応・保健事業検診・児童館・市道管理・通園バスなど計1,431百万円／5年の業務を包括的に委託している。

③庁舎等複合施設

　庁舎等複合施設は、かなり大規模な施設となっており余剰スペースも多く存在している。市民が集うことが施設のコンセプトになっていたことから、トライアル・サウンディングを実施して早朝ヨガ・マッサージ・ヴィーガン関連のキッチンカー・エステなどウェルネスを売りにした南城市らしいコンテンツが庁舎を活用して展開されている。更に隣接する巨大な公共駐車場を活用したドライブインシアターも2020年に実施された。これらのコンテンツも、職員が待っているのではなく積極的に営業したなかから実現している。行政と民間の境界線を曖昧にしていくことが今後の自治体経営のキーワードとなることから、この庁舎におけるトライアル・サウンディングは第一歩といえるものだろう。更に、現在は職員が市内外のコワーキングスペースやシェアオフィスなどに席を構え、民間事業者と日常的に連携する方法論を模索している。

④随意契約保証型の民間提案制度

　随意契約保証型の民間提案制度では、絶景の広がる知念岬周辺やその先にある無人島のコマカ島などの強烈なコンテンツに加え、都市公園や体育施設の指定管理者導入などの行政的・現実的な課題をテーマとして掲げている。クリエイティブなものから実務に即したものまで多様な提案が寄せられ、現在、これらの実現に向けて庁内一丸となって取り組んでいる。

　これ以外にも児童館の利活用や、公共R不動産が主催した公共空間逆プロポーザルでは市長が参加し、民間事業者へトップセールスを仕掛け、具体的なプロジェクト形成に向けて協議するなど、2019年の本格的な取り組み開始から約2年で大きな変革を見せようとしている。

(3) PPP/PFI や公共施設マネジメントはネガティブ・票を失う ものではない

　いつの頃からか、PPP/PFI は地元事業者の仕事・受注機会を奪うもの、公共施設マネジメントは利用者や市民に負担を強いるもの、非常にネガティブなアプローチのものだと言われるようになってきた。同時に、首長や議員にとっては、不可避の経営問題であることは間違いないが、推進と引き換えに票を失うものだと認識されてきた。確かに、本著で述べるところのビジョン・コンテンツが精査されない量産型 PPP/PFI や短絡的な総量縮減を目的とした公共施設マネジメントでは、懸念されているとおりネガティブな方向のため票を失うだろう。一方で常総市・南城市等では市長自ら先頭に立って PPP/PFI や公共施設マネジメントを推進している。鴻巣市・湖西市でも市長自らが理解したうえで包括施設管理業務を行うことを決断している。

　PPP/PFI により従来と発注方法・やり方が変わることは避けられないし、施設総量もほぼ全ての自治体ではドラスティックに削減していかなければならない状況にあることは疑いの余地がない。しかし、それ以上に民間事業者と真剣に連携することで、まちのポテンシャルを引き出すプロジェクトや、公共資産をまちのミライを創造するために活用していくことも、本気で取り組めば可能性は十分にありうる。その可能性にプロジェクトベースで気づくことができれば、PPP/PFI や公共施設マネジメントはポジティブなアクションになりうるし、政治的にもウリとなる手段になっていく。大きく変わることが求められる今だからこそ、生きる手段として PPP/PFI を活用していく意味が見えてこないだろうか。

3　複数同時展開のゲリラ戦

　PPP/PFI や公共施設マネジメントの担当は、貧乏クジなのだろうか。確かに、様々な法制度等で規定された定型業務とは全く異なる分野であるし、庁内・議会・市民等から責められやすく、更に投資可能な財源と必要な改修・改築・更新費の乖離、いわゆるバジェットギャップは現実的に対

応できないほどの状況になっている。いろんな方面からブーイングされ、自治体によっては孤軍奮闘を求められるのだから、貧乏クジだと思うのも無理はない。

　しかし、公共施設等を取り巻く環境はほぼ全ての自治体にとって絶対にクリアできない「無理ゲー」であることは間違いないが、勝手に自分たちが困難な与条件を課す「縛りプレイ」を設定して窮屈な思いをしていないだろうか。ここでは「縛りプレイ」と、その脱却方法について考えてみたい。

（1）総合管理計画等からの脱却

　1つ目の縛りプレイが「公共施設等総合管理計画・個別施設計画・再配置計画などの関連計画」である。ほとんどの総合管理計画では、必要な更新経費が投資可能な財源を圧倒的に上回り、自治体によっては数倍から十数倍の状況なので、理論的にほぼ全ての公共施設を廃止するしか解決策はない。一部の自治体では、長寿命化の名目で更新周期を80〜100年、大規模改修を40〜50年等などに設定して無理やり更新経費の山崩し・平準化を位置付けている。長寿命化を図るためにはコンクリートの中性化対策や機能更新など＋αの投資が必要であるが、大半の長寿命化計画ではこの見込みが非常に甘く、悪い場合には計上すらしていない。現実的には投資可能な財源を過去5年間の平均値で一定にすることも、人口減少等をはじめとする状況下ではありえないし、今般の新型コロナの影響でこの前提条件が崩壊しているのは明白である。普通建設事業費の満額を公共施設等に投資可能な経費に計上している自治体もあるが、普通建設事業費には国・県事業の負担金や関連する設計費などのコストも含まれており、矛盾が生じている。こうしたリアリティのない計画を根拠にしているのだから、あっという間に過去の積み残し額が雪だるま式に膨張し、計画そのものが瓦解する。住民や議会との合意形成も、計画に位置付けたとおりに進捗するほどお気楽なものでもない。そもそも総合管理計画自体の論理・目標設定・実現可能性がノーリアリティなので、これに固執すること自体に無理がある。

(2) 縮減のみの指示からの脱却

　2つ目の縛りプレイが「暗い話ばかりで共感できない」ことである。第2章①でも記載したとおり、公共施設マネジメントの目的を矮小化して総量縮減としていることである。施設の廃止≒サービスの低下ではないが、納税し設置管理条例に定められた使用料・利用料を払っている市民から見れば、財政状況の悪化を理由にサービスがカットされる、自分の身の回りの公共施設が廃止されるとは思ってもいなかっただろう。行政が経営感覚を持たなかったことで発生させた問題を市民に責任転嫁しようとするから反発されるのであり、アカルイミライへの道筋を明確に示さないから理解を得ることもできないのである。

(3) 優先順位をつける

　3つ目の縛りプレイが「施設評価に基づく優先順位の設定方法」である。ハードとソフトの情報でそれぞれの施設を分析し、評価の悪いものから順番に統廃合することが教科書的な手法である。このやり方で抽出されるのは、大抵は周辺の高齢者しか活用しないため利用率が低く、行政も目が届かないため劣化している山間部などの小規模な集会施設である。そして、職員が詳細なデータを収集・分析して関係者に説明しても「ここだけはやめてください、他をやってください」と懇願され、上司や議会との板挟み状態になってしまう。このような固定資産台帳上、減価償却が終わり備忘価格1円の施設の統廃合をどれだけ進めても、地域コミュニティに踏み込むリスクを犯しながら得られる経営的なメリットは、残念ながらほとんどゼロである。

(4) モデルプロジェクトからの脱却

①議論の集中を避ける

　4つ目の縛りプレイが、この項目で主題として取り上げる「モデルプロジェクト」である。多くの自治体では「○○駅周辺公共施設再編事業」などの名目で、今後のエリアごと・用途ごとの再編の方向性を示すモデルプロジェクトとして、複数の公共施設を1施設に複合化・集約することを位置付けている。例えば、ある地区の公民館の集約をモデルとした場合、そ

のエリアに利害関係を持たない他エリアの類似施設利用者・議員などは
「次はうちの地区がターゲットにされるのではないか」と疑心暗鬼になり、
これらが連鎖して大規模な反対運動や議会での議論の的になってしまい、
必死になってプロジェクトの阻止にかかるのである。

　これらの縛りプレイを設定している張本人は総務省でも地域住民でも世
の中でもなく、行政そのものである。だからこそ、現場の状況、財政の実
態等を直視し、今そこで起きている問題、しかも大半は自らが発生源と
なっている問題をシンプルにプロジェクトベースで解決していくことが、
今求められていることである。目の前には無数の課題が散らばっているの
で、その課題の数に応じたプロジェクトを一刻も早く展開していく必要が
ある。多様なプロジェクトの「複数同時展開のゲリラ戦」しか解決策はな
いだろう。筆者がアドバイザーとして関わってきた常総市・姫路市・南城
市・市原市・小田原市・石川町・小川町などでは、多くの施設所管課の担
当者に集まってもらい「自らが抱えている課題と解決に向けた方向性」を
各所管課から次々とプレゼンし、徹底的に関係者でディスカッションしな
がら具体的なプロジェクトとして収斂していく方式で、多様なプロジェク
トを創出している。

②多様なプロジェクトを進める

　常総市では本章②でも記載した AI 自動運転パーク、包括施設管理業務、
水海道あすなろの里等でのトライアル・サウンディング、随意契約保証型
の民間提案制度などを実践しているが、これらが具現化したのも複数同時
に多様なプロジェクトを展開してきたところが大きい。例えば、包括施設
管理業務では当初、都市公園等も含めた幅広い範囲でかつ＋αのサービス
も盛り込む形で検討していたが、全議員を対象とした説明会などの状況
から債務負担行為の予算議決を取ることが、様々な手を尽くしたにもかかわ
らず難しい状況となってしまった。そこで、当時は不本意であったが債務
負担行為の議会上程を見送り、包括そのものも様子を見ながら考えていく
こととなった。その後、議員の方から先行自治体である東村山市へ視察を
行うなど自ら再考することとなり、改めて翌年度の当初予算と合わせて予
算計上して議決、事業実施に結びついた。この間も様々な事業を同時に複

数展開していたことから、「包括くらいなら」とも言える空気感が庁内に醸成されており、結果、精神的にも余裕を持って事業化できたわけである。もし、必要以上に公共施設マネジメントの第一歩ともなりうる包括施設管理業務に固執し、当時の風向きのままゴリ押しや無理な議会への説得にこだわり続けていたら、不要な議会との関係悪化、庁内の勢いの喪失などにより、進められるプロジェクトも進まない状況になっていたかもしれない。保健センターの「照明が暗く、検診に訪れた子どもが泣いてしまうのでLED化したい、財源の調達のためにリースやESCOで実施したい」という案件は、投資回収までの期間がかなりの長期にわたるか回収が困難であった。そこで、未利用となっていた1室を貸し付けることなどで投資回収をリアルなものにしていこうとしていた。この協議の場で他の部署からも照明設備の更新要望が出されたため、全施設一括LED化に向けて舵が切られた。既存の発注方法では既存の全ての照明設備を調査したり、複雑な公募関連資料の作成が要求されることから、これらを簡略化するために随意契約保証型の提案制度で対応してしまおうと更に柔軟で実践的な方法をとることとなった。結果、目論見どおりに民間事業者からLED化の提案を受けることができ、事業化されている。このように、複数同時に検討することでひとつのプロジェクトが思わぬ形に派生していくこともある。

③風向きを見る

　行政は本著で繰り返し述べているように、意外なほど非合理的な世界である。庁内・議会・市民の合意・意思決定は、組織としての客観的・定量的な経営的判断ではなく、個人の経験・感覚・抱えている事情などの総体あるいはその断片による判断であることも多い。政治的な風向き・瞬間風速などにより判断が左右されることも数多く発生する。だからこそ、様々なプロジェクトを並行して検討し、切れるカード・確度の高いプロジェクトから実施していくことが相対的にPPP/PFI、公共施設マネジメントを進める手法として有効である。モデルプロジェクトが切れないカードであるにもかかわらず、無理やり切ろうとして軋轢を発生させ、他の支障もなくできるプロジェクトを手元に置いておくことがどれだけもったいないことか。こうした意味でも、精緻な計画を策定してそれに固執するより、手

元に数多くのリアルな手玉を準備しておくこと、そして風向きを見ながらひとつずつ形にしていく方が圧倒的に効率的である。

　更に複数同時展開することの副次的な効果として、様々な方面からの集中砲火を浴びにくくなる。少し古い話になるが、2015年、12市町村が合併した浜松市では向こう5年間に統廃合する対象施設を全て年度も含めてピックアップ・公表し、次々と関連する廃止条例等を上程した。これと合わせて解体予算として300百万円／年を確保し、廃止条例が議決された施設から速やかに解体していくことによって、5年間で400以上の施設を廃止（面積ベースでは約3％）している。これは廃止に限ったネガティブアプローチであるが、浜松市としての覚悟・英断である。このように特定地域・特定用途ではなく、一定の行政としての明確な判断基準のもと、一気呵成に進めることで反対派・議員なども「どこか」に集中攻撃できなくなってしまう。もちろん、浜松市でも教育文化会館「はまホール」などはこの方式でも大規模な反対運動にあったが、逆に言えば本当に重要なサービス・施設であれば、このように一斉にやっても立ち止まるチャンスは得られる可能性があると言える。

　これらのことから、複数同時展開のゲリラ戦はどれほど効果的・効率的かが見えてくるのではないか。そして、これを展開していくためには常総市のように庁内で様々なプロジェクトを実務ベースで検討・実践する場が必要であるし、その大前提として現実を直視し「自分ごと」として捉えて手を動かしていくこと、ゲリラ戦に参戦してくれる民間プレーヤー、地域コンテンツと連携していくことが求められている。

　まちのミライを創るのはリアリティのない二次元の計画ではなく、官民問わず多様で魅力的な三次元のプロジェクトの総体でしかない。そのためにも複数同時展開のゲリラ戦の展開は、やろうと思えばできるはずだ。

4 プロトタイプからの脱却

(1) 縮減ありきではない

　「公共施設マネジメント≒総量縮減」といった概念が未だに主流となっている。2012年、笹子トンネル天井板落下事故と前後して、東洋大学の根本祐二教授が「朽ちるインフラ」を主張された。日本全体に警鐘を鳴らした意味は非常に大きく、公共資産の老朽化が社会問題であることは共通認識となり、公共施設等総合管理計画へとつながっていった。このことへいち早く呼応した秦野市・さいたま市・習志野市は当時、施設白書、ハコモノ3原則、啓発マンガ等でメインストリームにおり、国、コンサルタント、学識経験者などもこれらの自治体を大々的にフューチャーし、全国の自治体へ水平展開を図った。

　そこから10年の月日が流れ、秦野市では施設白書に基づく統廃合ではなく、庁舎敷地内にコンビニを設置したり、保健所の一部を郵便局に貸し付けるなど、地道な取り組みが行われた。第2章①でも記載したとおり、総務省の志向した理想論・経済学的視点に特化した総量縮減一辺倒の手法は、非合理的な行政を取り巻く環境下では、秦野市でさえうまく機能しなかった。財政状況・ハコモノ総量も比較的有利であったはずのさいたま市では、15％の総量縮減や「新しいハコモノは作らない」ことを目指したが、市民病院や大宮区役所など大規模プロジェクトが行われたこともあり、取り組み以降に約7万㎡も施設保有面積が増加し、ハコモノ3原則の見直しを余儀なくされることとなった。もちろんほぼ全ての自治体で抜本的な総量縮減は不可避であるが、世の中ではこのような現実を直視することなく、古い流れを引きずったまま「何となく」総合管理計画、個別施設計画や再配置計画がメインストリームに居座り、一部の実践に特化した自治体を除き、未だにパラダイムシフトは起こっていない。

　一般的に行政の「発想・思考回路を含めた時間軸」はあまりにも遅く固定的であり、試行的に先行した自治体のプロトタイプが次々と劣化コピーされ、いつの間にか時代・そのまち・課題の本質等に合致していないにもかかわらず王道になってしまう。劣化コピーで意思のない・つくられた王

道を用いて思考停止し、自分のまちの不都合な現実を直視しないから、三次元のリアルに合致した選択ができないし、手も動かない。ゼロからプロトタイプを創出してきた自治体はそこに至るまでのプロセスに大きな価値があり、そこで培った経験は、将来的に自らプロトタイプに固執することさえなければ、まちを創るための基礎にもなっていく。そのような意味で、秦野市等の取り組みが重要であったことは間違いない。

前置きが長くなったが、今回のテーマ、「プロトタイプからの脱却」ができれば、様々な可能性が見えるのではないか。事例をベースに脱却のプロセスを考えていきたい。

(2) ESCO 事業

まず流山市における ESCO 事業である。ESCO は第4章④でも紹介しているが、保健センターで空調設備の早急な更新が求められていたが更新予算の確保が難しかったため、ESCO で実施することを庁議で提案した。ESCO は当時、「コンサルタントに委託してフィージビリティスタディ（可能性調査）を行うこと、光熱水費の削減相当額の累積額と更新経費・ランニングコストをイコールフッティングさせること、（アドバイザリー業務等で）削減保証額や工事条件などを要求水準書で規定すること」が慣例となっていた。しかし、この3要素が「フィージビリティスタディの予算計上ができない、小規模な施設のため削減相当額だけではイニシャルコストを賄える見込みが少ない、設備の専門職がいないため詳細な条件を設定できない」と、プロトタイプ・王道では全ての要素が解決できない状況であった。そこで、コンサルタントのフィージビリティスタディの代替として一般財団法人省エネルギーセンターによる無料省エネ診断、設備更新費相当分のうち削減相当額で不足するコストを行政が上乗せ額として負担、早い段階で簡易なプロポーザルを実施して詳細条件は優先交渉権者との協議に委ねるデザインビルド方式を採用、とすることでこの3条件をクリアした。この事例では、大阪市が ESCO を簡易にプロポーザルする手法を検討していたことや、佐倉市がイニシャルコストの一部を上乗せする「出っ張り ESCO」を実施していたことから着想し、プロトタイプから脱却した事例である。更に、この考え方は沼田市での ESCO 事業に進化し

た形で受け継がれていった。

(3) 包括施設管理業務

　次が、包括施設管理業務である。まんのう町でPFI法に基づくPFI事業の一環としてはじめて実施され、その後、我孫子市の公共サービス民間提案制度で採用された。これらの事業スキームを基に流山市ではじめて公募形式の包括施設管理業務を実施することとなったが、先ほどのESCO事業と同様にデザインビルド方式を採用することで専門性を補完していった。我孫子市・流山市の包括の方法をプロトタイプとして、廿日市市では総額21百万円／年（100千円／件未満）の巡回点検時の小破修繕を包括にビルトインすることで更なる効率化を図った。湖西市では一部の修繕費を所管課に残しつつ、500千円／件未満の修繕を包括の業務範囲としている。佐倉市では、直営の施設に加えて15の指定管理者の施設を対象に含むことで運営と保守管理の質の向上や民間事業者にとっての事業の魅力向上を図った。更に、近年の事例では人件費相当分のマネジメントフィーや旧来の管理水準を適正な基準に戻すためのコストが付加されることから、「みかけの契約額」が従前より20〜30％増加することが多い。このマネジメントフィーを含む業務全体のコストをサウンディングで把握し債務負担設定額の根拠とすることが湖西市以降、東大和市等でも一般化した。国立市では実現に至らなかったが、みかけの事業費増加額相当分を「市が保有する資産を使ってできること」で民間事業者が自ら調達する形、つまり提案制度と包括を抱き合わせることで解決しようとした。明石市では同様に、みかけの事業費増加分を包括によって減少する職員の削減相当人数で相殺するために、事務コストから算出した1,300千円／件未満の修繕を包括の対象とすることとなった。

　また、前述の廿日市市ではハコモノ包括を皮切りに、次年度には宮島のインフラ施設の包括、その翌年度には雨水ポンプ場の包括と、自らのプロトタイプを次々と進化・拡充している。東村山市では、マネジメントフィーを上乗せしたうえで、敢えて技術的な「要求水準書を書かない・記さない」柔軟な公募方式を採用している。

(4) 随意契約保証型の民間提案制度

　随意契約保証型の民間提案制度に関しても全事務事業を対象とした我孫子市、全ての土地・建物を対象とした流山市をプロトタイプとして、苫小牧市・浦添市では対象を絞って行う形式、常総市では逆プロポーザルなど民間からの提案に応じることができる仕組み、更に翌年度の同制度ではトライアル事業としてトライアル・サウンディングと提案制度を融合させている。津山市ではリアルなショートリスト・ロングリストの明示、東村山市では市に関連すること全てを対象としつつローカルプラットフォームと連携する形式など、次々と進化を遂げている。

(5) 進化し続けるために

　一方で残念ながら流山市では ESCO、包括、提案制度など時代とともに微修正しながら継続的に実施していることは素晴らしいが、この大きな進化のストリームには乗り切れていない。「その当時にある程度機能し、世の中から評価されたもの」は、自発的な変化を生みにくくする側面もある。これは流山市に限った話ではなく、冒頭の公共施設マネジメントの流れを無垢に信じた自治体やその中核にいる自治体も同様である。もちろん様々な要因が絡むので脱却できていない部分もあるだろうが、プロトタイプからの脱却を様々な分野で進めている自治体、常総市・東村山市・沼田市・津山市・鳥取市・福岡市・別府市などは、何が違うのだろうか。

①情報を得る

　いくつか要素はあると思うが、一点目が「情報を積極的に幅広くキャッチアップ」していることである。セミナー等の受動的に情報を得る場だけでなく、担当者間、大手の民間事業者、地域のプレーヤーなども含めて幅広い有機的なネットワーク網を構築し、積極的に拡大している。こうした多様な関係性のなかで多くの情報に触れ、国の資料・有識者委員会の提言・既得権益や一部の声の大きい市民などの意見に惑わされることなく、膨大な情報を集めながらも自分たちの立ち位置を見極めながら、必要な情報を抽出できている。

②柔軟さ

二点目に「柔軟な思考回路」を持っていることである。過去やこれまでの慣例に固執することなく、また先行事例を安易に劣化コピーするのではなく、物事の本質と自分のまちの実態を見極めながら、自分のまちらしい形にアレンジして事業化を図っている。沼田市の ESCO 事業、包括施設管理業務委託、随意契約保証型の民間提案制度などは、まさに先行自治体の事例をベースとしながらも、包括ではテラス沼田（本庁舎）を中心に民間との協議で対象施設を100施設以上に拡張したり、提案制度では庁舎の跡地活用をテーマ型として設定してケリをつけてしまうなど、確信犯的・策略的に様々な仕組みを経営課題解決のために使いこなしている。

③現場の機動力

三点目が「現場レベルで動く機動力」である。これらの自治体の担当者は、総括部門にいながらも自ら施設所管課の職員、民間事業者などとともに現場で動いている。現場の状況を日ごろから熟知し、まちの状況が見えているから責任感を持つことができ、また現実的なアプローチも思い浮かぶのである。津山市では中心市街地活性化の象徴であるアルネ津山の問題から目を逸らすことなく、目の前にある課題から地道に解決を進め、時には現場で困難に直面しながらコンサルタントに依存することなく、旧苅田家付属町家群の公共施設等運営権事業、学校の断熱改修ワークショップなど多様なプロジェクトを政治的な状況も反映しながら自らの手で構築、展開している。

自分たちだけでやろうとするから、国・コンサルタント・学識経験者の現場体験に基づかない表層的な理論・文書などを無垢に信じすぎるから、できることの量は減り幅も狭くなってしまう。いろんな自治体・民間事業者と連携していくことで専門性・資金などを含めてできることが圧倒的に増加し、幅広くなる。様々な人たちがこれまで試行錯誤しながらプロトタイプを構築・実践してきたからこそ、プロトタイプには解決すべき課題に対するヒントが詰まっているし、プロトタイプを自分のまちに合わせて「積極的に」アレンジし、脱却していくためのポイントは世の中、自分たちのまちに散らばっている。

生きるための資金調達、ビジネスベースでの連携

　本著で述べてきたように、明日を生きるための日銭がなければ、自分たちの知恵・足・ネットワークをフル活用し、あらゆる手段を使って必死に調達する、それがPFIである。PFIはPFI法に基づくPFIだけではない。大阪城公園は指定管理者制度、南城市の旧庁舎は財産の貸付、貝塚市の保育所塗装改修は民間事業者との交渉で資金調達している。光熱水費の削減や清掃業務委託などの維持管理コストの見直しも削減額が歳入確保と同義である。シェアード・セイビングス契約のESCOもPFIに非常に近い仕組みであり、光熱水費の削減保証がつきながら設備の更新を可能とする経営的手法である。未利用・低利用資産の貸付、自動販売機・広告事業なども民間からの資金調達、PFIの一種である。行政が土地・建物を出資する山陽小野田市のLABVのような手法も今後、急増してくるだろう。

　プロジェクトを実践するためのノウハウ・マンパワーをビジネスベースで調達し、民間事業者と連携するのがPPPである。連携する相手は大手ディベロッパー、ゼネコンだけではない。地域の飲食店・物販店などのプレーヤーとの連携による小さなプロジェクトでも、それが連鎖することでまちのミライを創ることができる。内閣府のPPP/PFIの優先的検討規程のモデルやリアリティのないコンサルタント・学識経験者が主張する総事業費10億円以上、年間の維持管理費1億円以上に則るものである必要性などどこにもない。

　PPP/PFIは公共施設等総合管理計画でお気楽に記載したり、議会答弁で体裁よくすり抜けたりするためのものでも、公共施設等の問題を全て解決してくれる夢と魔法の手法でもない。未曾有の厳しい現実、社会経済情勢のなかで泥臭くまちが生き抜くための手段でしかない。むしろ、必死になってコロナ時代を生き抜こうとすれば、自ずと手段として使っているはずだ。もはやPPP/PFIという用語すら使う意味はそれほど大きくない。用語の定義や対象事業を選別することなど、全くもって無駄な時間と労力である。

　シンプルに幅広く考え、今、目の前にある課題を直線的に解決していこ

うとすれば、PPP/PFI に対するハードルは消え去るだろうし、一見新し
い手法に見える PPP/PFI や民間との連携に対する躊躇はなくなるだろう。
そして、アカルイミライへの道筋、ビジョン、コンテンツをリアルに考え
ていけば、ポジティブに取り組んでいけるはずである。

第9章

PPP/PFI の可能性

1 ユルクトンガル

(1) PPP/PFI に関する懐疑的思想

　様々な自治体と接していると、PPP/PFI に対する懐疑的思想に直面する場面に遭遇することも多い。東北地方のある自治体では、14年前に町長が図書館建設を公約に掲げて当選したが、未だに図書館が建設できていない。このまちで行われたセミナーで、紫波町のオガールプロジェクトを推進された岡崎政信氏と公務員時代の筆者が講演した直後に、議会で図書館と関連した一般質問が行われた。

議　員「図書館建設にあたって、オガールプロジェクトのような新しい資金調達を考えているのか」

執行部「現時点では新たな発想での資金調達は検討していないが、民間から提案があれば検討することはやぶさかではない。オガールプロジェクトが他の自治体に当てはまるかは、甚だ難しい点が多い。岡崎氏というキーパーソンと専門的な人材ネットワークが構築されていたこと、土地が既に取得されていたこと、自由度の高いまちづくり交付金が活用できたこと、フットボールセンターの移転という数々の好条件が重なった結果、成功した稀なケースではないか。今はできたばかりで物珍しく集客力も高まっているが、個々のお店が消費者を持続的に吸引し続けられるかで稼ぐインフラの真価が問われてくるので当面は、公民連携によって再生するか注視してまいりたい。」

議　員「公共施設整備手法の検討について、新たな発想が民間から出てくるのを待っているのか」

執行部「現時点では待っている状況」

議　員「流山市では PPP/PFI の手法を採用した理由として金がない、ノウハウがない、人がいないなら外部から資金を調達する。知っている人たち、プロと一緒にやっていく。わからなければ聞いてやっていくと言っていた。この町でも行政だけでやろうとせずに、民間の

　　　　知恵を借りるべきではないか」

執行部「民間の知恵と簡単に言っても、民間は自分たちにメリットがある
　　　　かを考える。収益的施設という考え方をとるとイベント興業が優先
　　　　され、町民が使いたいときに使えないデメリットが生じる。民間が
　　　　全て正しく、役所のやり方が間違っているとしてしまうのはありえ
　　　　ない。もし、PPP/PFI が本当にコスト削減になって町民に満足感
　　　　を与える手法であれば、次々と役所の事業がシフトしていくのが当
　　　　たり前だが、そうなっていないので何か問題点があると思う。流山
　　　　市とこの町では行政規模が違うし、そういう人材もいないので難し
　　　　い。」

議　員「自治体が生き残るための手段として捉えた PPP/PFI とも話して
　　　　いた。生き残るためにもっと活用すべきではないか」

執行部「民間的経営でやるのは無理。行政をやっていないから言えるのだ
　　　　ろう。行政は住民サービス、コストを度外視してもやらなければな
　　　　らない政策もある。全て経営感覚でやるのは、弱いもの、非効率な
　　　　ものは切り捨てることにつながるので、全て役所に当てはまると
　　　　思っていない。紫波町が将来生き残れるかというと、この10年間で
　　　　この町より人口が減っている。現実も理解をしていただかないと
　　　　けないし、民間的手法で商店街が再生するものか見てからでも遅く
　　　　はない。」

議　員「図書館建設を公約に掲げて14年が過ぎた。パブコメでは町長の姿
　　　　勢に対する怒りと疑問の声が集まったが、どう認識しているか」

執行部「図書館だけでなく、いろいろな政策をやらなければならない。
　　　　（パブコメの意見は）財政状況を考慮していない。（図書館が）欲し
　　　　いのはわかるが、町長はそこだけに責任を負っているわけではない。
　　　　崇高な理念は受けとめるが、それを実現するのが政治家。図書館で
　　　　起債も打てない状況なので将来借金として残る。その前に体育館を
　　　　つくるので財政破綻につながるかもしれない。借金を背負うことで、
　　　　他の公共サービスは我慢してもらわなければならない。将来の負担
　　　　を考えて、この町が二度と財政危機に陥らないように考えながらや
　　　　らざるをえない。」

紫波町のことを上から俯瞰している場合ではなく、自分のまちで何ができるかを考えなくてはいけない。このような斜に構えた言い訳や民間事業者を見下した姿勢のまちに優れた民間事業者はやってこないし、連携はできない。民間事業者は軽くあしらわれたり、見下されたりする筋合いはない。行政がお上意識でいるようなまちに、残念ながら民間は魅力を感じない。自分たちのまちを卑下して、人材もいないと嘆いているようなネガティブマインドでは、ミライを創るプロジェクトができるわけがない。「民間が正しくて行政が間違っているはずはない。経営感覚でやるのは弱いものを切り捨てる」のではない。弱いものを救うためには金がいる。今回の新型コロナ禍で市民が一番必要としたのは、今日と明日を生きるための金である。金なしに弱いものは救えないし、経営感覚なくして気持ちだけでは弱者への配慮はできない。この厳しい状況のなかで、古い発想のまま図書館を建設すれば財政が破綻してしまうからこそ、新しい資金調達が必要なのである。

冒頭の議会のやりとりについては、ここ数年、筆者の講演でもほぼ100%活用しているが、決してこのまちのことを馬鹿にしているのではない。全国各地で様々なプロジェクトに関わっていると、驚くような頻度で似たような負のスパイラルに直面する。誰かがどこかでこの不毛な負のスパイラルを断ち切らない限り、このまちに図書館もできなければ弱いものも救えない。

このような負のスパイラルを打破することができれば、下記に記すような魅力的なプロジェクトにつながり、まちのミライを創ることができる。

(2) 地域の特性を活かした事例

①別府市

別府市では、2016年に民間の老舗遊園地ラクテンチをベースに、カゴが湯船になっているジェットコースター等からなる企画「湯〜園地」のPR用動画を YouTube にアップし、100万回再生されたら実現すると宣言した。これがあっという間に拡散し、僅か3日間で目標を達成した。市長の宣言によってわずか半年後の7月下旬に実施することとなったが、全く予算計上もされていなかったため、クラウドファンディングを中心に必要な資金

を調達することとなった。8,000円でタオル型入園券、300,000円で市営温泉の年間フリーパス、1,000,000円で1分間の打上げ花火などの魅力的な返礼品、300,000円以上の場合は市長とのサシ飲み券がつくなどの茶目っ気も含めたコンテンツを準備した。ストレッチゴール方式（段階ごとの目標金額を設定し、集まった金額に応じて、実現する内容が充実していく）を採用することで、事業採算性も確保しながら33,967千円をクラウドファンディングで、個人からの寄付・企業からの支援なども含めて81,828千円以上の資金と物資を調達した。当日は、黄色いTシャツを着たボランティアが運営を補助し、多様なコンテンツが所狭しと立ち並び3日間合計約14,000人がこのプロジェクトに酔いしれた。

　表面上は市長も含めて悪フザけしているように見せながら、裏では計算され尽くされたプロジェクトだと筆者は思っていたが、実際はそもそもの動画がPR用で作成したもので実現の意図は全くなかったこと、市長が時期を含めて実施を約束してしまった見切り発車であった。実施に向けては限られた時間で、予算も全く確保されず実現可能性も未知数であったことから、ストレッチゴール方式のクラウドファンディングが採用された。「湯～園地」の具体的なコンテンツも、市長が世界55か国からの取材に対応するなかで発した言葉の数々を担当が咀嚼し、ひとつずつ形作っていった。こうしたなかで担当者が、クラウドファンディングの返礼品としてそっと位置付けたのが「市長とのサシ飲み」である。市長はなんと下戸だとのことだが、約束どおり4名の300,000円以上の寄附者と全て会食したとのことである。このような市長と担当者の本当の意味での良好な関係も、このプロジェクト実現の鍵であっただろう。

②沼津市

　沼津市の、社会的な役割を終えて廃止されていた旧少年自然の家は、跡地活用についてサウンディングを実施し、その後のプロポーザルコンペにおいて①宿泊、②飲食、③自然体験アクティビティの3要素を持った泊まれる森、簡易宿所「INN THE PARK」としてリノベーションされることとなった。森の中には宙吊りを含むドーム型テントを配置し、管理棟は塗装を中心にリノベーションされ、食堂はおしゃれなラウンジ兼カフェに生

まれ変わった。宿泊棟は子どもの宿泊対応のために設置されていた二段ベットを撤去し、大人が泊まれる空間に様変わりした。ドーム型のテント内部にもベッドが配置され、星空を眺めながら特別な時間が過ごせる場になっている。洗面台など所々には少年自然の家だった頃の面影を残しながら、1泊30,000円以上の素敵な空間を生み出している。縮減ありきの公共施設マネジメントだったら廃止・解体して終わってしまう社会的な役割を終えた公共施設が、このように新たな価値へ転換することで再生することを示した事例である。

　沼津市は、アニメ作品ラブライブの舞台となっているため連日、多数のラブライバーが痛車に乗って聖地巡礼に訪れている。商店街などもこの流れに乗り、様々な関連商品を販売している。これを察知した沼津市、ソニー企業（株）などが連携して「沼津市×ラブライブ！サンシャイン‼ ヌマヅノタカラプロジェクト」を実施した。同作品に登場するスクールアイドルグループAqoursの各メンバーをあしらったオリジナルマンホール（全9種）を制作し、事業費をクラウドファンディングにより捻出することで、観光資源をファンの協力のもとつくりあげている。目標額22,170千円でスタートしてわずか30時間で目標達成、最終的には目標額152％の33,844千円の資金を調達した。全国からラブライバーは、自分の好きなキャラクターのマンホールがどこに設置されたか探しにやって来る。そしてラブライバーだけでなく、INN THE PARKやこういったプロジェクトができるまちとして、他の民間事業者がビジネスチャンスを期待してやってくるようになる。こうした空気感・ムーブメントを創っていけるかどうかが、これからの自治体に問われることである。

③尾道市
　尾道市のONOMICHI U2は、県が所有する港湾倉庫を市が借りて民間事業者に転貸し、複合施設としてリノベーションした事例である。地域コンテンツを十分に活かしたベーカリー、レストラン、セレクトショップなどとともに、しまなみ海道というサイクリングロードのメッカになっていることを活用して自転車メーカーのジャイアントのショップ、サイクリスト専門のホテルが併設されている。このホテルは、シンプルながらも非常

にセンスの良い空間であるばかりでなく、部屋まで自分の自転車を持ち込めることが大きな特徴となっている。更に、市内には丘の上の一坪のパン屋、商店街のリノベーションしたカフェ兼ゲストハウス、尾道ジーンズ、オーダーメイドのメガネ屋など、U2の感性に呼応した店舗が次々とオープンし、まちの魅力を日々高めていっている。

④新冠町

新冠町は2009年に「Yahoo! 官公庁オークション」に廃校をまとめて出品したことで有名になった。このうちのひとつの旧太陽小学校は、30,000千円で落札したオーナーの手により「太陽の森ディマシオ美術館」として2010年に再生された。ジェラール・ディマシオの作品約250点を常時展示し、校舎棟はディマジオ作品・ガラス作品等、体育館棟は横27m×縦9m世界最大の油彩画、プール棟はガラスの美術館として使われている。ディマシオ美術館周辺にはサラブレッドの牧場が広がり、絶対にここを目指さなければ辿り着くことができないような立地状況にもかかわらず、一般1,100円という入館料設定でも平日から多くの人が訪れている。地方では民間と連携できない、尖ったコンテンツで勝負することはできないといった既成概念が迷信であることを証明する事例である。

(3)「ユルクトンガル」とは

では魅力的な場とは何だろうか。紫波町のオガールプロジェクト、大阪市の大阪城公園や天王寺公園、旭川市の旭山動物園など地域のみならず遠方からも人がめがけてくる場は、そこでしか得られない独自性で「トンガって」いる。しかも、これらの場は○○禁止などの立て看板が支配するのではなく、利用者が社会的な常識の範囲で様々なアクティビティを創出できる「ユルい」場でもある。ユルクトンガルとは、オモロイこととほぼ同義であろう。万人受けを狙うのではなく、明確にターゲットを絞ったオモロイ・価値があるサービスに人は集い、その対価を支払うのである。

旧来型行政では関連する上位法、各種補助事業、「みんな」を意識した合意形成、近隣を中心とした他自治体とのレベル感、トラブル発生時のリスクヘッジ、財源が乏しいことによる閉塞感などから「ユルクトンガル」

ことを躊躇させてしまう。前例踏襲・縦割り・既得権益・既成概念などの
旧来型行政文化は、職員数削減、権限移譲やニーズ多様化に伴う業務量増
加、コンプライアンス、一部の議員や市民からのネガティブな監視等で拍
車がかかる。いかにリスク発生を抑制しつつ規定の業務を粛々とこなすか、
「カタクオダヤカ」であることが優先されてしまう。

　筆者は公務員を経験していたので確信しているが、残念ながら職員個人
の単位でユルクトンガルことを志向しても、行政が組織としてユルクトン
ガルことは立場もあるので簡単ではない。誰がトンガれるのかといえば、
民間事業者である。民間事業者は他者と差別化しないと生きていけない。
各社が持つ知的財産そのものが、強烈な個性を放ちトンガっている。行政
が自発的にユルクトンガルことが難しい、あるいはそのノウハウ・マンパ
ワーが自治体内部に不足しているのであれば、ユルクトンガっている民間
事業者と連携すればいい。立川市の旧庁舎をリノベーションした子ども未
来センターは、プロポーザルコンペで選定された指定管理者が、2階の大
半をマンガに特化した「立川まんがぱーく」として整備し、トンガッた自
主事業を展開している。図書館法に基づく図書館ではないし、押入れを模
した空間では好きにくつろいで本を読むなど、館内にはユルク楽しむ仕掛
けが散りばめられている。

　大阪城公園では、指定管理者の公募要件からしてユルクトンガっており、
民間事業者の投資回収期間を意識した20年を指定管理期間に設定するとと
もに、投資やイベント等の裁量を十分に民間事業者に付与している。金色
に塗装した御座船（屋形船）で内堀を巡るサービスは、大人1,500円／人
という料金設定にもかかわらず、筆者が訪れた際も満席状態で、乗船して
いる人々も1,500円の価値があると判断して対価を支払っている。10分間
隔で運航していたことから相当の収益につながっているのだろう。ユルク
トンガルとは、こうした非日常の価値あるサービスを楽しめることである。
行政財産（公の施設）で難しければ、当該施設を普通財産に切り替えたうえ
で条件付き貸付とすることも選択肢となるだろう。八代市では廃校となっ
た宮地東小学校を普通財産として貸し付け、2016年から体験型宿泊施設と
して活用していたが、理科室をバーとして活用するだけでなく、婚活パー
ティーや超ユルクトンガッたイベントが繰り広げられていた。

ユルクトンガルことで人が惹きつけられビジネスが発生する。つまり、緻密な事業採算性のうえに成立しており、こうした資金調達も PFI の一種だと言えよう。全ての公共施設・サービスが一律にユルクトンガル必要はないし、ユルクトンガルことで公共施設やインフラを取り巻く課題が全て解決できるわけでもない。しかし、総量削減だけを目指した経済学的でネガティブなアプローチのみではアカルイミライは提示できないし、ワークショップで行う公共施設再編のボードゲームのような机上・二次元のオママゴトでは三次元のリアルな現実には対応できない。もちろん、総合管理計画や再配置計画も、コロナ時代に対応したリアルなものにする必要があるし、実践なくしては存在価値すらない。

　ごく一部のユルクトンガル場が、そのまちに勢いとカネを生む。それらを活用して、支えなければいけない福祉・教育等のサービスや小さな地区集会所の維持管理費を捻出していく。それが自治体としての経営である。どこかで誰かが「ユルクトンガル」こと、それを周囲が許容することで、少しずついろんなことがリアルに、前向きに変わっていくのではないだろうか。

2 コロナと自治体経営

(1) 常識が覆える

　2020年、突然に世界を襲った新型コロナウイルスは、非常にネガティヴ要素であることは間違いないし、全人類が多くの課題・現実を突きつけられることとなった。with コロナとか after コロナといった表層的なキャッチフレーズで、あたかも新型コロナウイルスと共存しながら、あるいは完全に撲滅させて元の生活へ近い将来に戻るような幻想は、なんの役にも立たない。東日本大震災や毎年のように発生する大規模自然災害に対して人類、特に日本人は、それぞれが持つリソースを使い「動くこと」で助け合ってきた。しかし、今回の新型コロナは社会の連鎖、社会との直接的な関わりを断つ「動かないこと」がキーになっていることも厄介である。数年後にどうなるのか予想もつかないが、現実の問題として新型コロナはわ

ずか1年で世界を一変させ、2021年1月現在でも変異株や第三波などに晒され、政治は後手後手でカオスに陥り、収束の見込みは立っていない。

　新型コロナはネガティブな要因であることは間違いないが、だからといってイジけていても誰かに頼ろうとしてもジリ貧になるのは目に見えている。民間事業者は、一部では過剰なほどの様々なウイルス対策、オンライン会議、在宅ワーク、テイクアウト、インターネット通販、マスク製造を含む新業種への参入等により、なりふり構わず自分たちが生きる手段・市場を探している。Zoom などのオンライン会議システムの急激な成長や都内でのオフィス需要の激減、高級店のランチ営業やテイクアウト販売なども、新型コロナ拡大前には考えられなかったことである。

(2) 財政の制約が増す

①国は頼りにならない

　新型コロナ対応に直結する医療関係への手厚い支援や休業補償などへの対応は「国がやるべきこと・税金を投入してでも守るべきこと」だろう。国は次々と赤字国債に依存した補正予算を繰り出し、2020年度は第3次補正までに約89兆円の国債を発行した結果、公債依存度は64.1％に膨れ上がってしまった。2021年度の地方債計画によると、前年度比74.5％増の5.5兆円の臨時財政対策債の発行が予定されている。約20年間54兆円にまで膨らんでいる臨時財政対策債の現状を踏まえると、地方交付税制度そのものが揺らいでいると言わざるをえない。

　しかも残念なことにアベノマスク、Go To キャンペーンだけでなく、新型コロナウイルス感染症対応地方創生臨時交付金で掲載されているメニューには「図書館パワーアップ事業、鳥獣害対策及びジビエ利用確保事業、スーパーシティ先行実施事業、マイナポイント活用促進プレミアムポイント付与事業」など、市場とかけ離れた各省庁からのコロナウイルスとは因果関係のうすいものも数多くみられる。首長や議員、自治体の企画・財政部門や各業務の所管部署が新型コロナに正面から対峙するのではなく、このような「風が吹けば桶屋が儲かる」短絡的な交付金メニューの獲得に奔走してしまっているまちも実際に多い。それぞれの自治体の生き方であるが、イカのオブジェを設置することとコロナ対応、どう結びつくのだろ

うか。最前線でリスクを抱えながら心身を擦り減らし続ける医療関係者・エッセンシャルワーカー・資金繰りが限界を迎える経営者・職を失う雇用者がどう感じるだろうか。プロ意識が欠如し、浮世離れしたお城庁舎で世の中の現実を直視することもせず、臨時交付金を一部の既得権益・行政に群がるコンサルタントにバラ撒き、無理やりの理屈で活用するまちにミライはない。

　税を公共サービスとして再配分することを主たる業務としてきた旧来型の行政では、世の中の動きとタイムラグがどうしても生じてしまうこと、既存の行財政システムでは臨機応変な対応が難しいことは十分に承知している。しかし、今回の新型コロナは既に行政にも影響を与えはじめている。多くの自治体では新型コロナ対応のために早い段階で財政調整基金のかなりの部分、自治体によってはほぼ全てを取り崩してしまっている。

②厳しさを増す自治体財政

　新座市では、ここ数年、財政調整基金を取り崩しながら行政運営してきたが収支不足が続き、財政調整基金の残高は2018年度末の時点で238百万円とほぼ底をついてしまっていた。そのような状況下で新型コロナの影響を受け、2021年度には財政調整基金を全て取り崩しても2,500百万円の収支不足となることが試算され、2020年10月、財政非常事態宣言に至っている。

　この構造は、①継続的な財政調整基金の取り崩し、②公有財産の売却などで一時的な歳入歳出構造の維持、③新庁舎整備や大規模土地区画整理事業などの大規模公共事業、④いざとなった場合に頼る先は国の支援という、一般的な行政そのものである。まさに明日は我が身であり、単年度会計・現金主義の行政、新型コロナなど不測事態を想定しない計画行政の限界でもある。

　新座市はいち早く新型コロナの影響を試算し、将来の収支を明らかにしたからこそその非常事態宣言であった。現時点で「新型コロナの影響は不透明」として歳入歳出を甘く見積もっている自治体は、2021年度に歳入欠陥が発生し、翌年度以降に新座市と同じ道を辿る。しかも、その時には試算が遅れた結果、打てる手はほとんど残っていない。

（3）事業の見通しが余儀なくされる

　静岡市では、入札公告されていた2件のPFI事業（新清水庁舎整備事業、海洋・地球総合ミュージアム整備運営事業）と歴史文化施設の整備事業の3件の大型事業を、新型コロナ対応を優先するために凍結した。2019年度末に77億円以上あった財政調整基金は、当初予算を含めて新型コロナ対応を中心とした2020年度の3回の補正予算で1.1億円まで減少する見込みで、実質的に底をつく。今後、新型コロナの長期化、地震や風水害などの自然災害、なんらかの急激な社会経済情勢の変化が発生した場合、静岡市が打てる手は残っていない。こうしたことから、6月補正に先立って市長の口から「聖域を作らない」として3大プロジェクトの凍結が発表された。清水区庁舎の移転を巡ってはこれまでも紆余曲折があったが、移転の反対派が有権者の1/10にあたる55,635人分の署名を集め、事業の凍結表明とほぼ時を同じくして移転の賛否を問う住民投票条例制定の直接請求を行っている。

　このプロジェクトは筆者も有識者委員会の一員として参加していたので、公表されている情報以外にも多くの情報・意見・プロセス・意図を把握している。この移転の真の目的は、検討に先立ち広報で示された「点としての庁舎の移転ではなく、まちを再生させるプロジェクトのひとつ」である。寂れてしまった駅前銀座に代表されるまちの衰退、清水エスパルス・まぐろ・ちびまる子ちゃん・駿河湾・三保の松原等のキラーコンテンツとまちが有機的にリンクせず、十分にまちとして活用しきれていない状況を庁舎の移転をトリガーに、少しずつ変革していく仕掛けが模索されていた。庁舎機能の一部を駅前銀座の空き店舗へ設置し、職員がまちなかを日常的に走り回る。駅前に移転するメリットを活用して各企業のサテライトオフィスを庁舎内に設置し、行政と民間が当たり前のようにコラボする。「お城庁舎」とせず、庁舎とまちなかの境界線を曖昧にすることでリアルな自治体経営を行うことを目指していた。（最終的にはコンサルタントが、有識者委員会の議論を表層的に汲み取っただけの旧来型の要求水準書に収斂してしまったため、ほとんどこのコンセプトは反映されることはなかった。）

　そしてここでは記せないが、庁舎の移転と連動して清水にとって重要な民間プロジェクトを駅前に誘発していくことも関係者間では水面下で検討

されていた。今回の庁舎の移転凍結によって、確かにPFI法に基づくPFIの関連事業費のうち数年分のサービス料は現金ベースで節約できたかもしれないが、同時にまちを変革しうるトリガーを引くチャンスも失ってしまった。全てが手に入るわけではないし、全員が納得する形もありえない。政治判断は政治の仕事、非合理的なことも含めて、最終的な判断は有権者の負託を受けた首長たった一人の孤独な決断である。首長の政治的判断は尊重されるべきであるが、新型コロナが判断に甚大な影響を与えたことは間違いない。

(4) ピンチをチャンスに

①ミライを描き直す

　一方で、新型コロナにより民間側でもエッセンシャルワーカーの重要性が見直されるとともに、数か月間の自粛・リモートワークにより、オフィス不要・縮小論が大きく取り上げられてきた。通勤・オフィス勤務・長時間会議・ハンコ決裁という概念から脱却した多様な働き方、ギグワーカー（企業や個人からの仕事を単発で請け負う）の台頭、ワーケーション、多拠点居住などの変化が起こっている。民間側でも旧来の働くことに対する境界線が大きく揺らいでいる。第4章①でも記したが、これまでは「硬く・集約」することが総務省型公共施設マネジメントであり、コンパクトシティや立地適正化計画も、都市の密度を上げていく方向性であった。しかし、これは裏を返せば三密のリスクが高まり、集約すればするほど、大津市等の庁舎閉鎖に見られるように、クラスター発生時の被害・影響範囲も甚大になる。違う見方をすれば、静岡市は多大な犠牲・混乱と引き換えに立ち止まったことによって、もう一度冷静にミライに向けた道筋を描き直すチャンスを手に入れることができたわけである。その結果、駅前の庁舎移転候補地には病院が移転するとの報道もされ新たな動きになっている。

　静岡市のように、全国の自治体は未曾有の事態、前提条件が大きく変わったことをまずは受け止めるしかない。そして、ミライに向けたヒントやそこに向けた具体的なアクションも少しずつ起きはじめている。前述の静岡市では清水区庁舎とは別に、数年前から都内のコワーキングスペースWeWorkに職員2名が席を構えて民間事業者とのコラボを図っている。

同時に静岡市内の公共施設や民間オフィスを活用した「お試しテレワーク体験事業」も実施し、まちと様々な民間事業者、行政が物理的に交わっている。「行政と民間の境界線を曖昧にする」仕掛けを展開しており、2019年度には50件以上の商談を成立させている。

　清水庁舎の検討委員会で意図していたのは、まさにこうしたことである。「どこまでが庁舎かわからない・誰が公務員なのかわからない・どこまでが行政の守備範囲なのかわからない」こと、行政と民間の境界線を曖昧にしていく。今後の非常に厳しく先が見通せない社会経済情勢のなかで、地域コンテンツを活用して「まちを経営」していくためには有効な手段となりうる。副次的な効果として庁舎はコンパクトになり、コストはイニシャル・ランニングともに削減され、まちなかのストック活用も進むことになる。新型コロナ拡大前は庁舎を安く・合理的に・小さく作り、まちなかの空きストックも活用することでLCCを抑制することが、公共施設マネジメントの主たる効果と考えられた。こうした概念も新型コロナを経験した現在、まちが生き残るためには変換させていく必要がある。

②公共空間の活用の拡大

　同様に公共空間の活用についても、大きな変化が生まれている。これまでは一部の地域での本格的なエリアマネジメント、新橋の飲み屋街等に見られる公共空間へのビジネスの滲み出しや天王寺公園などのリアルな都市公園の活用などが中心であった。Park-PFI、エリアマネジメント負担金、都市再生計画に位置付けることによる無余地性の緩和などの制度の充実と比較して、現場レベルでの進展が遅かった。特に道路では道路占用許可に際し、安全性を重視する警察との協議が難航する事例が多く、ボトルネックになることが共通認識になっていた。国土交通省が新型コロナウイルス対応のために、「沿道飲食店等の路上利用に伴う道路占用の許可に当たり、いわゆる無余地性の基準等について弾力的な判断を行うことにより、道路管理者として当該路上利用を支援する」ことを発表した。地方公共団体・道路協力団体等の一括申請を認め、清掃等の一定の用件を満たせば占用料も減免される。更に「なお、本通知の内容については、警察庁交通局と調整済みである」との文言も添えられ、それぞれのまちが道路空間・店舗の

軒先等を本気になって活用しようとすれば、暫定的な措置・期間であるにしろ、民間ビジネスが公共空間へ滲み出し、魅力的な都市環境を創る大きなチャンスが得られる。国土交通省の通知では期間延長の可能性も示唆されていたが、この期間内に全国各地で公共空間を活用したビジネスが展開されたこと、新型コロナの見通しが相変わらず不透明なこともあって、恒久的な措置に変わろうとしている。こうした動きも新型コロナなくしてはありえなかったものであり、公共空間の利活用によって今後、まちのあり方そのものが変わってくるかもしれない。

南城市では、自治体規模と比較してかなり大規模な庁舎と隣接する公共駐車場を整備していた。新型コロナ拡大前には、庁舎内の余剰スペースや将来的にバスセンターが検討されている公共駐車場の有効活用を検討しても、人口密度が低く生活圏・観光拠点からも離れたエリアであることから、なかなか具体的なアイディアが出てこなかった。徹底的に営業しながらのトライアル・サウンディングからやっていくこととなったが、この時期にコロナが蔓延した。担当者が必死になって営業していることもあるが、余剰スペースでは早朝ヨガ・ヴィーガンなどの各種キッチンカー・整体・行政書士事務所・託児所・エステなど、多様なコンテンツが実施されている。駐車場では庁舎の壁面をスクリーンとしたドライブインシアターも実施された。庁舎のなかに民間事業者が様々な形で混じり、ここでも行政と民間の境界線が曖昧になってきている。

一方で、ライトな観光客やインバウンドの受け皿となっていた那覇市の国際通りに新型コロナの影響が直撃していることを考えると、今後の世界では「小さくともホンモノ・地域にあった・手作り感のある・共感できる」高価値・特定少数を対象としたサービスが、よりクローズアップされてくるだろう。

(5) 今、できることを

新型コロナにより、長期スパンを想定していたはずの公共施設等総合管理計画では数年先さえも見越すことができなかったこと、「硬くする・集約する」短絡的な総量縮減だけでは全く通じないことも改めて痛感したはずだ。新型コロナが終息したとしても、別のパンデミックや他の世界的な

災害が発生するリスクはすぐそこにあるかもしれない。

　今、求められているのは長期スパンの再配置ではなく、今この瞬間に動かせるプロジェクトの数々であり、それを実行するための機動力と柔軟性である。「総合管理計画そのものを抜本的に見直す必要がある」のではなく、「総合管理計画が本当に必要なのか」から考え直さなければいけない。更に遡って「公共施設とは何のためにあるのか、行政が公共資産を活用することでまちをどうしたいのか、そのために今、自分たちが何をすべきか」「行政とは何なのか」を問い直すべきであろう。それぞれのまちの出す答えがビジョンになり、それを実現するコンテンツをひとつずつまちなかと連携して探し、ビジョンと紐づけていく。これがプロジェクトになり、その総体がまちをつくる。

　「場所性・顧客層・公共空間と民間ビジネス・行政と民間の関係・これまでの価値観と現実」など、様々な境界線が曖昧になり、大きく揺らいでいるからこそ、変わるチャンスがある。「地方には民間がいない、来ない」ことはない。必ずいるし、現時点で三密が発生しにくい環境はメリットしかない。新型コロナに対応するためには自分たちが変化するしかないし、コロナ時代の自治体経営をどうできるかは、それぞれのまちの覚悟・本気度・スキルにかかっている。

3 PPP/PFI の第二波

(1) 公共施設マネジメントの歴史

①黎明期

　意外と知らないのが公共施設マネジメントの歴史である。どのように誕生して今日に至っているのか、そして現在の立ち位置を考えてみたい。

　日本ファシリティマネジメント協会（JFMA）によると、最初に行政でファシリティマネジメントに取り組んだのは2000年の三重県で、当時の北川正恭知事が行財政改革の一環としてオフィスワークプレイスなどを改善したことが起源とされている。その後、東京都で公共施設の改修優先度判断を総合的に行う取り組みが行われた。これに感銘を受けた青森県では職

員提案制度でファシリティマネジメントを提案し、清掃業務の委託仕様書の見直し等により庁内での地位を確立、技術職のノウハウを活かし地に足の着いたインハウス ESCO や不動産の包括売却委託などの事業を展開していった。

　そして、青森県に足を運んでノウハウ・資料だけでなくマインドも引き継いだ佐倉市が、光熱水費の徹底管理によるコスト削減、出っ張り ESCO、消防庁舎の減築、プール授業の民間委託など多彩なプロジェクトを展開した。これと同時期に武蔵野市では、地下の倉庫で過去の修繕履歴を徹底的に調査し、FCI という指標を用いた改修の優先順位設定、施設課に約 7 億円／年の工事請負費の配分に関する裁量を与えるなどの実践的な取り組みが行われた。

　これらパイオニアの動きを捉え第二世代として、流山市では 2 つの PPP（Public Private Partnership/Public Public Partnership）を掲げデザインビルド型小規模バルク ESCO、包括施設管理業務委託、事業者提案制度などを展開した。現在は政治的な理由等もあり混乱を極めているが、西尾市では緻密なデータと膨大な市民等との対話を基に、サービスプロバイダ型 PFI で 2 地区の公共施設の再編を試みることとなった。これら一連の自治体の担当者は自治体等 FM 連絡会議等でつながりを持っており、先人に学びながら自分たちのカタチにアレンジし実践していく、潮流が脈々と存在していた。

　浜松市では12市町村の合併に伴い機能重複した公共施設を再編するため、市長と担当者のタッグで、アクロバティックかつドラスティックに肝の据わった形で413施設／ 5 年もの統廃合を進めていった。福岡市ではアセットマネジメント推進部を中心に省エネ推進事業などシステマチックな取り組みが、大阪市では資産流動化プロジェクト施設チームによる貸付など財産処分を中心とした歳入確保策など、一部の政令指定都市でもダイナミックで地域性を活かした取り組みが行われていた。この時期（2010年）は、どの自治体も担当者の個性がまちの課題に直結した形で、非常にリアルでバラエティ豊かな実践至上主義の取り組みを試行錯誤していた。これが公共施設マネジメントの第一波、黎明期である。

②長寿命化と総合管理計画の要請

　局地的ではあるが、公共施設・インフラの問題に取り組み、成果を出しつつある自治体が増加するなかで2012年に笹子トンネル天井板落下事故が発生し、流れは一変した。国では国土交通省を中心にインフラ長寿命化計画をうちだし、そこから総務省が、2014年に全ての自治体を対象に公共施設等総合管理計画の策定を要請した。建前上、国と地方が対等・協力の立場とされているなかでの要請は、公共施設等の問題を不可避の社会問題として認識させた点では大きな価値があった。しかし、総合管理計画の策定と合わせて除却債、その後に公共施設等適正管理推進事業債が位置付けられ、単年度会計・現金主義に染まった自治体では、「起債を使うために総合管理計画をつくる」といった本末転倒な動きまで出てしまった。こうしたなかでさいたま市のハコモノ3原則や習志野市の大久保地区の公共施設再編が、総務省・コンサルタント・学識経験者等により必要以上にクローズアップされていった。経営問題だったはずの公共施設等を取り巻く問題は「短絡的な施設総量の縮減」に歪曲化・狭小化されていった。コンサルタントも「起債を使うために総合管理計画を作りましょう」という信じられないキャッチフレーズを並べて、全国各地で総務省の職員や計画至上主義の自治体担当者を招聘したセミナーを繰り返した。無垢な自治体と表層的なビジネスを目論むコンサルタントの思惑が合致し、連日のように全国の自治体から数百万円から数千万円で発件される総合管理計画の策定支援業務はバブル状態になった。知識や経験のないコンサルタントまで含めた争奪戦によって自治体が買い荒らされ、飼い慣らされていった。結果的に80～90％の自治体の総合管理計画が、総務省の要請に記された項目・データを単純に列記し、全く地域コンテンツや民間施設もプロットしていないコピペ中心、自治体の強い意志やビジョンも記されないものとなった。総花的で見栄えだけよく整備され、無機質で二次元の使えない・リアリティのない計画の一方、各地で市町村役場等緊急保全事業、合併特例債、社会資本整備総合交付金などにより、総合管理計画とは全く整合しない巨大な公共施設が次々と整備されていった。

③計画が進まない

そして、（表面的であったにしても）せっかく土木インフラまで含めた資産全体をベースとした総合管理計画を策定したにもかかわらず、更に所管省庁をベースにした個別施設計画が策定期限付きで要請されたことにより、自治体は縦割りの世界に引き戻され、またもや二次元・無機質な世界に束縛されてしまったのである。各自治体は、経営のリアルな姿や制約条件が提示されることない市民ワークショップ・説明会や若いリソースを使った啓発マンガなどを作成し続けた。「将来の子どもたちに負担を残さないために」という文言を並べ、自らの経営感覚がなかったことがこの問題を引き起こした事実から目を逸らし、なんの責任もない市民に責任転嫁しようとして混沌に陥っていった。さいたま市では第3章[1]でも記したとおり、取り組み以降の数年間で施設総量は約7万m²増加し、計画で公共施設・インフラに投資すると位置付けた額と実際の投資額の乖離は約800億円も累積し、ハコモノ3原則の見直しを余儀なくされることとなった。

サービス購入型PFIで老朽化した複数の公共施設を集約するプロジェクトも多くなってきているが、魅力的なコンテンツがセットアップされているものは数少ない。ハコとしての寄せ集めに対しオママゴトワークショップや様々な方面からの要望を経営的な取捨選択なしに取り入れ、ランニングまで含めた総コストでは過大な財政負担を要する「なんちゃって公共施設マネジメント優良事例」も残念ながら多数を占めている。このような教科書型の公共施設マネジメントは、そもそも手段と目的の関係が整合しておらず、数十％の総量縮減は現実的に対応不可能であったことから全国で行き詰まりを見せている。公共施設白書で有名になった秦野市でも、実践されたプロジェクトは庁舎の敷地内にコンビニを設置したり、余剰スペースを郵便局に貸し付けるなど地道な取り組みである。強烈な意思とスピードで進めた浜松市ですら、総量ベースでは3％の縮減にとどまったことから、計画どおりに実践することがいかに困難なものであるかわかるだろう。

(2) 新たな動き

こうした停滞感が広まる一方で、紫波町のオガールプロジェクト、大阪

市の大阪城公園や天王寺公園、豊島区の南池袋公園、沼津市の INN THE PARK、尾道市の U2、佐賀市のわいわい‼コンテナなど、総合管理計画の文脈とは異なる、地域コンテンツとリンクした公共資産の利活用の可能性も示されていった。公共空間を活用した東京都中央区の大丸有エリアなどのエリアマネジメント、広島市の京橋川、大阪市の北浜テラスなどの河川空間の利活用、全国各地で急速に広まるリノベーションまちづくり。公共R不動産による逆プロポーザルなども含め、「公共資産・公共空間ってもっと可能性があるよね。まちってもっと広くて楽しくなるはずだよね。」というポジティブで緩やかだがエッジの効いたプロジェクトも、これまで公共資産に関わることが薄かった地域プレーヤーを巻き込みながら展開されてきた。特にオガールプロジェクトは、行政の世界の価値観・方法論・流れを全国的に大きく変える分岐点になったと考えられる。

このようななかで2019年ごろから急速に広まってきたのが、随意契約保証型の民間提案制度である。我孫子市・流山市のプロトタイプからそれぞれの自治体ごとに独自の進化を遂げている。

例えば次のようなものである。

・福井市での財政調整基金が底をついたことを機にした「生きるための資金を調達するための手法のひとつ」として資金調達を図る形。

・国立市では「独自提案と認められない基準」を整理して民間事業者に真摯に向き合う形。

・三田市では廃校や余剰スペースなど「低・未利用資産を地域住民中心に利活用」する形。

・津山市の第2回の提案制度での「新たな財政負担が生じる場合や基準の改定が必要となる場合」も場合によっては提案対象とする形。

・常総市では「トライアル・サウンディングを常設化してプロセスの一環に位置付ける」形。

・沼田市では庁舎跡地活用という「重要な政策課題を提案制度で処理」してしまう形。

・東村山市では「まちに関連したことすべてを対象」にするとともに「地域プラットフォームと連動」する形。

・木更津市では「環境負荷の低減につながるプロジェクトに限定」した

形。

・市原市では共創的対話・ウィッシュリスト・サプライズなど「民間提
案を事業者と楽しみながら創りあげるプロセスを共有」する形。

・鳥取市では提案制度を契機として「様々なプロジェクトを提案制度と
は異なる形で展開」する形。

　非常に個性豊かでそれぞれのまちの風土・担当者のアイデンティティ・
抱えている課題・進もうとしている方向性が仕組みに反映されている。今
後、それぞれのまちから旧来型行政の仕様発注では絶対に具現化しないプ
ロジェクトが次々と創出されてくるだろう。

(3) PPP/PFI の第二波

　わずか1年で世界を一変させてしまったネガティブでパッシブな要因、
新型コロナウイルスは今後、自治体の財政構造に致命的なインパクトを与
えることは間違いない。財政調整基金の取り崩しや起債依存によっても単
年度の予算編成すらままならない自治体も多く出てくるだろう。そんなな
かで強烈な意志を持って指定管理者制度、普通財産の貸付、包括施設管理
業務、ESCO、トライアル・サウンディング、随意契約保証型の民間提案
制度などを駆使して生き残ろうと必死にもがいているまちが注目を浴びつ
つある。例えば包括施設管理業務では事業のスキームは同じでも、自治体
によって使い方もプロジェクトで叶えようとする未来も全く異なっている。

　常総市のAI自動運転パーク、中津市のバルンバルンの森、大東市の北
条まちづくりプロジェクト、盛岡市の木伏緑地、津山市の学校断熱改修
ワークショップや町家コンセッション、大阪市のタグボート大正。事業ス
キームも規模も内容も資金調達の方法も異なるが、それぞれの担当者の個
性が輝く素敵なプロジェクトであり、加速度的にこのようなプロジェクト
は増えていくだろう。この流れは、黎明期の青森県・佐倉市・武蔵野市ら
が醸成したムーブメントに近い熱量・空気感を持っている。一周回って、
遠回りもしながら、同じところではなく、時代や社会経済情勢も反映して、
スパイラルアップした新しい潮流が生まれようとしている。これが公共施
設マネジメントの第二波である。当時と比較して、取り巻く環境は圧倒的
に難しくなっているが、確実にミライに向けた道筋は拓きつつある。

この第二波はリアリティのない総合管理計画、短絡的な総量縮減とは全く違うアプローチ、「まち全体として捉え、地域コンテンツと結びつき、民間のスピードやしきたりとリンクしたプロジェクトを創出し続けられる・し続けようとする」まちだけが乗れる波になるだろう。

4 逃げちゃダメだ！

(1) 自治体経営の岐路

　随意契約保証型の民間提案制度が急速に広まり、全国各地で民間事業者の知的財産を活用したクリエイティブなプロジェクトが創出されはじめている。しかし一方で、随意契約保証型の民間提案制度ですら、一部の自治体で民間の自由度・裁量が極めて限定されたもの、プロトタイプでとどまっているもの、同一事業者による横流し提案なども顕在化しはじめている。提案制度が標準装備・一般化することと引き換えに、ネガティブな事象も徐々に顕在化しつつある。更に、この分野のトップランナーだったはずの我孫子市では、なぜか毎年行っていた提案制度を2020年度は見送るといった動きも出てきた。サウンディングが一般化する過程で生じた民間事業者の「サウンディング疲れ」は、サウンディングが悪いのではなく行政がアリバイづくり、不十分な状態で民間ノウハウのただ取りを行うといった「やり方・姿勢の問題」で生じた。提案制度も今、この二の舞になってしまうかどうか、大きな分岐点に差し掛かっている。

　くり返しになるが、ここ数年、紫波町のオガールプロジェクト、沼津市のINN THE PARK、尾道市のU2、中津市のバルンバルンの森など、教科書型公共施設マネジメントとは一線を画すホンモノのプロジェクトが具現化してきた。常総市・富山市・津山市・南城市などではトライアル・サウンディングを通じてプロジェクトを構築していくプロセスなども生まれてきた。新型コロナに伴う社会経済情勢の変化にあわせた道路占用の緩和をはじめとする公共空間の利活用、天王寺公園・南池袋公園・宮下公園などにみられる都市公園の可能性も見えてきた。更に、全国各地で広まるリノベーションまちづくりや小川町の分校を活用した有機野菜レストランな

ど、地域コンテンツと連動したローカルPPPも広まってきている。

　第5章⑤でも記したとおり、行政と民間の立ち位置もダイナミックに変化し、公共R不動産による逆プロポーザル、コナミスポーツやセントラルスポーツによる学校プール（や体育）授業の受託、富山市や川崎市でのPFI法第6条に基づく民間提案、ジャパネットたかたによるV・ファーレン長崎の練習場公募など、民間がイニシアティブをとって提案する事例も急増してきた。このような流れは比較の対象にすらならないが、絵に描いた餅の総合管理計画や個別施設計画に労力を割き続けることとは全く異なる。若いリソースを使った啓発マンガ、選択肢があるように見せかけるアリバイづくりのための市民ワークショップ、リアリティが皆無のオママゴト再配置ボードゲームなどとは真逆の、自分たちの力でそのまちのミライを拓いていくものである。

(2) 状況を直視する

　もうひとつ重要なのは、様々なことから「逃げないこと」である。前述のようなプロジェクトは「まちのミライを創る」うえで欠かせないし、10の公共施設を廃止するなら100のオモロイプロジェクトを展開することが、負のスパイラルに陥らないために必要である。しかし、一方で「粛々とやるべきこと」を軽視したり無視したりしてはならない。それぞれの自治体のクレジットのついた公共施設等総合管理計画で、数億〜100億円以上／年の更新経費が不足することを記載しているのだから、公共資産の保有・運営について経営的な視点を持ってドラスティックに、かつ喫緊の課題として切り込まなければいけないことはわかっているはずだ。南城市では上位20施設のコストが保有する全200施設の85％を占めていることからもわかるように、廃止や統廃合は大きなものから順に行うべきである。時間的余裕がないことを考えれば、経営的に保有できない資産は粛々と廃止条例を出していく、公用施設の場合は執行権で廃止していくしかない。市民・議会の合意形成が困難だとか、コストで図れない公共サービスの価値があるとか言い訳している余裕や余地はどこにもない。

(3) データの大切さ

　流山市では公共施設等総合管理計画を検討していた当時、市民1人あたりの公共資産は1.7m²と全国平均（3.4m²／人）と比較して非常に少なかったが、指定管理者の施設を除く公共施設全体で800百万円／年以上の光熱水費が発生していた。指定管理料を含めたキャッシュベースのコストで3,200百万円／年、減価償却費まで含めると4,900百万円／年のコストとなっていた。更に人口急増に対応するために小中学校の新築コストなどが急増し、既存施設の改修改築に投じていたコスト（工事請負費）は118百万円／年で、理論値の4％にしか及ばない状況であったが経営問題としての認識は非常に希薄であった。総合管理計画の策定にあたっても幹部職員が異口同音に「流山では総合管理計画は要らないだろう。なんでこういう市民や議会に開示したくない将来コスト推計などの不都合なデータを開示するんだ」といった趣旨の発言を繰り返す有様であった。そこで、上記のような事実をデータとして突きつけ、庁内で共有したうえで策定作業に取り組むこととなった。こうした実態をデータとして把握・認識していたからこそESCO、包括施設管理業務や有料広告事業などに取り組んだわけであるし、どのようなプロジェクトを仕掛ける際にも、実現するためには資金調達から考えることが求められた。

　常総市は「やってから考える」姿勢でAI自動運転パーク、全国初のトライアル・サウンディング、豊田城でのスーパームーン観賞会、トライアル・サウンディングと連動した提案制度などを仕掛けている。これらの派手で華やかな取り組みの傍ら、包括施設管理業務、小学校プールの集約・共有化、小学校への保育所複合化などの粛々とやるべきことを展開している。そして、なぜこんなに展開できたのか理論的に説明するのは困難だが、これまではアナログな世界で走ってきたなか、2020年度には公共施設マネジメントのデータベースを導入することとなった。基礎的なデータを整理し、更にギアを上げて、今後クリエイティブなことと粛々とやるべきことを両輪として展開していくことになるだろう。

　前述の流山市でも早い段階で公共施設マネジメントのシステムを民間事業者と共同開発・導入して、施設ごとの毎月の光熱水費や保守管理費、工事・修繕履歴などを把握できていた。施設所管課の協力も得て実施してい

た毎年の全施設アンケートや包括施設管理業務での月例報告書・クラウドでのデータ管理も含めて、このような基本的なデータがほぼリアルタイムで管理されていたことが、多様なプロジェクトを展開できた理由である。東日本大震災の際の緊急節電においても、データベースを活用することで17,000千円／4か月という成果に結びつけることができた。この時期には副市長のトップマネジメントで、子育て世帯が急増する状況下で公立幼稚園を3つから1つに削減し更に残った公立幼稚園も幼児教育研究所扱いとし、保育所は8つから5つに、市営住宅も8団地から6団地へ集約していった。「民間にできることは民間に」のキャッチフレーズを具現化する形で、民間の進出動向をみながら需要を民間で代替していった。指定管理者施設を含む高圧受電の48施設で一括して電力調達を見直したり、水道局跡地は商工会議所を経由して駐車場業者に転貸して貸し付けるなど、粛々とやるべきことも並行して実施していた。冷静に考えると、当時やっていたことの大半は粛々とやるべきことでしかなく、まちとリンクした本格的な資産経営には未着手であった。

(4) 困難な時代だからこそ

　これからのコロナ時代、市場は大きく傷つけられ、税収は想像もできないほど激減していく。そんな時代だからこそもう一度、足元を見つめ直し、固める必要がある。そのためには、現場に出向いて施設の状況・空気感を把握し、ハードやコストはもちろん、利用状況を含めてデータベースで整理し、冷静に分析していくことが重要である。どこから手をつけるべきか、公共施設だけでなくまち全体としての視点で経営的な戦略を立てる。それは、総合管理計画や個別施設計画とは次元の違うものになっていく。スマートシティ・スーパーシティ・DXと言いながら、インターネット接続すらまともにできない、Zoomの会議すらできないような脆弱な足元ではいけない。「30年で30％削減、次世代に負担を残さない」という体裁の良い計画は不毛であるし、目先だけの「やってる感」プロジェクトだけでは自治体の経営は近い将来行き詰まる。使用料・利用料の見直しも激変緩和措置として従前の1.5倍以内の設定とするなどのお茶を濁している場合ではないはずだ。自らの足元・土台を静かに・地道に築いていくこと、この

重要性が問われている。

　公共施設等を取り巻く問題は、行政の経営感覚が不足していたから生じたのであり、100％行政に起因する問題なので市民に責任転嫁してはならない。まずは言い訳することなく自分たちの襟を正すこと、経営の根幹に切り込むことからはじめる必要がある。だからこそ、筆者は市民に行政運営の厳しさや公共施設の統廃合を訴える市民シンポジウムでの講演・パネリストなどは、原則的にお断りしている。

　前述のように削減一辺倒ではイケてる人たちに見捨てられ負のスパイラルに陥るので、まちのミライを拓くプロジェクトを次々と展開することは重要である。しかし、そこだけにマンパワーを集中投下し、量の削減やコスト縮減、利用者負担の適正化といった粛々とやるべきことを忘れてはいけない、目を背けてはいけない、現実逃避してはいけない。自分は危機感を持っていて頑張っているが、上司・同僚・市長・議会・市民が理解してくれない、自分の立場では関わることが難しい等も言い訳でしかない。まちで民間プレーヤーとプロジェクトを展開することは本当に尊いが、それは行政で結果を残せないことのエクスキューズにはならない。

　バランスシートで考えれば、イケてるプロジェクトが創出する効果とイケてない公共施設によるキャッシュアウト、どちらのほうが直接的に自治体経営へインパクトを与えているだろうか。だからこそ、粛々とやるべきことは議会や利用者の理解の得にくい施設の廃止だろうが、使用料・利用料の適正化だろうが、きちんとやろう。そしてその10倍のクリエイティブなプロジェクトを「まち」を楽しくするため、生き残るためにやっていこう。

　逃げちゃダメだ、逃げちゃダメだ、逃げちゃダメだ！

5　アカルイミライ

　本著で述べてきたように、PPP/PFIや公共施設マネジメントは自治体経営・まちづくりのためにあり、まちの経営資源を活用して地域コンテンツ・プレーヤーと連携しプロジェクトを構築していくことから、決して暗

いものではない。この過程で旧来型の行政運営から自治体経営へ転換していくためには、既得権益・前例踏襲・事なかれといった古い価値観と訣別し、まちを停滞させてしまっている様々な要因を排除していかなければならない。こうした部分に苦労と苦痛が生じることは間違いないが、これを突破した先にはアカルイミライが待っている。

(1) あらゆる可能性を秘めた事例

①千葉市

　千葉市では、親の育児放棄や虐待などの理由により支援が必要な子どもたちが入所して生活する児童養護施設・乳児院、様々な課題により子育てが十分に行えない母子家庭の親子などが支援を受けながら生活する母子生活支援施設で約200人の子どもたちが暮らしている。千葉市も財政状況が厳しいため、毎年度、社会福祉基金を活用して子どもたちが施設で暮らすうえで必要となる生活用品等を施設の希望を確認して寄贈しているが、運動用品や娯楽用品にまで行き届かない現実があった。そこで、子どもたちが日々の生活のなかで遊んだり使ったりするものをクリスマスプレゼントとして寄附してもらうため、「Amazon ほしい物リスト」を活用して広く募集した。この結果、約200品目が全て子どもたちの手元に届くという結果をもたらした。税金を投下することではなく、民間のコンテンツを活用して自分たちの思いをプロとして真剣に訴える、それに呼応した善意ある方々による資金調達によって必要なサービスを提供する。こういったこともPPP/PFIの一種である。実施しようと本気で思えば、いつでもあっという間にできることでもある。本気で現実と向き合い、柔軟な発想と決断力があれば叶えられるミライがある。

②中津市

　中津市の洞門キャンプ場、通称バルンバルンの森は、1979年に開設された公設キャンプ場で管理委託により運営されていたが、指定管理者制度への移行時には既に老朽化・機能の陳腐化が進行していた。2006年度からの指定管理者は、この施設を独創的な感性でセルフリノベーションしていき、完全予約制の宿泊、デイキャンプ、ウエディング対応等により、5,000

人／年以上を集客する場として再生した。決して恵まれた立地状況ではないが、指定管理委託料もほぼゼロの独立採算で経営している。一方で高い集客力を誇っているが故に浄化槽の放流水質や、セルフリノベーションに依存してきてしまったための屋根の老朽化などの問題も孕んでいた。中津市も財政状況が芳しくなく、この改修費用を一般財源で捻出することは困難であったが、全施設を対象に改修工事の予算の優先順位づけを行い、なんとか改修関連費用を確保し、指定管理委託料に上乗せする形で課題を解決している。このように、まちとして強烈な光を放つコンテンツを行政がきちんと支えていく。この関係が構築されていけば、まちにこうした感性に呼応したコンテンツが集まり勢いと金を生んでいく。短絡的な総量縮減・事業の凍結による負のスパイラルとは真逆の、まちのミライを創るスパイラルが構築されていく。

③大阪市

　大阪市では、尻無川の水辺空間に、大正区のまちづくりを引っ張っていくタグボート（引っ船）の役割・意味を持つ複合施設「TUGBOAT TAISHO（タグボート大正）」が整備された。フードホール、台船レストラン、水上ホテル、ライブステージ、ワークショップ、イベントスペース、スクール、SUP（スタンドアップパドルボード）、川の駅を設置した、「"つくるが交わる"水辺のターミナルタウンが大阪の水辺に新しい価値を生み出す場」を目指している。このコンセプトは地域に愛される水辺空間であるとともに、「1割の感度の高い客層を魅了し続ける」ことが際立っている。これまでの公共施設・公共空間の利活用は「みんな」を対象に、親しみやすいこと・合意形成が是とされてきた。違う言葉で言えば最大公約数である。常識で思いつく管理がしやすい範囲内の、過度にリスクヘッジをしたプロジェクトにコンテンツの力強さ、訴求力は残っていない。どこにでもある量産型 PPP/PFI 事業にしかならない。一方でタグボート大正のようなエッジの効いたプロジェクトは、広い商圏・高い客単価・少数だがリピート率の高い客層を持ち、有機的なネットワークとビジネスとしての新陳代謝も働くため、エリアとしてのまちのミライを創るポテンシャルを持つ。

④智頭町

　智頭町の保育園をリノベーションしたパン屋・クラフトビール工房タルマーリーは、地元産の小麦によるパン・野生の菌だけで発酵させるクラフトビール・カフェで事業を展開している。地域内で採れる様々な農産物を活用して、それを地域内だけで消費するのではなく、感性に呼応する販路を厳選して商圏を拡大しながらエリアとしての経済循環を図っている。立地がどんなに厳しくても、そこでしかできないホンモノのコンテンツとすることで、更にビジネスベースで回す経営をすることで、地方にもミライがあることを示してくれている。

⑤津山市

　津山市は、中心市街地活性化を目論んで270億円で整備した約70,000m^{2}に及ぶ商業施設アルネ津山の経営が悪化するだけでなく、周囲に広がる中心市街地そのものが衰退してしまった。ハコモノとしてのアルネは不沈艦のごとく、簡単に解体するわけにもいかず現在も中心市街地に鎮座し、4階以上のフロアは地域交流センター・図書館などの行政的用途でなんとか維持している。津山市は本著でも何度も登場しているが、この現実と正面から向き合っている。浄化槽の清掃を自前で実施しコスト削減、DIYによる小さなサービス向上、学校普通教室の断熱改修、グリーンヒルズ（公園類似施設）でのトライアル・サウンディング、随意契約保証型の民間提案制度など多様なプロジェクトをこの数年間に展開している。伝統的建造物群保存地区に位置し、寄附を受けた江戸末期の町家4棟、全ての伝統的建造物（特定物件）の延べ面積519m^{2}をリノベーションし、現在、ホテルとして活用している。外装等の改修は行政が地方創生推進交付金、重要伝統的建造物保存地区保存等事業補助金、街なみ環境整備補助金、旧まちづくり交付金を活用して実施し、内装等はPFI事業（公共施設等運営権）により民間負担で整備している。2040年まで設定された運営権対価は2023年までの当分の間を無償とし、この間の経営状況をみて設定することとなっている。こうしたビジネスベースでの民間事業者へ配慮した条件設定だけでなく、企画・要求水準書の作成・事業者選定・契約に至る協議まで全ての過程をコンサルタントに頼ることなく、自前で実施している。更に

本件は当初、指定管理者制度を想定していたが、様々な与条件設定や政治的な要因等も重なり、できる方法として公共施設等運営権を活用する決断をしたリアルな政策判断も特筆すべきである。このわずか約500m²の小さな物件はミシュランガイド京都・大阪＋岡山2021特別版で４パビリオン（４つ星）を獲得し、高品質でまちの魅力を大きく高めている。周辺でも様々な飲食店・雑貨店などが伝統的建造物を活用して展開しつつあり、更にアルネ周辺の商店街にもこうした感性に呼応した店舗が徐々に芽吹きつつある。「超巨大開発・計画先行型・国策の全国一律型の街づくり」が一過性に終わり、「小規模・地域コンテンツとリンク・自分たちで構築したオリジナリティあるまちづくり」がまちのミライを創る。この津山市が示すミライには、とてつもなく大きなインパクト・メッセージが内包されている。

(2) アカルイミライを創るために

　これまで公務員15年、日本 PFI・PPP 協会として５年の間に筆者の実践として、あるいは様々な自治体のプロジェクトをサポートしてきたなかで、うまくいかなかったこと、違う方向に転んでしまった事業、途中で頓挫したプロジェクトの数は計り知れない。しかし、冷静に分析してみると、少なくとも経験上はテクニカルな理由で躓いたことは１回もない。保有する資産のみ・税の再配分・リスクの徹底的排除といった旧来型行政は通じないし、時間とともにジリ貧になっていく。そのようなことは薄々感じていながらもうまくいかないのは、どこかで誰かが「無関心・折れる・言い訳する・諦める」からである。「物理的にできない」のではなく、「やらない」選択を自らしてしまっているだけだ。確かに、筆者の公務員時代を振り返っても、市長から担当レベルまでの職員が集まって、「このまちのミライ」について本気で検討したことは１度としてなかった。だから、心の軸・ビジョンが共有できず、複雑な環境に晒されるうちにブレてしまう。そして、もうひとつ確実に言えることは、（筆者が公務員を勤め上げられなかった理由のひとつでもあるが）一般的な公務員は圧倒的に高い事務処理能力を有している。やれと言われれば、どんな困難な案件でも必ず期限を守り、なんらかの答えは出す。決してその期限・与条件に達しないこと

はない。ということは、心がブレるようなことがなければ、様々なプロジェクトを展開することができるはずだし、アカルイミライを創っていけるはずである。そのためには下記の4事項が重要になる。

①ビジョン

1つめに「未来への明確なビジョン」。旧来型行政の将来ビジョンは、総合計画に代表されるようにビジョンのレベルにはなっておらず、俯瞰的・抽象的・総花的で何とでも読めるが何にもならない。未来像で示すのは用途地域に代表される平面的なゾーニングで地域コンテンツ・プレーヤーが不在である。公共施設や公共空間はハコモノとしての数値の総量が基準で、どんなサービスが展開されるのか、誰がやるのかは問われてこなかった。「○○計画に記してありますとおり」などの言葉を聞きたいわけではない。未来へのビジョンとは、どのようなまちにしたいか、どのような生活像を実現したいか、リアルで夢のある未来像を描き共有することである。首長、職員がそれぞれ「私は」という1人称でまち全体に対して、そしてプロジェクトごとに目を輝かせて自分の言葉として発することができることが求められる。

②プロセス

2つめに「既成概念を排除したプロセス」。旧来は国の要請・指針、法令で定められた事項、これまで実施してきた既成概念の行政が守備範囲であった。公共施設等総合管理計画やPPP/PFI優先的検討規程の策定要請に代表されるように、国の示したモデル、要請された事項を計画としてまとめることが主題で、オリジナリティやアイデンティティは重要視されてこなかった。しかし、本著で述べてきたように未知の領域、行政の対象外と決めつけていたこと、法体系や計画などで想定していない・グレーな領域にこそミライに向けた可能性が潜んでいる。本著で紹介してきた事例はいずれも国や県、市民から言われて、あるいは計画等に基づき受動的にやっているものではない。それぞれのまちが目の前にある課題・現実を直視し、今、自分たちが持てるリソースを最大限に活用し、地域コンテンツ・民間プレーヤーと連携して構築してきたものばかりである。やり方と

覚悟を決めて推進することが、プロジェクトの訴求力・魅力の向上につながるし、こうしたプロジェクトが多く展開されてきたときにまちとしての訴求力・魅力が向上し、経営的にも回るミライへ向けた持続性のあるまちになっていく。

③リスクとリターン

　3つめに「リスクとリターン」。失敗やクレームは猛烈な批判の元となることから、前例踏襲・横並び・ノーリスクの行政運営をこれまで繰り返してきた。こうしたことが蓄積し、いつの間にか行政は「失敗してはならない、誰にも迷惑をかけてはいけない」と萎縮して極度にリスクヘッジし、全員合意できる最大公約数を落とし所とするようになってしまった。画一的・横並びはそれぞれのまちとしての魅力の喪失と同義である。もちろん、致命的なリスクや顕在化しているリスクを予防することは重要だが、不確定要素・リスクを認識しながら、そして可能な限りのリスクヘッジは必要である。そうしたなかで地域コンテンツや民間プレーヤーの知的財産とリンクして差別化を図り、そのプロジェクトでの魅力・価値をいかに高めていけるか。覚悟を決めてリスクも背負って職員の高い事務遂行能力で実践していき、そのプロジェクトの蓄積がまちとしての独自性・先進性の創出し、そこに呼応した民間事業者が更なるプロジェクトをまちで仕掛けていく。この連鎖を創出できるまちが生き残るまちになっていく。

④経営資源

　4つめに「経営資源の調達」。これまでは一般財源・補助金・起債等に依存したハコモノ建設など一過性・リターン追求のない財政支出が中心で、税金の投下額＝行政サービス、まさに単年度会計・現金主義の税の再配分こそが行政運営であった。リターンを求めない、検証しないことから投下した財源は消えて無くなり、財政は困窮し、魅力ないサービスが延々と続く悪循環に陥ってしまった。市民ワークショップも重要なことは間違いないが、本著で繰り返し述べてきた本当のそのまちの姿、厳しい財政状況の現実を共有し、市民の声を反映できる範囲をリアルに明示したうえで実施すべきである。そうすれば「こうあったらいいな。たぶんこうなるだろ

う」といった感覚の議論はできないはずだし、新しい資金調達や民間と連携することを躊躇う余地もないことがわかるはずだ。民間を含めて必死にまちが生き残るための資金・ノウハウ・マンパワーといった経営資源を小さな範囲からでも調達し、事業採算性・費用対効果を確保していけるか。既に、そうしたまち・プロジェクトは確実に生まれはじめている。

　そして、この4要素は決して今までの行政の180度反対側ではなく、本当に少しだけ外側にある。そこに勇気と覚悟をもって足を踏み出すことができるか、ブレずに、柔軟に、自分たちでそのまちのアカルイミライを創っていくしかない。行政には民間に決してすることができない法令や権限の行使・規制緩和ができる。強烈に高い事務処理能力を活用し、テクニカルな問題は民間事業者と連携して解決していけばよい。「ビジョン×地域コンテンツ×PPP/PFI×やる気と覚悟＝アカルイミライ」になっていく。上記の4要素を別の言葉で言えば「青臭い夢・悪フザケ・見切り発車・足で稼ぐ」という行政の苦手としていた4つの方法であり、まとめて言えば「ヤンチャな心」である。行政（の職員）は真面目にやることはなんでもできる。ミライを創っていくにあたって、引っかかっていたのは自分たちの心にある「今までの行政ではこうだったから、こういうことすると問題があるんじゃないか、変えるといろんなハレーションが起きるよ」といったボトルネックだけである。

　そして、現実を直視することができれば、ほとんどのまちは経営状況の底辺に近い状況にいることがわかるだろう。更に新型コロナで経営的なトドメを刺されたことも理解できるはずだ。つまり、もうこれ以上、落ちようと思っても落ちる先はない。本気になったら、そのまちの目の前に広がるものは「希望・期待しかない」はずである。

第10章

PPP/PFI
検討・導入から
スタート、
完結まで

ここでは本著で述べてきたことを再整理し、PPP/PFIの担当者がプロジェクトを構築していくうえで大切なポイントを整理していきたい。

1　導入検討プロセスの全体像

　全体像を整理するために、まず重要で最初に考えるべきことは「何をしたいか」、どんなミライをそのプロジェクトで実現したいのか、ビジョンを明確にすることである。そのミライを実現するためにどのようなコンテンツが必要なのか、それらのコンテンツを誰が、どういう形で、どのような頻度で、誰を対象に、どのような客単価で提供していくのかを具体的に紐づけていく。これに予算・時期・場所・法的制約・政治的要件などの与条件を付加していけば、事業スキームは自ずと収斂される。事業手法やハコモノの要件から全体像を組み立ててしまうと、歪な事業や量産型PPP/PFIに陥るリスクが急増する。

　２つめに重要なことは、全体像を検討する段階でいきなりゴール・完成形を目指そうとしないことである。旧来型行政事業は、そこにどのようなニーズ・ポテンシャルがあるのか見えない段階で「こうあったらいいな、たぶんこうなるだろう」と、一般財源・補助金・交付金・起債に依存してハコモノを先行整備してしまう。投下するイニシャルコストが膨大で、かつ経営感覚のない外郭団体・既得権益・旧来型行政の思考回路に染まった企業等が運営をすることで、運営段階でも毎年キャッシュアウトし続ける。更に膨大なコストを投下したので簡単に撤退することもできず、体裁を整えるために赤字を税金で補填し続けることになる。本著で述べてきたように、きちんと現実を直視し、サウンディングやトライアル・サウンディングを通じて市場性を把握していくことが必要である。そのうえで、事業もいきなり最終形を目指すのではなく、コアとなるところから小さくはじめ、軌道修正しながら徐々にプロジェクトを育てていく。社会経済情勢や市場は目まぐるしく変化していく。新型コロナによるパンデミックなどは2019年の段階で誰も予想できなかった。

　次にコンサルタントに依存しすぎないことである。そのまちのミライを

286

創造することができるのは、そのまちの文化・歴史・風土に精通した人たちであるし、魅力あるまちにするためには本物の地域コンテンツ、地元のプレーヤーと連携していくしかない。こうしたことをしていくためには、きちんと時間をかけてそのまちの人と深い関係を構築していくしかない。従来型のコンサルタントは、残念ながらそこまでのコストと時間を投下できず、そのようなノウハウ・ビジネスモデルを持っていないので、量産型PPP/PFI事業の要求水準書を流用することに終始してしまう。

　つまり、全体像を考える段階で重要となることは、リアルな現実を直視し、現場レベル・市場ときちんと向き合いながら、自分たちの身の丈にあったプロジェクトとしていくためのプロセスを構築していくことである。もっと簡単に言えば、自分の金を出資してでも実現したいプロジェクトとすること、自分が客としていきたい場とすることである。

2 導入検討のための準備

　事業の構想段階、そして日常的に個人が行うべきことはまちや市場とリンクし、幅広いネットワークを構築していくことである。日頃から自分のまちの飲食店・物販店に足を運び、客として積極的に地域プレーヤー・コンテンツと結びつけていく。本著で紹介したようなプロジェクトで気になるものがあれば、全国各地へ自分の目で確かめにいき感じてくる。様々な関連するセミナー等にも積極的に参加し、他自治体の担当者や民間事業者とも日常的に情報交流できる関係を構築していく。新型コロナの影響によりオンライン（併用型）のセミナー等は急増している。もちろん、質は千差万別であり全てが有益なものであるとは言わないが、数多く参加することで選別する目も養われてくるはずだ。同時に机上の勉強ばかりしていてもまちは全く変わらず、意味はないので、そこには十分に注意すべきだ。

　あわせて庁内では、PPP/PFIに対する研修会を積極的に開催したり、有志でまちへ出向いてプロジェクトを妄想したり、小さくともできることを積極的に形にしていくことも経験知になっていく。東村山市のように、地域金融機関、地元の民間事業者等を中心としたプラットフォームを組成

して、お勉強ではなくプロジェクトを創出する場を育てていくことも有効である。

　もうひとつは、本著で紹介した常総市・南城市・小田原市等のように関係部署が集まって、自分たちの抱えている課題を日常的・当たり前のこととして検討していく場を構築することも重要である。ここで検討された事項がひとつずつリアルなプロジェクトになっていくからである。

3 事業化に向けての動き

　事業化を検討するプロジェクトが明確になったら、まずは庁内でそのプロジェクトに関するビジョンをつくろう。このビジョンは「みんな」「賑わい」「将来の子どもたちのために」「まちの発展のために」のような曖昧な言葉を一切排除すること、「○○計画に基づき」や「国の○○に沿って」ではなく、自分たちはどうしたいのか具体的に書くことが重要である。紫波町の公民連携基本計画のように、そこで実現したい風景から考えていくこともリアリティのある手段のひとつとなる。そして、掲げたビジョンは以降のコンテンツ・与条件設定・要求水準書の重点項目・採点表など全てにリンクさせていく。

　次にそのビジョンを実現するためのコンテンツを整理していく。上記のビジョンについて具体的に誰が何をどういう収支でやっていくのか、具体的にセットアップしていく。コンテンツがこの段階でセットアップされていれば、事業が具現化した段階で、誰も利用しない、こんなはずではなかったというそもそもの失敗は発生しないはずだ。このビジョンとコンテンツの検討・精査が旧来型行政のプロセスで決定的に欠落していることが、量産型PPP/PFI事業に陥る要因のひとつでもある。ビジョンとコンテンツに真面目に取り組もうとすれば、不慣れであることも含めて膨大な時間と労力が生じることは間違いない。筆者もほぼ全ての自治体のプロジェクトでこの段階に最も苦労しているし、逆に言えばこの部分を乗り越えたまち・プロジェクトは経験上、素晴らしいものになる可能性が圧倒的に高い。

　もちろん、この段階で全国の類似事例はチェックしておくことも無駄と

は言わないし、学ぶべき部分も多いだろうが、そのまちのハコモノ・要求水準書をそのままコピー＆ペーストしても劣化コピーにしかならない。大切なのは、そのまちがどのようなプロセス・心構え・体制で取り組んだのか、どういったところに苦労したのかなどのリアルな部分である。

　プロジェクトが大規模である場合や複数・異業種の民間事業者の連携が求められる場合などは、コンテンツにリアリティを持たせたりコンソーシアム組成を促すため、その案件に特化したプラットフォームを構築していくことも選択肢になっていく。

4 事業内容の具体化と事業手法の検討

　ビジョンとコンテンツを明確にしたら、次にプロジェクトの与条件を整理していく。どのような敷地で、そこにはどんな法的制約があるのか粛々と抽出する。想定するコンテンツを実現するために必要な手続き等があれば、こうしたものも明確にする。そのプロジェクトに投下できる財源と想定する収支計画・スケジュールを作っていく。旧来型だとこの段階でハコモノの面積・構造・グレードが示され、悪い場合にはイメージパースなども登場してしまうが、重要なのはハコではなくサービス・コンテンツである。経営層・議会・利用者を中心とした市民からは、「パースや図面がないとイメージが湧かない」などと言われるかもしれないが、創るのはハコモノではなくサービスとミライであることから、きちんと説明をしていこう。同様に事業手法もまだこの段階で絞り込むのは早すぎる。

　ここまでのプロセスでプロジェクトのアウトラインが見えたら、アウトラインの情報・そこに込められた想いなどを全て開示して、サウンディングで市場と自分たちのやりたいことをマッチングさせていく。サウンディングは一方的に民間の意見を聞くだけでなく、そこで出された意見でプロジェクトの質を高めるものがあれば、想定していたアウトライン・行政のしきたり等を乗り越え反映させていく。また、トライアル・サウンディングによってプロジェクトの事業採算性の向上や確度が高まる場合、関係者と将来イメージの共有が重要な場合などは積極的にこれを実施していこう。

ここまでのプロセスでプロジェクトとしてのリアリティが確立されてくれば、同時に事業手法もある程度収斂されてきているはずだ。得られた情報をもとに実施要領・要求水準書を作成していく。PPP/PFIは性能発注が基本なので、自分たちのやりたいこと、コンテンツ、与条件とここまでのプロセスで得られた情報を記していけば、自ずと要求水準書は完成するはずだ。量産型PPP/PFI事業の要求水準書は諸室の面積・設備の仕様などまで規定され、ほとんどが仕様発注となってしまっているが、このようなものは不要である。一見複雑に見えるリスク分担表も、「民間事業者に負担させていいリスクは保険でカバーできるものだけ」の原則で考えていけば整理はつきやすいだろう。更に事業の詳細は優先交渉権者との協議により構築していく流山市のデザインビルド方式を採用すれば、本来は要求水準書で規定する専門性を補完することができる。

　そして、こうして作成した実施要領（案）及び要求水準書（案）をベースに再度、サウンディングを実施し、的確なものとなっているか最終チェックをしていけば、地質調査・測量などの一部の業務を除き、ほぼ行政側が自分たちで関連資料を作成していくことができるだろう。

　ただし、関係法令への適合状況については十分に確認が必要なことから、法務部門（の弁護士）や顧問弁護士、必要に応じてアウトソーシングしてリーガルチェックを受けておくことが重要である。

5 事業者の募集・選定

　事業者の公募にあたっては、上記のプロセスを採用していればサウンディング等で十分にプロジェクトとして周知がなされているはずなので、粛々と募集を実施すれば十分であるが、念には念を押してホームページだけでなく、業界新聞なども含めて幅広くプレスリリースしておきたい。

　プロジェクトの難易度・事業規模などにもよるが、民間事業者が企画提案書を作成するのに十分な時間を確保しておこう。小規模な案件を除き、最低でも要求水準書等の公表から企画提案書の締切まで2か月程度は確保しておきたい。この過程では質疑応答も含まれる。これを1度に限定する

場合も多いが、可能であれば複数回や随時の質疑応答の機会を設けることで、民間事業者も要求水準書の読み違いを予防し、提案の質を向上させることができる。質疑に対する回答では、相手が企画提案書を作成するうえで重要なポイントを質問してきているので、できる限り丁寧に多くの情報をわかりやすい言葉で回答していこう。

　そして、事業者選定にあたっては実施要領・要求水準書とともに審査要領、評価基準・採点表を示すことが重要である。審査員は自治体の考え方にもよるが、可能であればそのまちのミライを選択することなので、そのまちの職員が担当することが望ましい。ただし専門性が必要となる場合は外部の専門家を必要に応じて含むことも選択肢になりうる。外部の専門家を入れる場合は、行政お抱えの学識経験者ではなくビジネスベースでプロジェクトの質を見極められる人が求められているし、結果的にプロジェクトの質の向上にもつながるだろう。また、本著でも事例紹介したように、近年ではプロジェクトを実際に検討してきたワーキンググループのメンバーが審査員に名を連ねる事例もでてきている。プロジェクトの本質を最もよくわかっている人、結果責任を持つ人を中心に審査員を選定していくことが大切である。

　審査員に対しては事前に十分なレクチャーを実施して共通認識を醸成していくこと、企画提案書もそれぞれの審査員が丁寧に読み込み、自分の言葉で質問事項を整理することができる時間を確保しておこう。

　また、プロポーザルコンペでの結果は審査講評を公表することはもちろんだが、採点表も項目ごとに公表すること、各応募者には結果通知と合わせて個々の提案に対する評価を添えて通知することが、そのまちの真摯さを表すことになるだろう。同時に、こうした配慮をするためには公平・公正な審査が前提となっていく。

6 契約の締結

　性能発注で公募をかけて企画提案書で優先交渉権者を選定していることから、契約に向けた交渉・詳細条件の協議は、要求水準書を満たしつつ優

先交渉権者の規格提案の範囲内で行うことが原則となる。事前のサウンディング等の段階で、どれだけプロジェクトで求めることと市場性をリンクしてきたかによって、事業化・契約に向けた交渉の難易度は大きく異なる。だからこそコンサルタントに丸投げして仕様発注に近い要求水準とするのではなく、自分たちで民間事業者と対話しながら市場性を反映した性能発注としておくことが重要なのである。

　そして、この契約に向けた協議では、事業の主管課が中心になることは間違いないが、関係する部署の担当者も含めてワーキンググループやプロジェクトチームなどを組成して、まちとしてのプロジェクトに昇華していく。その協議状況は逐次、市長をはじめ経営層に報告しながら必要な指示をもらいつつ、情報共有していくことが重要である。議会や市民に対しても、提供する情報は契約準備段階のものなので十分に注意しながら、支障ない情報については的確に提供していこう。特に議会については、案件によっては契約行為そのものが議決対象となる場合があるので、「聞いていない」といった手続き上での反対を予防しておくことが重要である。ただし、執行権の範囲については、提供する資料についても明記するなどの工夫をして、二元代表制のお互いのプロとしての判断をしていくことが求められる。

　旧来型行政ではこのような契約交渉の段階、あるいは契約締結後の工事段階などで、短絡的な思いつき・議会や市民からの声を理由に条件を付加することがあったかもしれないが、対等・信頼を原則とするPPP/PFIでは完全なルール違反である。このようなことはあってはならないが、どうしても大人の事情等により後付けで条件を付加する場合は、優先交渉権者の了解を得たうえで行い、当該変更に関するコスト・リスクは全て行政負担とすることが重要である。

　案件が議決対象となる場合は、議会での審議に付されることになるが、ここでも重要な事項がビジョンとコンテンツである。なんのためにこのプロジェクトを行うのか、そしてどのようなコンテンツで実現しようとするのか、大所高所に立ったやりとりが求められる。議会審議でつまずく事例を分析すると、プロジェクトそのものではなくコンテンツの一部、プラン、地元事業者の活用や事業手法といったテクニカルなことが大半であるよう

に感じる。まず、執行部と議会で共有すべきものはビジョンであり、答弁も細部で一対一対応するのではなく、ビジョンを中心にプロジェクトの意義を説いていくことがポイントになるだろう。

7 事業の開始

　PPP/PFIプロジェクトは、契約段階やハコモノが整備された段階がゴールではない。大切なのは、そこで提供されるサービスであり、そこから派生するまちへの波及効果である。旧来型の街づくりや量産型PPP/PFI事業はハコモノ整備という瞬間風速が全てであり、基盤整備費や工事請負費が大半を占めている。構想から企画段階において点としてのハコモノ整備で運営を十分に検討しておらず、ビジョンも精査・共有されていないことから、ジリ貧になっていく。

　本著で取り上げてきたPPP/PFIプロジェクトは時間の経過とともに行政・民間事業者がともに知的財産・資金・マンパワー・ノウハウ等を持ち寄り、社会経済情勢に合わせて少しずつ育て上げていくものである。いきなりゴール・完成形をつくるのではなくコンテンツは新陳代謝を前提とし、物理的な環境ですら、徐々に創りあげていく。こうした意味で、契約してからがプロジェクトの本番になる。俗にモニタリングという言葉で表されるが、KPI（重要成果指標）を管理し続けることだけではない。当初想定したビジョンが形になっているのか、あるいはもっと良くできる可能性や改善しなければいけない点がどこかにないのか、行政・民間事業者が徹底的に検証・議論しながら日々、改善し必要に応じて投資もかけていく。これが本物のモニタリングであり、エリアの価値向上やプロジェクトでの事業採算性も当たり前であるが問われるべきものとなっていく。もちろん、この過程では何度もプロジェクトの実態に即した契約変更が必要となる。PPP/PFIとは有機的・能動的・主体的にプロジェクトを育てていくものであることから、このような契約変更の手間・手続きを怠ったり面倒なものとしてはならない。紫波町のオガールプロジェクトは、こうした事業開始以降のプロジェクトのあり方・プロセス・新陳代謝も含めて非常に際

立った事例と言える。

　プロジェクトはハコモノを整備することではない、まちとリンクして時間とともに地域コンテンツ・プレーヤーと連携しながら、高質なサービスを生みエリアの価値を高めていくことが目的である。こうした意味からも、契約して三次元の形が見えてきてからがスタートであり、長い期間をかけて丁寧に育てていくものである。

●著者プロフィール

寺沢　弘樹 （てらさわ　ひろき）

合同会社まちみらい　代表社員

1975年　静岡県清水市（現静岡市）生まれ。

2001年　東京理科大学大学院理工学研究科建築学専攻修了。

2001年流山市役所に入庁。建築、企画、教育委員会、都市計画、管財部門を経て2014年ファシリティマネジメント推進室設置に伴い初代室長に着任。デザインビルド型小規模バルク ESCO、包括施設管理業務、事業者提案制度などを実施。同市として第7回日本ファシリティマネジメント大賞（JFMA 賞）奨励賞、第2回プラチナ大賞審査員特別賞受賞。2016年退職。同年から特定非営利活動法人日本 PFI・PPP 協会業務部長として、常総市・南城市等のアドバイザー業務、鴻巣市・湖西市の包括施設管理業務の構築支援などを実施。この間、47都道府県で約340件（延べ参加者約27,000人）の講演。2021年に独立し、合同会社まちみらい代表社員として「現場重視・実戦至上主義」を掲げ、全国の自治体経営や民間事業者のプロジェクト構築支援を実施。

一級建築士、認定ファシリティマネージャー（CFMJ）、国土交通省 PPP サポーター、日本 PFI・PPP 協会シニア・アドバイザー。

PPP/PFIに取り組むときに最初に読む本

2021年6月22日　初版発行
2023年1月31日　　4刷発行

著　者　寺沢　弘樹

発行者　佐久間重嘉

発行所　学　陽　書　房

〒102-0072　東京都千代田区飯田橋1-9-3
営業部／電話　03-3261-1111　FAX　03-5211-3300
編集部／電話　03-3261-1112
http://www.gakuyo.co.jp/

装幀／佐藤博
DTP制作・印刷／精文堂印刷
製本／東京美術紙工